개정 법률과 판례에 의한

상가·건물
임대차
분쟁 해결하기

편저 김만기

대한법률구조공단의 상담사례
대법원의 판례
법제처의 생활법령

상가·건물 임대차 분쟁 해결하기

머 리 말

　작금에 정치상황이 혼돈하여 불안하고, 경제가 날로 어려워지면서 기업체에서는 이를 이겨내기 위해서 구조조정이라는 카드로 희망퇴직자가 늘고, 그들은 자영업으로 생활터전을 옮겨 그 수가 날로 증가하지만 불황으로 1년도 못가서 폐업하거나 업종변경을 하고 있습니다. 이에 따라서 상가 건물의 임대차에서 보증금과 차임 및 전대차, 권리금 문제 등에 대한 분쟁이 수시로 발생하고 있습니다.

　이에 정부에서는 이러한 복잡한 분쟁을 간편하게 해결해 주기 위해서 「상가건물 임대차보호법」을 제정하였습니다. 이 법은 상가건물 임대차 중 영세상인인 임차인의 보호를 위해 「민법」에 대한 특례를 규정한 법으로서 지역별로 일정 보증금 이내의 상가건물의 임대차에 대해서 적용됩니다.

　이 법의 주요내용을 보면, 임차인은 임차상가건물의 사용·수익의 대가로 임대인에게 차임을 지급해야 하며, 차임을 세 번에 걸쳐 연체하는 경우에 임대인은 임대차계약을 해지할 수 있습니다. 당사자는 약정한 차임이 경제사정의 변동 등으로 상당하지 않은 때에는 차임증감을 청구할 수 있습니다.

　임차상가건물이 임대차기간 만료 전에 경매되는 경우, 대항력과 확정일자를 갖춘 임차인은 경매절차에 참가하여 그 건물의 환가대금에서 보증금을 회수할 수 있습니다. 임대차기간이 만료되었는데도 임대인이 보증금을 반환하지 않는 경우, 대항력과 확정일자를 갖춘 임차

인은 임차보증금반환채권에 대한 집행권원과 집행문을 부여받아 강제
경매를 신청하여 보증금을 회수할 수 있습니다.

 이 책에서는 이러한 법 제정취지에 맞춰서 제1장에서는 상가 건물
임대차의 개요에 대해 , 제2장에서는 상가건물의 계약에 대해, 제3장
에는 상가 건물의 사용·수익에 대해, 제4장에는 임대차의 종료에 대
해 해설과 함께 이에 대한 질문과 답변을 모아 편집하였으며, 아울러
관련되는 서식들도 함께 정리하여 놓았습니다. 부록으로는 관련된 법
령들을 수록하였습니다.

 이러한 자료들은 대법원의 자료와 법제처의 생활법령 및 대한법률
구조공단의 상담사례들을 참고하여 이를 체계적으로 정리, 분석하고,
이를 누구나 이해하기 쉽게 나열하였습니다,

 이 책이 많이 보급되어 상가건물을 임대차하고자 하는 분과 이미
임대차하여 사업을 하시는 분들 및 상가건물을 임대한 임대인 모두에
게 큰 도움이 되리라 믿으며, 열악한 출판시장임에도 불구하고 흔쾌
히 출간에 응해 주신 법문북스 김현호 대표에게 감사를 드립니다.

2017. 6.

편저자

목 차

제1장 상가건물 임대차의 개요

제2장 상가건물의 계약

제3장 상가건물의 사용·수익

제4장 임대차의 종료

부 록

제1장

상가건물 임대차의 개요

제1장 상가건물 임대차의 개요

제1절 임대차의 유형

다른 사람의 건물을 빌려 상가를 운영하는 경우 적용될 수 있는 법적 관계는 대표적으로 3가지가 있습니다. 「상가건물 임대차보호법」에 따른 임대차, 「민법」에 따른 임대차, 「민법」에 따른 전세권 설정이 그것입니다.

1. 다른 사람의 건물을 빌려 상가를 운영하는 유형

1-1. 「상가건물 임대차보호법」에 따른 임대차

「상가건물 임대차보호법」에 따른 임대차는 사업자등록의 대상이 되는 상가건물(주된 부분을 영업용으로 사용하는 경우 포함) 중 보증금액이 일정금액 이하인 상가건물이 대상이 됩니다(제2조제1항).

1-2. 「민법」에 따른 임대차

① 당사자 일방이 상대방에게 목적물을 사용·수익하게 할 것을 약정하고 상대방이 이에 대하여 차임을 지급할 것을 약정함으로써 임대차계약이 성립합니다(제618조).

② 보증금액이 일정금액을 초과하는 상가건물 임대차에 대해서는 「상가건물 임대차보호법」이 아닌 「민법」이 적용됩니다(상가건물 임대차보호법 제2조제1항).

1-3. 「민법」에 따른 전세권 설정

① 전세권은 전세금을 지급하고 타인의 부동산을 점유하여 그 부동산의 용도에 맞게 사용·수익하며, 전세권이 소멸하면 목적 부동산으로부터 후순위

권리자 기타 채권자보다 전세금의 우선변제를 받을 권리를 내용으로 하는 물권입니다(제303조제1항).

② 전세권은 전세권설정계약을 체결하고 전세권등기를 함으로써 취득합니다. 전세권설정계약만 체결하고 전세권등기를 하지 않은 경우를 미등기 전세, 이른바 채권적 전세권이라고 합니다.

제2절 「상가건물 임대차보호법」의 상가건물 임대차

1. 「상가건물 임대차보호법」의 성격

1-1. 상가건물의 임대차에 대한 「민법」의 특별법

① 「상가건물 임대차보호법」은 상가건물의 임대차에 대한 「민법」의 특별법입니다.

② 따라서, 상가건물 임대차에 대해서는 「상가건물 임대차보호법」의 규정이 「민법」보다 우선적으로 적용되고, 그 밖의 일반사항에 관해서는 「민법」 채권편의 임대차에 관한 규정이 적용됩니다.

1-2. 임차인에게 유리한 편면적 강행규정

「상가건물 임대차보호법」은 강행규정으로, 당사자의 의사와 관계없이 이 법의 규정에 위반한 약정으로 임차인에게 불리한 것은 그 효력이 없습니다(제15조).

2. 「상가건물 임대차보호법」의 적용 대상

2-1. 사업자등록 대상 상가건물

① 「상가건물 임대차보호법」이 보호하는 임차목적물은 사업자등록의 대상

이 되는 상가건물에 적용되고, 임대차 목적물의 주된 부분을 영업용으로 사용하는 경우에도 적용됩니다(제2조제1항 본문).

② 따라서, 사업자등록을 할 수 없는 동창회 사무실, 종교단체 사무실, 자선단체 사무실 등과 같은 비영리단체의 건물임대차에는 「상가건물 임대차보호법」이 적용되지 않습니다.

③ 상가건물에 해당되는지 여부는 건물의 위치, 구조, 객관적 용도, 실제이용관계 등을 고려하여 합목적적으로 판단됩니다(대법원 1987. 8. 25. 선고 87다카793 판결).

(사례) 동창회사무실도 상가건물임대차보호법이 적용되는지요?

문 제 대학동창회는 서울 중심지 소재 건물을 2년간 임차하여 동창회 사무실로 사용하고 있습니다. 그런데, 건물주가 계약만료 3개월 전에 재계약을 하려면 임대료를 45% 올려달라는 내용증명을 보내왔습니다. 이 경우 대학동창회는 「상가건물임대차보호법」상 상가임차인으로 인정받아 증액한도 규정이나 재계약 갱신요구권 등의 제반 권리를 주장할 수 있는지요?

답 「상가건물임대차보호법」 제1조는 "이 법은 상가건물 임대차에 관하여 민법에 대한 특례를 규정함으로써 국민 경제생활의 안정을 보장함을 목적으로 한다."라고 규정하고 있고, 같은 법 제2조 제1항에 의하면 "이 법은 상가건물(제3조 제1항의 규정에 의한 사업자등록의 대상이 되는 건물을 말한다)의 임대차(임대차 목적물의 주된 부분을 영업용으로 사용하는 경우를 포함한다)에 대하여 적용한다."라고 규정 하고 있습니다.

또한, 같은 법 제3조 제1항은 "임대차는 그 등기가 없는 경우에도 임차인이 건물의 인도와 부가가치세법 제8조, 소득세법 제168조 또는 법인세법 제111조의 규정에 의한 사업자등록을 신청한 때에는 그 다음 날부터 제3자에 대하여 효력이 생긴다."라고 규정하고 있습니다.

그러므로 위 「상가건물임대차보호법」은 상가건물의 임대차에 관하여 「민법」에 대한 특례를 규정하고, 국민 경제생활의 안정을 보장함을 목적으로 하며, 그 적용범위를 사업자등록의 대상이 되는 상가건물로써 영업용으로 사용하는 경우에 국한하고 있다하겠습니다.

따라서 동창회, 동호회 사무실 등 비영리 단체의 건물 임대차에는 「상가건물임대차보호법」이 적용되지 않을 것으로 보입니다.

(사례) 법인에도 상가건물임대차보호법이 적용되는지요?

문 저는 2014년 6월 7일 친구와 함께 소규모 소프트웨어개발회사를 차리기로 하고 마땅한 사업장을 찾던 중 마침 서울 소재 벤처빌딩의 건물주가 월세 없이 보증금만 내라기에 임차료를 절약할 수 있다는 생각에 성급히 임대차계약을 체결하면서 은행에서 대출을 받아 임차보증금으로 2억원을 지불하였으며, 계약서상 임차인은 법인명의로 하였습니다. 그 후 법인설립등기를 하였고 임대차계약서에는 확정일자인까지도 받아두었습니다. 그런데 만일, 위 임차건물이 경매처분되거나 소유자가 변경될 경우 임차보증금 확보에 문제가 생길 수 있을 것 같아 마음이 불안합니다. 임차인이 법인일지라도 「상가건물임대차보호법」의 보호를 받을 수 있는지요?

답 「상가건물임대차보호법」은 상가건물의 임대차에서 사회적·경제적 약자인 임차인들을 보호하고 임차인들의 경제생활의 안정을 도모하기 위한 「민법」의 특별법으로서 「민법」에 대한 제 특례를 규정하고 있습니다.

그러므로 영세상인들을 보호하기 위한 법률이라 할 것이므로 귀하가 속한 영리를 목적으로 하는 법인도 상인으로 볼 수 있는지

문제됩니다.

이러한 상인의 정의에 관하여 「상법」 제4조는 "자기명의로 상행위를 하는 자를 상인이라고 한다."라고 규정하고 있고, 같은 법 제5조는 "①점포 기타 유사한 설비에 의하여 상인적 방법으로 영업을 하는 자는 상행위를 하지 아니하더라도 상인으로 본다. ②회사는 상행위를 하지 아니하더라도 전항과 같다."라고 규정하여 법인도 상인이 될 수 있다고 하였습니다.

또한 「상가건물임대차보호법」 제3조 제1항 및 제2항은 "①임대차는 그 등기가 없는 경우에도 임차인이 건물의 인도와 부가가치세법 제8조, 소득세법 제168조 또는 법인세법 제111조의 규정에 의한 사업자등록을 신청한 때에는 그 다음 날부터 제3자에 대하여 효력이 생긴다. ②임차건물의 양수인(그 밖에 임대할 권리를 승계한 자를 포함한다)은 임대인의 지위를 승계한 것으로 본다."라고 규정하고 있고, 「법인세법」 제111조는 "①신규로 사업을 개시하는 법인은 대통령령이 정하는 바에 따라 납세지 관할세무서장에게 등록하여야 한다. ②부가가치세법에 의하여 사업자등록을 한 사업자는 당해 사업에 관하여 제1항의 규정에 의한 등록을 한 것으로 본다. ③이 법에 따라 사업자등록을 하는 법인에 관하여는 부가가치세법 제8조를 준용한다. ④제109조에 따른 법인 설립신고를 한 경우에는 사업자등록신청을 한 것으로 본다."라고 규정하고 있습니다.

그러므로 영리행위를 목적으로 설립된 법인이 「상가건물임대차보호법」에서 정하고 있는 적용범위에 속하는 (기준)보증금의 범위 내에서 임대차계약을 체결하고 영업을 하고 있다면 「상가건물임대차보호법」에 의한 상가임차인으로서 보호를 받을 수 있을 것입니다.

따라서 귀하가 설립한 법인은 소재지가 서울시이며 서울시의 경우 같은 법 제2조 제1항 및 같은 법 시행령(대통령령 제25036호,

2013. 12. 30.개정) 제2조 제1항 제1호의 규정에 따라 임대차보증금이 4억원 이하인 경우 같은 법의 적용대상이 되며, 위 법인의 임차보증금은 이에 못 미치는 2억원이므로 「상가건물임대차보호법」상의 보호를 받는 상인에 해당한다 할 것입니다.

그리고 위 법인은 같은 법 제5조 제2항에 의해 임대차계약서에 확정일자인까지 받아두었으므로 「민사집행법」에 의한 경매 또는 「국세징수법」에 의한 공매 시 임차건물(임대인 소유의 대지를 포함한다)의 환가대금에서 후순위권리자 그 밖의 채권자보다 우선하여 보증금을 변제받을 권리가 있다 하겠습니다.

참고로 2014년 1월 1일부터 시행되고 있는 개정 「상가건물임대차보호법 시행령」대통령령 제25036호, 2013. 12. 30.개정)은 「상가건물임대차보호법」의 적용범위가 되는 보증금액을 ①서울특별시에서는 보증금액이 4억원 이하, ②수도권정비계획법에 따른 과밀억제권역(서울특별시는 제외)에서는 보증금액이 3억원 이하, ③광역시(수도권정비계획법에 따른 과밀억제권역에 포함된 지역과 군지역은 제외한다), 안산시, 용인시, 김포시 및 광주시에서는 보증금액이 2억4천만원 이하, ④그 밖의 지역에서는 보증금액이 1억8천만원 이하로 증액하였습니다.

다만, 이 영 시행 당시 존속 중인 상가건물임대차계약에 대하여는 종전 규정을 따르도록 하고 있고, 시행 이후 체결되거나 갱신되는 상가건물 임대차계약부터 적용하도록 하고 있습니다(부칙 제2조).

2-2. 지역별로 정해진 보증금의 일정 기준금액 이하인 상가건물 임대차

① 그러나 모든 상가건물 임대차에 적용되는 것은 아니고, 지역별로 일정 보증금 이하의 상가건물 임대차에만 적용됩니다(상가건물 임대차보호법 제2조제1항 단서).

② 「상가건물 임대차보호법」은 상가건물을 지역별로 정해진 보증금 이하로 임차하는 경우에 적용되는 것으로, 지역별 보증금의 범위는 아래와 같습니다(제2조제1항 및 시행령 제2조제1항).

 1. 서울특별시 : 4억원 이하

 2. 「수도권정비계획법」에 따른 과밀억제권역(서울특별시 제외) : 3억원 이하

 ※ 과밀억제권역에 해당되는 지역은 인천광역시(강화군, 옹진군, 서구 대곡동·불노동·마전동·금곡동·오류동·왕길동·당하동·원당동, 인천경제자유구역 및 남동 국가 산업단지는 제외), 의정부시, 구리시, 남양주시(호평동·평내동·금곡동·일패동·이패동·삼패동·가운동·수석동·지금동 및 도농동에 한함), 하남시, 고양시, 수원시, 성남시, 안양시, 부천시, 광명시, 과천시, 의왕시, 군포시, 시흥시(반월특수지역을 제외)입니다(수도권정비계획법 제2조제1호, 동법 시행령 제2조).

 3. 광역시(수도권정비계획법에 따른 과밀억제권역에 포함된 지역과 군지역은 제외), 안산시, 용인시, 김포시 및 광주시 : 2억4천만원 이하

 4. 그 밖의 지역 : 1억8천만원 이하

③ 보증금 이외에 차임이 있는 경우에는 월 단위의 차임액에 100을 곱하여 보증금과 합산한 금액이 임차보증금입니다(상가건물 임대차보호법 제2조제2항, 동법 시행령 제2조제2항·제3항). 예를 들면, 서울특별시에 소재하는 상가건물에 대해 보증금 5,000만원, 차임 50만원을 매월 지급하기로 약정한 경우에는, 보증금은 1억{(50만원 × 100) + 5,000만원 = 1억원}이 됩니다.

④ 대항력, 계약갱신 요구 및 계약갱신의 특례, 권리금의 정의, 회수기회 보호 및 적용 제외 등, 차임연체와 해지, 표준계약서의 작성 등의 규정은 지역별로 정해진 보증금의 일정 기준금액을 초과하는 임대차에 대해서도 적용됩니다(상가건물 임대차보호법 제2조제3항).

2-3. 상가건물에 대한 미등기 전세

상가건물에 대해 등기를 하지 않은 전세계약에도 「상가건물 임대차보호법」이 적용됩니다(제17조).

(사례) 상가건물 임대차보호법으로 보호되는 상가는 어떤 요건을 갖추어야 하나요?

문 저는 서울시 종로구 수송동에 있는 상가건물을 임차하여 조그마한 커피전문점을 운영하고자 하는 하는데, 이 경우에 「상가건물 임대차보호법」의 보호를 받을 수 있는지 궁금합니다. 어떤 요건을 갖추어야 하나요?

답 「상가건물 임대차보호법」은 사업자등록 대상이 되는 상가건물의 임대차 및 일정범위에 해당하는 보증금액의 상가에만 적용됩니다. 또한 상가의 주된 부분이 영업용으로 사용되어야 합니다. 귀하가 운영하려는 커피전문점은 사업자등록의 대상이 되는 상가이며, 영업용 상가로 판단됩니다. 다만, 임차 보증금이 4억원 이하(서울특별시의 경우)인 경우에만 「상가건물 임대차보호법」의 보호를 받을 수 있습니다(제2조제1항 및 동법 시행령 제2조제1항).
「상가건물 임대차보호법」의 보호를 받는 상가건물은 등기가 되어 있지 않다하더라도 임차인이 상가건물의 인도와 사업자등록을 신청한 경우 그 다음 날부터 제3자에 대해 대항력을 주장할 수 있습니다. 또한 임대차계약서상의 확정일자를 관할 세무서장에게 부여받은 경우에는 임차건물의 경매 또는 공매 시 그 건물의 환가대금에서 후순위권리자 그 밖의 채권자보다 우선하여 보증금을 변제받을 수 있습니다(제3조 및 제5조제2항).

3. 「상가건물 임대차보호법」의 적용 제외

3-1. 기준 금액 이상의 고액 보증금인 경우

① 「상가건물 임대차보호법 시행령」에서 정하는 보증금을 초과하는 상가건물을 임차한 경우에는 이 법에 따른 보호를 받을 수 없습니다.

② 예를 들어, 서울지역의 경우에는 4억원을 초과하는 보증금으로 상가건물을 임대차하는 경우에는 「상가건물 임대차보호법」이 적용되지 않습니다(제2조제1항 및 동법 시행령 제2조제1항).

3-2. 일시사용을 위한 상가건물 임대차

일시사용을 위한 상가건물 임대차임이 명백한 경우에는 「상가건물 임대차보호법」이 적용되지 않습니다(제16조).

(사례) 임차보증금액이 상가건물임대차보호법상의 적용범위를 초과한 경우에 전혀 보호를 받지 못하는지요?

문 저는 2014년 5월 1일부터 수원 소재 상가건물의 1층 점포 일부분을 보증금 1억원에 월 250만원의 임료를 내고 금은방을 운영하고 있습니다. 그런데 임대인은 임대차기간이 만료하자 월 임료를 대폭 인상하겠다며 싫으면 나가라고 합니다. 저도 제가 「상가건물임대차보호법」의 적용범위를 벗어난 임차인이라는 것을 알고 있지만 전혀 보호를 받지 못하는지요?

답 상가임차인의 권익보호를 위해 제정된 「상가건물임대차보호법」은 모든 상가임차인을 보호하는 것은 아니며 당해 지역의 경제여건 등을 감안하여 지역별로 구분하여 규정되어 있습니다.

그 적용범위에 관하여 같은 법 제2조는 "①이 법은 상가건물(제3조제1항의 규정에 의한 사업자등록의 대상이 되는 건물을 말한다)의 임대차(임대차 목적물의 주된 부분을 영업용으로 사용하는 경우를 포함한다)에 대하여 적용한다. 다만, 대통령령이 정하는 보증금액을 초과하는 임대차에 대하여는 그러하지 아니하다. ②제1항 단서의 규정에 의한 보증금액을 정함에 있어서는 당해 지역의 경제여건 및 임대차 목적물의 규모 등을 감안하여 지역별로 구분하여 규정하되, 보증금 외에 차임이 있는 경우에는 그 차임액에 은행법에 의한 금융기관의 대출금리 등을 감안하여 대통령령이 정하는 비율을 곱하여 환산한 금액을 포함하여야 한다."라고 규정하고 있고, 2014년 1월 1일부터 시행되고 있는 개정 「상가건물임대차보호법 시행령」(대통령령 제25036호, 2013. 12. 30.개정)은 「상가건물임대차보호법」의 적용범위가 되는 보증금액을 서울특별시에서는 보증금액이 4억원 이하, 수도권정비계획법에 의한 수도권 중 과밀억제권역(서울특별시는 제외)에서는 보증금액이 3억원 이하, 광역시(수도권정비계획법에 따른 과밀억제권역에 포함된 지역과 군지역은 제외한다), 안산시, 용인시, 김포시 및 광주시에서는 보증금액이 2억4천만원 이하, 그 밖의 지역에서는 보증금액이 1억8천만원 이하로 규정하고 있습니다. 다만, 보증금액을 산정함에 있어서 보증금 외에 월차임이 있는 경우에는 월차임에 100을 곱한 금액을 보증금에 합산하면 될 것입니다.

그리고 이러한 위의 임차보증금을 넘는 금액의 상가임차인은 위 법의 보호대상에서 제외하고 있습니다.

따라서 위 사안의 경우 보증금 1억원에 월세 250만원을내는 상가임차인인 귀하의 임차보증금액은 월세 250만원에 1백을 곱한 2억5천만원에 보증금 1억원을 더한 3억5천만원(1억원+250만원×100=3억5천만원)이 된다 할 것이고, 귀하가 소재한 수원시의 경우 「상가건물임대차보호법」 제2조 및 같은 법 시행령 제2조 제1항 제2호에 따라 3억원 이하의 보증금액에 한해서 동법이 적용되는바, 귀하의 경우 위 보호범위를 초과하여 「상가건물임대차보호법」의 보호를 받기 어렵다 할 것입니다.

(사례) 보증금 외에 월세가 있는 경우 보증금액 산정방법은 어떻게 계산하나요?

㉮ 저는 경기도 성남시에 보증금 3,000만원에 월세 50만원으로 상가를 임차하여 조그마한 서점을 운영하려고 합니다. 그런데 주변에 아는 사람이 「상가건물임대차보호법」은 보증금의 액수에 따라 적용되지 않는 경우가 있다고 하고, 월세가 있는 경우는 월세를 환산하여 보증금액에 합산해서 기준보증금을 산정한다고 하는데, 이 경우 제가 위 법의 보호를 받을 수 있는지요?

㉯ 「상가건물임대차보호법」 제3조 제1항은 "①임대차는 그 등기가 없는 경우에도 임차인이 건물의 인도와 부가가치세법 제8조, 소득세법 제168조 또는 법인세법 제111조의 규정에 의한 사업자등록을 신청한 때에는 그 다음 날부터 제3자에 대하여 효력이 생긴다."라고 규정하고 있고, 이 법의 적용범위에 관하여 같은 법 제2조 제1항에 의하면 "이 법은 상가건물(제3조 제1항의 규정에 의한 사업자등록의 대상이 되는 건물을 말한다)의 임대차(임대차 목적물의 주된 부분을 영업용으로 사용하는 경우를 포함한다)에 대하여 적용한다. 다만, 대통령령이 정하는 보증금액을 초과하는 임대차에 대하여는 그러하지 아니하다."라고 규정하고 있습니다.

그리고, 2014년 1월 1일부터 시행되고 있는 개정 「상가건물임대차보호법 시행령」(대통령령 제25036호, 2013. 12. 30.개정)은 「상가건물임대차보호법」의 적용범위가 되는 보증금액을 ①서울특별시에서는 보증금액이 4억원 이하, ②수도권정비계획법에 따른 과밀억제권역(서울특별시는 제외)에서는 보증금액이 3억원 이하, ③광역시(수도권정비계획법에 따른 과밀억제권역에 포함된 지역과 군지역은 제외한다), 안산시, 용인시, 김포시 및 광주시에서는 보증금액이 2억4천만원 이하, ④그 밖의 지역에서는 보증금액이 1

억8천만원 이하로 증액하였습니다.

다만, 이 영 시행 당시 존속 중인 상가건물임대차계약에 대하여는 종전 규정을 따르도록 하고 있고, 시행 이후 체결되거나 갱신되는 상가건물 임대차계약부터 적용하도록 하고 있습니다(부칙 제2조). 한편, 법 적용범위와 관련하여 보증금 외에 차임이 있는 경우에는 차임을 보증금으로 환산한 금액을 포함하여야 하며, 월세의 보증금 환산비율은 100으로 정해져 있습니다. 즉, 월세에 100을 곱하고 여기에 보증금을 더하면 되는 것입니다.

따라서 위 사안의 경우 귀하가 「상가건물임대차보호법」에 의한 보호를 받기 위해서는 건물의 인도(입점)와 관할세무서에의 사업자등록신청이라는 대항요건을 갖추고, 월세를 환산한 임차보증금액이 위 법의 적용범위에 해당되어야 할 것입니다.

예컨대, 보증금 3,000만원에 월세 50만원을 내는 계약을 체결하게 된다면 월세 50만원에 1백을 곱한 5,000만원에 보증금 3,000만원을 더한 8,000만원이 기준 보증금으로 되는 것이므로 (3,000+50×100=8,000), 같은 법 시행령상 어느 지역에서도 「상가임대차보호법」의 적용을 받아 계약체결 후 입점 및 사업자등록을 신청한 때에는 그 다음 날부터 제3자에 대하여 효력이 생기며, 아울러 임대차계약서상에 확정일자인까지 받아 둔다면 임차건물에 대하여 「민사집행법」에 의한 경매 또는 「국세징수법」에 의한 공매 시 임차건물(임대인 소유의 대지를 포함한다)의 환가대금에서 후순위권리자 그 밖의 채권자보다 우선하여 보증금을 변제받을 권리가 있다고 할 것입니다.

(사례) 서울에서 보증금 1억원에 월세 400만원하는 상가건물에 임대차계약을 한 경우에 법에 따라 보증금은 보호받을 수 있을까요?

문 서울에서 보증금 1억원에 월세 400만원하는 상가건물에 임대차

계약을 맺고 가게를 오픈했습니다. 법에 따라 보증금은 보호받을
수 있을까요?

답 보호받으려면 전세권 또는 임차권을 설정해야 합니다.
　임차 보증금이 4억원 이하(서울특별시의 경우)인 경우에만 「상가
건물 임대차보호법」의 보호를 받을 수 있습니다.
　따라서 사례와 같이 지역별 보증금을 초과하는 고액 보증금인 5
억원[1억원+(400만원×100)]으로 상가건물을 임차하는 경우에는
「상가건물 임대차보호법」에 따라 보호받을
수 없으며, 「민법」에 따른 전세권 또는 임차권을 설정해야 보호
받을 수 있습니다.
◇ 전세권에 의한 임차보증금 보호
　① 전세권은 상가건물 소유자와 전세권을 취득하려는 사람 사
　　이에 전세권 설정을 목적으로 하는 물권적 합의와 등기에
　　의해 취득합니다.
　② 전세금은 전세권을 설정하려는 당사자들이 자유롭게 정할
　　수 있으나, 등기된 금액의 범위 내에서만 제3자에게 대항할
　　수 있습니다.
◇ 「민법」의 임차권에 의한 임차보증금 보호
　① 임대차는 원칙적으로 당사자의 합의, 즉 임대인은 임차인에
　　게 상가건물을 사용·수익하게 하고, 임차인은 그 대가로 차
　　임을 지급한다는 합의가 있으면 성립합니다.
　② 상가건물에 대한 임대차가 성립하면, 임차인은 그 건물을 사
　　용·수익할 수 있으나, 제3자에게 대항하기 위해서는 임대차
　　등기를 마쳐야 합니다.
　③ 임차인은 임대차 등기에 대한 반대 약정이 없는 한 임대인
　　에게 임대차 등기절차에 협력할 것을 청구할 수 있습니다.임
　　차인이 임대차 등기를 마친 때에는 그 때부터 제3자에게 임

차권을 주장할 수 있습니다.

(사례) 임차건물이 경매된다는 등의 위험으로부터 임차보증금을 보호할 수 있는 방법은 없는지요?

문 저는 상가건물 중 1층 부분을 보증금 5,000만원에 월세 50만원으로 임차하여 사업자등록을 내고 식당을 운영하고 있는 임차인입니다. 그런데 저는 위 임차보증금 확보를 위하여 임대인인 건물주에게 임대차등기를 해 줄 것을 요구하였지만 협조해 주지 않아 임대차등기를 하지 못하고 있습니다. 만일, 위 임차건물이 경매된다는 등의 위험으로부터 임차보증금을 보호할 수 있는 방법은 없는지요?

답 「상가건물임대차보호법」 제3조 제1항은 "①임대차는 그 등기가 없는 경우에도 임차인이 건물의 인도와 부가가치세법 제5조, 소득세법 제168조 또는 법인세법 제111조의 규정에 의한 사업자등록을 신청한 때에는 그 다음 날부터 제3자에 대하여 효력이 생긴다."라고 규정하고 있고, 같은 법 제5조 제2항은 "제3조 제1항의 대항요건을 갖추고 관할 세무서장으로부터 임대차계약서상의 확정일자를 받은 임차인은 민사집행법에 의한 경매 또는 국세징수법에 의한 공매시 임차건물(임대인 소유의 대지를 포함한다)의 환가대금에서 후순위권리자 그 밖의 채권자보다 우선하여 보증금을 변제받을 권리가 있다."라고 규정하고 있습니다.

그러므로 건물에 입점하고 사업자등록을 신청하면 그 다음 날부터 대항력이 생기고, 임대차계약서상에 확정일자까지 받아 둔다면 임차건물의 경매 시 후순위권리자 그밖의 채권자보다 우선하여 보증금을 변제받을 권리가 있게 됩니다.

즉, 상가임차인이 「상가건물임대차보호법」에 의한 대항력, 우선변제권 등 각종의 권리를 보호받으려면 상가임차인의 대항요건인 건물의 인도와 부가가치세법 제5조, 소득세법 제168조 또는 법인세법 제111조의 규정에 의한 사업자등록을 신청하고 임대차계약서 원본에 확정일자인을 받아 두어야 하며 확정일자인(確定日字印)은 상가건물의 소재지 관할세무서에서 받을 수 있습니다.

확정일자를 받기 위한 절차로서는 기존사업자인 경우 사업자등록증 원본, 임대차계약서 원본, 건물의 일부를 임차한 경우는 해당부문 도면, 본인 신분증을 구비하여 관할세무서(징세과, 세원관리과, 조사과)에서 사업자등록정정신고서를 작성·제출하면 되고, 신규사업자는 사업허가증·등록증·신고필증 사본, 임대차계약서 원본, 건물의 일부를 임차한 경우는 해당부문 도면, 본인 신분증을 구비하여 관할세무서(납세서비스센타)에서 사업자등록신청서를 작성·제출하면 될 것입니다.

(사례) 상가건물을 임차하여 조그마한 식당을 운영하려는 데 상가건물 임대차보호법의 보호를 받을 수 있나요?

문 서울 종로에 있는 상가건물을 임차하여 조그마한 식당을 운영하려는데, 「상가건물 임대차보호법」의 보호를 받을 수 있나요?

답 보호받을 수도 있습니다.

「상가건물 임대차보호법」은 사업자등록 대상이 되는 상가건의 임대차 및 일정범위에 해당하는 보증금액의 임대차에 만 적용됩니다. 또한, 임대차 목적물의 주된 부분이 영업용으로 사용되어야 합니다.

질문의 경우 식당은 사업자등록의 대상이 되는 상가이며, 영업용 상가로 판단됩니다. 다만, 임차 보증금이 4억원 이하(서울특별시의 경우)인 경우에만 「상가건물 임대차보호법」의 보호를 받을 수 있습니다.

「상가건물 임대차보호법」이 적용되는 지역별 보증금의 범위는 다음과 같습니다.
① 서울특별시: 4억원
② 수도권 중 과밀억제권역: 3억원
③ 광역시(군 지역과 인천광역시는 제외), 안산시, 용인시, 김포시, 광주시: 2억 4천만원
④ 그 밖의 지역: 1억 8천만원

보증금 외의 차임이 있는 경우 월 단위의 차임에 100을 곱하여 보증금과 합산한 금액을 임차보증금으로 봅니다. 예를 들면, 서울에 소재하는 상가건물에 보증금 5천만원, 월세 50만원에 들어간 경우 임차보증금은 1억원(50만원×100+5천만원)입니다.

계약갱신 요구 및 계약갱신의 특례의 규정은 위의 지역별 보증금의 범위를 초과하는 임대차에 대해서는 적용합니다.

(사례) 공동주택 복리시설인 어린이집이 상가건물 임대차보호법의 보호대상 인가요?

문 「상가건물 임대차보호법」 제2조 제1항 에 의하면 ① 이 법은 상가건물(제3조제1항에 따른 사업자등록의 대상이 되는 건물을 말한다)의 임대차(임대차 목적물의 주된 부분을 영업용으로 사용하는 경우를 포함한다)에 대하여 적용한다. 다만, 대통령령으로 정하는 보증금액을 초과하는 임대차에 대하여는 그러하지 아니하다. 동법상 상가건물의 의미는 사업자등록의 여부를 기준으로 판단하는 것으로 보여집니다. 아파트 단지내의 복리시설인 어린이집을 임차하고 사업자 등록을 갖추고 있지는 않지만, 비영리법인의 고유번호증을 갖추었을 경우에도 상가건물 임대차보호법의 보호를 받을 수가 있는지요?

답 「상가건물 임대차보호법」 제2조 제1항은 '이 법은 상가건물(제3조제1항에 따른 사업자등록의 대상이 되는 건물을 말한다)의 임

대차(임대차 목적물의 주된 부분을 영업용으로 사용하는 경우를 포함한다)에 대하여 적용한다.'고 규정하고 있습니다.

「상가건물 임대차보호법」 제2조제1항 및 제3조제1항에 따르면 동법의 적용을 받기 위해서는 「부가가치세법」,「소득세법」,「법인세법」 등에 따라 사업자등록의 대상이 되는 경우이어야 하고, 사업자등록의 대상이 되는 모든 업종의 영업에 사용되는 상가건물에 대한 임대차가 상임법의 적용대상이 됩니다.

따라서 사업자등록의 대상이 되는 상가건물이고 「상가건물 임대차보호법」 제2조제1항, 같은 법률 시행령 제2조 제1항의 범위 내 환산보증금의 임대차계약이며 일시사용을 위한 것이 아니라면(제16조), 「상가건물 임대차보호법」이 적용됩니다.

위와 같이 「상가건물 임대차보호법」의 적용대상은 사업자등록 대상이 되는 것을 전제로 규정하고 있으므로, 사업자등록이 아닌 고유번호 부여 대상인 임대차계약의 경우 동법이 적용되지 않습니다.

고유번호는 세제상의 문제를 처리하기 위하여 국세기본법 제13조 및 동법 시행령 제8조에 따라 법인이 아닌 비영리단체에게 부여하는 것으로서, 사업자등록과는 별개의 개념입니다.

질의하신 어린이집의 경우 고유번호를 부여받으나 사업자등록 대상은 아니기 때문에 「상가건물 임대차보호법」의 적용대상에 해당하지 않습니다.

(사례) 임차인이 갱신거절로 인하여 임대인의 재산을 계약갱신 없이 현재 사용하고 있는 상태로 법적 조치를 취할 수 있는 방법은 어떤 경우인가요?

문 저는 상가건물을 임대하고 임대인입니다.

상가건물을 임대하여 현재 3년이 도래(2016년 4월 30일)되어

「상가건물 임대차보호법」에 의하여(보증금/월세)를 각각 9% 인상조건으로 계약을 갱신코자 했으나, 2015년도에 인상을 해줬기 때문에 2016년도에는 보증금, 월세를 동결하고자 계약갱신을 하지 않는 상태입니다. 즉, 임차인은 임대인이 다른 제3차 전대차를 승인하지 않아서 임대인이 계약 갱신을 거절하는 것이 아니라 임차인이 계약갱신을 거절하고 있는 상황으로 이럴 때의 대응 방법은 어떤 것이 있는지요?

답 「상가건물 임대차보호법」 제11조 및 「상가건물 임대차보호법 시행령」 제4조에 따르면 임대인은 부담 증가, 경제 사정 변동 등을 이유로 보증금 또는 월차임을 9%의 범위 내에서 인상할 수 있으나, 차임 등의 증액이 있은 후 1년 이내에는 다시 인상하지 못하도록 규정하고 있습니다.

또한 임차인이 임대인의 동의 없이 목적 건물의 전부 또는 일부를 전대한 경우에는 계약의 갱신을 거절할 수 있습니다(상가건물 임대차보호법 제10조제1항제4호). 임대인은 계약의 갱신을 거절할 것이면 임차인에게 내용증명 등을 이용한 통지를 해야 하고, 이를 하지 않을 경우에는 그 기간이 만료된 때에 전 임대차와 동일한 조건으로 다시 임대차한 것으로 봅니다(상가건물 임대차보호법 제10조제4항).

임차인이 임대인의 동의 없이 상가건물을 전대하여 임대인이 임대차계약에 대한 해지 통지를 한 경우에는 해지의 의사표시가 상대방에게 도달한 때에 임대차계약은 종료됩니다(민법 제629조제2항). 임대차 계약이 종료되면 임차인은 상가건물을 반환할 의무를 지고, 임대인은 보증금을 반환할 의무를 동시에 부담합니다.

임차인이 상가건물을 반환하지 않을 경우에는 법원에 건물명도소송을 제기하실 수 있습니다.

제3절 「상가건물 임대차보호법」의 주요내용

① 「상가건물 임대차보호법」은 상가건물 임차인 중 일정 보증금 이하의 임차인만을 보호합니다.

② 일정 보증금 이하의 상가건물 임차인은, 일정한 요건을 갖춘 경우에는 대항력, 우선변제권, 존속기간 등의 보호를 받을 수 있습니다.

1. 대항력의 부여

1-1. 상가건물 인도 및 사업자등록 신청

임대차는 채권이므로 원칙적으로 대항력이 없지만, 「상가건물 임대차보호법」이 적용되는 상가건물 임대차는 그 등기를 하지 않았다 하더라도 임차인이 상가건물을 인도받았고, 사업자등록을 신청했다면 그 다음 날부터 제3자에 대해 대항력을 주장할 수 있습니다(제3조제1항).

1-2. 임차인의 지위 유지

① 대항력을 갖춘 임차인은 상가건물이 매매, 경매 등의 원인으로 소유자가 변경된 경우에도 새로운 소유자에게 임차인으로서의 지위를 주장할 수 있습니다(제3조제2항 및 제3항).

② 즉, 상가건물이 경매, 매매 등으로 그 건물의 소유자가 변경되어도, 임차인은 임대차 기간이 만료될 때까지 계속 상가건물을 사용·수익할 수 있고, 또한 보증금을 전액 반환받을 때까지 상가건물을 비워주지 않아도 됩니다(제9조제2항).

2. 임대차 존속기간의 보장

2-1. 임대차 기간 보장

기간을 정하지 않았거나 기간을 1년 미만으로 정한 상가건물 임대차는 그 기간을 1년으로 봅니다. 다만, 임차인은 1년 미만으로 정한 기간이 유효함을 주장할 수 있습니다(제9조제1항).

(사례) 상가임대차 계약기간을 1년 미만으로 한 경우에 임대차기간을 연장할 수 있는 방법은 없는지요?

문 저는 2013년 2월 28일에 서울 중심지 소재 건물 2층을 보증금 3,000만원에 월세20만원으로 하고 계약기간은 6개월로 하여 임차한 후, 사업자등록을 마치고 임대차계약서에 확정일자인을 받아두었습니다. 계약 당시 건물주는 장기간 임대계약을 보장해 준다고 구두로 약속을 하였으나, 6개월이 지난 지금 자기가 직접 식당을 운영하겠다며 저와는 재계약을 하지 않겠다고 합니다. 저는 위 식당을 임차하면서 시설비 등 많은 비용을 투자했기 때문에 지금 나가면 막대한 손해를 피할 수 없는데, 임대차기간을 연장할 수 있는 방법은 없는지요?

답 「상가건물임대차보호법」 제3조 제1항은 "①임대차는 그 등기가 없는 경우에도 임차인이 건물의 인도와 부가가치세법 제8조, 소득세법 제168조 또는 법인세법 제111조에 따른 사업자등록을 신청하면 그 다음 날부터 제3자에 대하여 효력이 생긴다."라고 규정하고 있고, 본 법의 적용범위에 관하여 같은 법 제2조 제1항은 "이 법은 상가건물(제3조 제1항의 규정에 의한 사업자등록의 대상이 되는 건물을 말한다)의 임대차(임대차 목적물의 주된 부분을 영업용으로 사용하는 경우를 포함한다)에 대하여 적용한다. 다만, 대통령령이 정하는 보증금액을 초과하는 임대차에 대하여는 그러하지 아니하다."라고 규정하고 있습니다.

그리고 임대차기간 등에 관하여 같은 법 제9조는 "①기간의 정함이 없거나 기간을 1년 미만으로 정한 임대차는 그 기간을 1년으로 본다. 다만, 임차인은 1년 미만으로 정한 기간이 유효함을 주장할 수 있다. ②임대차가 종료한 경우에도 임차인이 보증금을 반환 받을 때까지는 임대차 관계는 존속하는 것으로 본다."라고 규정하고 있습니다. 또한, 계약갱신요구 등에 관하여 같은 법 제10조 제1항 및 제2항은 "①임대인은 임차인이 임대차기간 만료전 6월부터 1월까지 사이에 행하는 계약갱신 요구에 대하여 정당한 사유 없이 이를 거절하지 못한다. 다만, 다음 각호의 1의 경우에는 그러하지 아니하다...(중략)...②임차인의 계약갱신요구권은 최초의 임대차 기간을 포함한 전체 임대차 기간이 5년을 초과하지 않는 범위 내에서만 행사할 수 있다."라고 규정하고 있어, 최소 1년의 임대차기간을 보장해 주고 있으며 임차인이 3기의 차임액에 달하도록 차임을 연체한 사실 등의 이유가 없는 이상 최초의 임대차기간을 포함한 전체 임대차기간이 5년을 초과하지 않는 범위 내에서 임대인은 임차인의 계약갱신요구를 거절할 수 없도록 하고 있습니다.

따라서 위 사안의 경우 귀하는 사업자등록을 하고 입점하여 영업을 함으로써 「상가건물임대차보호법」 제3조 제1항에 의한 대항력을 갖추었으며, 임대차계약의 체결일자도 이 법 시행 이후이고 임차보증금액도 월세환산금을 합한 금 5,000만원이므로 서울지역의 계약 당시의 같은 법 적용한도인 4억원을 넘지 않아 같은 법에 의한 보호를 받을 수 있는 임차인으로서, 위 임대차계약상 6개월을 약정하였더라도 임대차기간의 최소보장기간인 1년을 주장할 수 있을 것으로 보입니다.

그리고 3회 이상의 월세연체 등의 결격사유가 없는 이상 최초의 임대차기간으로부터 5년을 초과하지 않는 범위 내에서 계약갱신을 요구할 수도 있다고 할 것입니다.

참고로 2014년 1월 1일부터 시행되고 있는 개정 「상가건물임대차보호법 시행령」은 「상가건물임대차보호법」의 적용범위가 되는 보증금액을 ①서울특별시에서는 보증금액이 4억원 이하, ②「수도권정비계획법」에 따른 과밀억제권역(서울특별시는 제외)에서는 보증금액이 3억원 이하, ③광역시(「수도권정비계획법」에 따른 과밀억제권역에 포함된 지역과 군지역은 제외한다), 안산시, 용인시, 김포시 및 광주시에서는 보증금액이 2억4천만원 이하, ④그 밖의 지역에서는 보증금액이 1억 8천만원 이하로 증액하였습니다. 다만, 부칙에서 이 영 시행 후 체결되거나 갱신되는 상가건물 임대차계약부터 적용하도록 하고 있습니다.

또한 2015년 5월 13일에 개정된 「상가건물임대차보호법」 제2조 제3항에 의하면, 위 법률의 적용범위가 되는 보증금액을 초과하는 임대차에 대하여도 같은 법 제10조 제1항 및 제2항에서 정한 임차인의 계약갱신요구권이 인정됩니다.

2-2. 임차인의 계약갱신 요구

전체 임대차기간이 5년을 초과하지 않는 한 임차인이 임대차기간이 만료되기 6개월 전부터 1개월 전까지 사이에 계약갱신을 요구할 수 있고, 임대인은 정당한 사유가 없는 한 이를 거절할 수 없습니다(제10조제1항).

(사례) 임대인이 건물철거를 이유로 재계약을 거절하는 경우에 상가임차인의 계약갱신요구권으로 보호받을 수는 없는지요?

문 저는 2015년 3월 2일 서울 소재 상가건물 1층을 보증금5,000만원에 임차하여, 입점 한 후 사업자등록 및 확정 일자인까지 받아두었으므로 마음놓고 세탁소를 운영하고 있었습니다. 그런데, 건물 소유자가 저를 찾아와 임차건물이 낡아 이를 헐고 새로 지으려고 한다면서 다가오는 임대차 계약기간이 만료되면 점포를 비워 달라고 요청하였습니다. 저는 임대차계약기간을 1년으로 하였지만 「상가건물임대차 보호법」상 임차인이 원하면 최장 5년까지 임차가 가능하다기에 이를 믿고 투자한 시설비만도 5,000만원이나 지출하였습니다. 제가 상가임차인의 계약갱신요구권으로 보호받을 수는 없는지요?

답 상가임차인의 계약갱신요구권은 사회·경제적 약자인 상가임차인의 임대차 존속기간을 일정기간의 범위 내에서 보장해 줌으로써 임차인의 경제생활 안정을 기하기 위하여 인정된 권리입니다.

먼저, 상가임차인의 대항력에 관하여 「상가건물임대차보호법」 제3조 제1항은 "①임대차는 그 등기가 없는 경우에도 임차인이 건물의 인도와 부가가치세법 제8조, 소득세법 제168조 또는 법인세법 제111조에 따른 사업자등록을 신청하면 그 다음 날부터 제3자에 대하여 효력이 생긴다."라고 규정하고 있고, 상가임차인의 계약갱신요구권에 관하여 같은 법 제10조는 "①임대인은 임차인이 임대차기간이 만료되기 6개월 전부터 1개월 전까지 사이에 계약갱신을 요구할 경우 정당한 사유 없이 이를 거절하지 못한다. 다만, 다음 각호의 어느 하나의 경우에는 그러하지 아니하다.

1. 임차인이 3기의 차임액에 달하도록 차임을 연체한 사실이 있는 경우
2. 임차인이 거짓 그 밖의 부정한 방법으로 임차한 경우
3. 쌍방 합의 하에 임대인이 임차인에게 상당한 보상을 제공한 경우
4. 임차인이 임대인의 동의 없이 목적 건물의 전부 또는 일부를 전대한 경우
5. 임차인이 임차한 건물의 전부 또는 일부를 고의 또는 중대한 과실로 파손한 경우
6. 임차한 건물의 전부 또는 일부가 멸실되어 임대차의 목적을

달성하지 못할 경우

7. 임대인이 목적 건물의 전부 또는 대부분을 철거하거나 재건축하기 위해 목적 건물의 점유 회복이 필요한 경우

8. 그 밖에 임차인이 임차인으로서의 의무를 현저히 위반하거나 임대차를 존속하기 어려운 중대한 사유가 있는 경우

② 임차인의 계약갱신요구권은 최초의 임대차 기간을 포함한 전체 임대차 기간이 5년을 초과하지 않는 범위 내에서만 행사할 수 있다. ..."라고 규정하고 있습니다.

그러므로 상가임차인이 건물의 인도(입점)와 사업자등록을 신청한 때에는 그 다음 날부터 제3자에 대하여 임차권의 효력을 주장할 수 있고, 임대인은 임차인이 임대차기간 만료 전 6월부터 1개월까지 계약갱신을 요구하는 경우 최초의 임대차 기간을 포함한 전체 임대차기간이 5년을 초과하지 않는 범위 내에서 위 법 제10조 제1항 각호에 의한 정당한 사유 없이 거절하지 못하는 것입니다.

위 사안의 경우 임대인이 임차건물이 낡아서 재건축을 위한 필요성 때문에 귀하의 갱신요구권을 거절한다는 것이 위 법에서 규정한 정당한 사유로서의 각호 중 제7호(임대인이 목적 건물의 전부 또는 대부분을 철거하거나 재건축하기 위해 목적 건물의 점유 회복이 필요한 경우)에 해당된다고 볼 수 있다면, 정당한 주장이라 할 것이어서, 이 경우 귀하는 임대차계약기간 만료 시 임차건물을 비워 주어야 할 것으로 보입니다.

(사례) 계약기간 만료 시에는 무조건 가게를 비우라는 통보를 받았을 경우에 상가건물 임차인으로서 보호받을 방법이 없는지요?

문 저는 2014년 1월 서울 중구 소재 상가건물을 보증금 9,000만 원에 2년간 임차하기로 하는 임대차계약을 체결하고 입점하여 사업자등록 및 확정일자인을 받은 후 식당영업을 하고 있던 중, 계

약만료 3개월 전에 건물주인으로부터 다가오는 계약기간 만료 시에는 무조건 가게를 비우라는 통보를 받았습니다. 저는 상가가 처음 세워졌을 때 입점하여 그 당시 가게 인테리어 비용으로 7천만원이나 들었기 때문에, 전세보증금을 올려주겠다고 하였는데도 막무가내로 비우라고 합니다. 이 경우 저는 상가임차인으로서 보호받을 방법이 없는지요?

[법] 상가임차인의 계약갱신요구 등에 관하여 「상가건물임대차보호법」 제10조는 "①임대인은 임차인이 임대차기간 만료 전 6월부터 1월까지 사이에 행하는 계약갱신 요구에 대하여 정당한 사유 없이 이를 거절하지 못한다. 다만, 다음 각 호의 1의 경우에는 그러하지 아니하다.(* 각호 부록 법령 참고)
② 임차인의 계약갱신요구권은 최초의 임대차 기간을 포함한 전체 임대차 기간이 5년을 초과하지 않는 범위 내에서만 행사할 수 있다."라고 규정하고 있습니다.
그러므로 임대인은 임차인이 임대차기간 만료 전 6월부터 1개월까지 계약갱신을 요구하는 경우 위 법 제10조 제1항 각호에 해당하지 않는 한 정당한 사유 없이 거절할 수 없는 것이며, 이러한 임차인의 계약갱신요구권은 최초의 임대차 기간을 포함한 전체 임대차 기간이 5년을 초과하지 않는 범위 내에서만 행사할 수 있는 것입니다
이는 사회·경제적 약자인 상가임차인의 임대차 존속기간을 일정기간의 범위 내에서 보장해 줌으로써 임차인의 경제생활의 안정을 도모하기 위해 인정된 권리로써 상가임차인을 보호하는 규정 중 가장 실질적인 보호장치라고도 볼 수 있을 것입니다.
따라서 위 사안의 경우 귀하는 사업자등록을 하고 입점하여 영업을 하였으므로 「상가건물임대차보호법」 제3조 제1항에 의한 대항력을 갖추었고, 임차보증금액이 9,000만원이므로 서울지역의 같은

법 적용한도인 4억원 이내여서 위 법에 의한 보호를 받을 수 있는 임차인으로서, 같은 법 제10조 제1항에 의한 결격사유가 없는 이상 최초의 임대차기간으로부터 5년을 초과하지 않는 범위 내에서 계약갱신을 요구할 수도 있다고 할 것입니다.

최　고　서

수　신○○○ 님
○○시 ○○○ ○○하이츠 ○○○-○○○

1. 최고인은 귀하로부터 2010. 9. 8.자 우체국 소인이 찍힌 내용증명
   에서 점포의 인도를 요구받았는바, 귀하의 주장사항에 대하여는 아
   래 2항에서와 같이 답변하고, 아울러 귀하의 인도요구에 대한 최
   고인의 입장을 아래 3항에 적은 바와 같이 답변하는 바입니다.

2. 가. 최고인인 귀하의 요구에 따라 기존 100만원이던 월세를 2008.
      10. 20.부터 월 110만원을 지급하여 인상해드린 바 있습 니다.
   나. 화장실 시설의 개선은 법률적으로나 상도의적으로나 임대인인
      귀하가 해야 할 사항이라 할 것입니다.
   다. 현재 돌출간판은 2개이며 최고인이 더 설치한 것이 없습니다.
      또한 귀하가 2008년경 건물을 보수하면서 기존 간판을 버려,
      최고인의 비용으로 50만원을 들여 재설치한 바 있습니다.
   라. 요금 경쟁 등은 자본주의의 기본이라 할 것임에도 이를 임대인
      인 귀하가 문제 삼는 건 참으로 이해할 수 없는 부분입니다.

3. 최고인은 2006. 11. 7. 귀하 소유인 ○○시 ○○동 171-17 소재 3
   층 건물 중 3층 전부에 대하여 계약기간을 2007. 11. 7.까지로 약정
   하고 당구장으로 임차하여 현재까지 묵시적으로 갱신된 계약에 의해
   영업 중이며, 4년이 되는 시점은 올해 11. 7.경이라 할 것입니다. 귀
   하의 요구에 대하여 최고인은 상가건물임대차보호법 제10조의 규정
   에 따라 계약의 갱신을 요구하니 널리 이해해 주시기 바랍니다.
참고로 위 법에 따른 갱신요구권에 따라 최고인은 5년간은 영업을 계
속할 수 있고, 갱신되는 임대차는 전 임대차와 동일한 조건으로 다시
계약된 것으로 보게 되어 있으므로 참고하시기 바랍니다.

20　　.　　　.　　　.

	최고인김 ○ ○ ○○시 ○○동 ○○○-○○
내 용 증 명	·내용증명은 우편법 시행규칙 제25조 ①항 4호 가목에 따라 등기취급을 전제로 우체국창구 또는 정보통신망을 통하여 발송인이 수취인에게 어떤 내용의 문서를 언제 발송하였다는 사실을 우체국이 증명하는 특수취급 제도입니다. 예컨대 채무이행의 기한이 없는 경우 채무자는 이행의 청구를 받은 때로부터 지체책임을 지게 되며 이 경우 이행의 청구를 하였음을 증명하는 문서로 활용할 수 있습니다.
내용증명의 활 용	·민법은 시효중단의 한 형태로「최고」를 규정하고 있으며「최고」후 6월내에 재판상의 청구, 파산절차참가, 화해를 위한 소환, 임의출석, 압류 또는 가압류, 가처분을 하지 않는 경우 시효중단의 효력이 없는 것으로 규정하고 있습니다. 따라서 소멸시효가 임박한 경우「최고서」를 작성하여 내용증명우편으로 송부하고 소송 시「최고」를 하였음을 입증하는 자료로 사용할 수 있습니다. ·계약의 해제(해지), 착오 등을 이유로 취소하는 경우 내용증명을 통하여 의사표시를 하는 것이 후일 분쟁을 미리 예방 할 수 있는 방법이 될 수 있습니다. ·민법 제450조는 지명채권의 양도는 양도인이 채무자에게 통지하거나 채무자의 승낙을 요하며, 통지나 승낙은 확정일자 있는 증서에 의하지 않으면 채무자 이외의 제3자에게 대항할 수 없도록 규정하고 있습니다. 따라서 채권의 양도통지를 할 경우 내용증명에 의하여 통지하면 제3자에게도 대항할 수 있게 됩니다. (※ 배달증명은 확정일자 있는 증서로 보지 않음 대법원 2001다80815)
제출부수	·3부를 작성하여 봉투와 함께 우체국에 제출
기 타	·내용증명 우편은 3년간 보관하며 분실한 경우에도 재발급받을 수 있음

3. 보증금의 증감청구권 및 증액 제한

임차건물에 관한 조세, 공과금 그 밖의 부담의 증감이나 경제사정의 변동 등으로 차임 또는 보증금이 적정하지 않다고 생각되는 경우 임차인 및 임대인 당사자는 그 증감을 청구할 수 있습니다. 다만, 임대인이 증액을 요구하는 경우에는 청구 당시의 차임 또는 보증금의 연 9%의 범위 내에서만 증액을 할 수 있습니다(제11조제1항 및 시행령 제4조).

(사례) 건물 주인이 상가임대료를 대폭 인상요구에 대한 법적 대응방안은 없는지요?

문 저는 1년 전 상가건물 3층 일부를 임차하여 학원을 운영하고 있습니다. 그런데 건물주는 계약기간 만료 전 2월이된 지난달 말 저에게 경제사정 등 여러 가지 이유를 들어임대료를 50%까지 올리겠다는 내용증명을 보내왔습니다. 저는 위 학원운영으로 생계를 유지하고 있으므로 재계약을 하여야 할 입장인데, 갑자기 1,000만원 ~ 1,500만원의 돈을 마련하자니 너무 힘든 상황입니다. 건물주의 과다한 임대료 인상요구에 대한 법적 대응방안은 없는지요?

답 차임 등의 증감청구권에 관하여 「상가건물임대차보호법」 제11조는 "①차임 또는 보증금이 임차건물에 관한 조세, 공과금 그 밖의 부담의 증감이나 경제사정의 변동으로 인하여 상당하지 아니하게 된 때에는 당사자는 장래에 대하여 그 증감을 청구할 수 있다. 그러나 증액의 경우에는 대 통령령이 정하는 기준에 따른 비율을 초과하지 못한다. ② 제1항의 규정에 의한 증액청구는 임대차계약 또는 약정한 차임 등의 증액이 있은 후 1년 이내에는 이를 하지 못한다."라고 규정하고 있고, 차임 등 증액청구의 기준에 관하여 2010년 7월 26일부터 시행중인 「상가건물임대차보호법 시행령」 제4조는 "법 제11조 제1항의 규정에 의한 차임 또는 보증금의 증액청구는 청구 당시의 차임 또는 보증금의 100분의 9의 금액을 초과하지 못한다."라고 규정하고 있습니다.

또한, 계약갱신의 요구에 관하여 「상가건물임대차보호법」 제10조는 "①임대인은 임차인이 임대차기간 만료 전 6월부터 1월까지 사이에 행하는 계약갱신 요구에 대하여 정당한 사유 없이 이를 거절하지 못한다. 다만, 다음 각호의 1의 경우에는 그러하지 아니하다. (*각호 생략-부록 법령 참조)

②임차인의 계약갱신요구권은 최초의 임대차 기간을 포함한 전체 임대차 기간이 5년을 초과하지 않는 범위 내에서만 행사할 수 있다. ③갱신되는 임대차는 전 임대차와 동일한 조건으로 다시 계약된 것으로 본다. 다만, 차임과 보증금은 제11조의 규정에 의한 범위 안에서 증감할 수 있다."라고 규정하고 있습니다.

따라서 임대차계약의 당사자는 약정한 차임 등이 임대물에 대한 공과금 기타 부담의 증감이나 경제사정의 변동으로 인하여 상당하지 않을 때에는 상대방에게 장래에 대하여 차임 등의 증감을 요구할 수 있을 것입니다.

또한, 상가임차인에게는 최초의 임대차 기간을 포함한 전체 임대차 기간이 5년을 초과하지 않는 범위 내에서 계약갱신요구권이 인정되며, 이 경우에도 위 차임 등의 증감청구권규정이 적용된다 할 것입니다.

다만, 위 사안의 경우와 같이 임대인이 차임 등의 증액을 청구할 경우에는 임대차계약 또는 증액이 있은 후 1년이 경과하여야 하며, 증액 시에도 청구 당시의 차임 또는 보증금의 9%를 초과하지 않는 범위 내에서 하여야 할 것이므로 건물주의 청구액 중 이를 초과하는 부분은 인정받지 못할 것으로 보입니다.

4. 우선변제권의 인정

임차인이 ① 상가건물을 인도받고, ② 사업자등록 신청을 했으며, ③ 세무서장으로부터 임대차계약서에 확정일자를 받았다면, 임차건물이 경매 또는 공매되는 경우 그 건물(임대인 소유의 대지 포함)의 환가대금에서 후순위권리자 그 밖의 채권자보다 우선하여 보증금을 변제받을 수 있습니다(제5조 제2항).

5. 소액임차인의 최우선변제권 인정

5-1. 소액임차인이란
아래의 임차보증금에 해당되는 상가건물의 임차인을 소액임차인이라 합니다(시행령 제6조).
① 서울특별시 : 6천500만원 이하
② 「수도권정비계획법」에 따른 과밀억제권역(서울특별시 제외) : 5천500만원 이하
③ 광역시(「수도권정비계획법」에 따른 과밀억제권역에 포함된 지역과 군지역은 제외), 안산시, 용인시, 김포시 및 광주시 : 3천800만원 이하
④ 그 밖의 지역 : 3천만원 이하

5-2. 임차 보증금이란
보증금 이외에 차임이 있는 경우에는 월 단위의 차임액에 100을 곱하여 보증금과 합산한 금액이 임차보증금으로 됩니다(제2조제2항, 시행령 제6조 및 제2조제2항·제3항).

5-3. 소액 임차인의 최우선 변제권 인정

소액 임차인은 임차건물이 경매 또는 공매로 소유권이 이전되는 경우, 집행
절차에 참가하여 보증금 중 일정액을 다른 담보물권자보다 가장 우선하여
배당받을 수 있습니다(제14조제1항 전단).

6. 임차권등기명령제도

6-1. 임차권등기명령 신청

상가건물 임대차가 종료되었음에도 보증금을 돌려받지 못한 임차인은 임차
건물의 소재지를 관할하는 지방법원, 지방법원지원 또는 시·군법원에 임차
권등기명령을 신청할 수 있습니다(제6조제1항).

상가임차권등기명령신청

신 청 인 (임차인) ○ ○   ○(111111-1111111)
　　　　　○○시 ○○구 ○○로 ○○(우편번호 : ○○○-○○○)

피신청인(임대인)   ○ ○   ○(111111-1111111)
　　　　　○○시 ○○구 ○○로 ○○(우편번호 :
○○○-○○○)

신 청 취 지

별지목록 기재 건물에 관하여 아래와 같은 상가임차권등기를 명한다.
라는 결정을 구합니다.

아　　　래

　　1. 임대차계약일자 : 20○○년 ○월 ○○일
　　2. 임차보증금액　 : 금　　원, 차임 : 금　　원
　　3. 점유개시일자　 : 20○○년 ○월 ○○일
　　4. 확 정 일 자　 : 20○○년 ○월 ○○일

신 청 이 유

　신청인은 피신청인 소유 별지목록 기재 건물에 대하여 신청취지 기재와 같이 임차한 후 임차기한이 만료하였으나 피신청인이 임차보증금을 반환하지 않아 부득이 임차권 등기명령을 구합니다.

첨 부 서 류

1. 건물등기사항증명서　　　　　　　　　　　　1통
1. 임대차계약증서 사본　　　　　　　　　　　　1통

20○○년 ○월 ○일

신청인 ○ ○ ○ (인)

○ ○ 지 방 법 원 귀중

[별 지]

부동산의 표시

1동 건물의 표시

○○시 ○○구 ○○동 ○○ (우편번호 ○○○ - ○○○)

[도로명주소] ○○시 ○○구 ○○로 ○○

철근콘크리트조 슬래브지붕 1층 상가 끝.

6-2. 대항력 및 우선변제권

임차권등기를 마치면 임차인은 임대인 및 제3자에 대해 대항력과 우선변제권을 갖습니다. 다만, 임차인이 임차권등기 이전에 이미 대항력 또는 우선변제권을 취득한 경우에는 그 대항력 또는 우선변제권이 그대로 유지되며, 임차권등기 이후에는 대항요건을 상실하더라도 이미 취득한 대항력 또는 우선변제권을 상실하지 않습니다(제6조제5항).

제4절 「민법」에 따른 임대차와의 비교

상가건물의 임차 방법으로 「민법」에 따른 임대차계약이 있습니다. 이 경우 임차인은 「민법」에 따라 일정한 보호를 받을 수 있으나, 임차권 등기를 마치지 않으면 대항력을 행사할 수 없습니다.

1. 「민법」의 적용 대상

상가건물 임대차 중 지역별로 정해진 보증금의 일정 기준금액을 넘는 상가건물 임대차는 「민법」의 임대차 규정이 적용됩니다(상가건물 임대차보호법 제2조제1항 및 동법 시행령 제2조제1항).

2. 「상가건물 임대차보호법」에 따른 임대차와 「민법」에 따른 임대차

2-1. 대항력의 취득
① 「상가건물 임대차보호법」의 경우 : 상가건물을 인도받고, 사업자등록 신청한 다음 날부터 제3자에 대해 대항할 수 있습니다(제3조제1항).
② 「민법」의 경우 : 제3자에게 대항하기 위해서는 임대차등기해야 하고, 등기한 때부터 제3자에게 대항할 수 있습니다(제621조).

2-2. 임대차의 존속기간
① 일반적으로 임대차계약의 기간은 당사자의 약정에 따라 정한 기간이 만료될 때까지 입니다.
② 「상가건물 임대차보호법」의 경우 : 임대차의 존속기간은 최소한 1년간 보장됩니다. 다만, 임차인은 1년 미만으로 계약을 한 경우 정한 기간이 만료 되면 임대차계약의 종료를 주장할 수는 있습니다(제9조제1항).

2-3. 차임의 증감청구

① 「상가건물 임대차보호법」의 경우 : 임차건물에 관한 조세, 공과금 그 밖의 부담의 증감이나 경제사정의 변동으로 차임 또는 보증금이 적정하지 않다고 판단하게 된 경우 임차인 및 임대인 양 당사자는 그 증감을 청구할 수 있습니다. 다만, 임대인의 증액 청구의 경우 청구 당시의 차임 또는 보증금의 연 9%의 범위 내에서만 증액을 청구할 수 있습니다(제11조제1항 및 동법 시행령 제4조).

② 「민법」의 경우 : 상가건물에 대한 공과부담의 증감이나 그 밖의 경제사정의 변동으로 약정한 차임이 적정하지 않다고 판단하게 된 경우 임차인 및 임대인 양 당사자는 이후의 차임에 대한 증감을 청구할 수 있습니다(제628조).

(사례) 임대인이 임차인에게 고율의 월세를 무리하게 증액요구할 경우에 대응할 방법이 없는지요?

☒ 저는 2014년 2월 서울 종로구 소재 상가건물의 일부를 보증금 1억 원에 월세 90만 원으로 1년간 임차하기로 하는 계약을 체결하여 현재까지 사진관으로 운영하고 있습니다. 저는 계약 당시 입점하고 사업자등록신청을 하면서 임대차계약서에 확정일자인도 받아 두었습니다. 그런데 최근 임대인은 위 임대차기간이 만료되어 재계약시에는 임대차보증금 중 5,000만원은 월세로 전환하되 그 적용금리를 3부(연 36%)로 하겠다고 합니다. 현재 주변지역의 경우를 보면 2부(연 24%)로 하는 것이 일반적인데 임대인의 무리한 증액요구에 대응할 방법이 없는지요?

☒ 「상가건물임대차보호법」 제12조는 "보증금의 전부 또는 일부를 월 단위의 차임으로 전환하는 경우에는 그 전환되는 금액에 다음 각 호 중 낮은 비율을 곱한 월 차임의 범위를 초과할 수 없다.

1. 은행법에 의한 금융기관에서 적용하는 대출금리 및 당해 지역

의 경제여건 등을 감안하여 대통령령이 정하는 비율, 2. 한국은행에서 공시한 기준금리에 대통령령으로 정하는 배수를 곱한 비율"라고 규정하고 있고, 같은 법 시행령 제5조 제1항은 "법 제12조제1호에서 대통령령이 정하는 비율이라 함은 연 1할 2푼을 말한다."라고 규정하고 있고, 같은 법 시행령 제5조 제2항은 법 제12조제2호에서 "대통령령으로 정하는 배수"란 4.5배를 말한다."라고 규정하고 있습니다.

또한 같은 법 제11조는 "①차임 또는 보증금이 임차건물에 관한 조세, 공과금 그 밖의 부담의 증감이나 경제사정의 변동으로 인하여 상당하지 아니하게 된 때에는 당사자는 장래에 대하여 그 증감을 청구할 수 있다. 그러나 증액의 경우에는 대통령령이 정하는 기준에 따른 비율을 초과하지 못한다. ②제1항의 규정에 의한 증액청구는 임대차계약 또는 약정한 차임 등의 증액이 있은 후 1년 이내에는 이를 하지 못한다."라고 규정하고 있고, 2010년 7월 26일부터 시행중인 「상가건물임대차보호법 시행령」 제4조는 "법 제11조 제1항의 규정에 의한 차임 또는 보증금의 증액청구는 청구 당시의 차임 또는 보증금의 100분의 9의 금액을 초과하지 못한다."라고 규정하고 있습니다.

그러므로 상가임대차보증금의 전부 또는 일부를 월 단위의 차임으로 전환하는 경우에는 그 전환되는 금액에 연 12%(다만, 한국은행 기준금리에 4.5를 곱한 숫자가 12보다 작은 경우에는, 한국은행 기준금리에 4.5를 곱한 숫자)의 비율을 곱한 월차임의 범위를 초과할 수 없고, 임대인이 차임 또는 보증금의 증액청구를 할 경우에는 청구 당시의 차임 또는 보증금의 100분의 9의 금액을 초과하지 못한다 할 것입니다.

따라서 위 사안의 경우 귀하는 「상가건물임대차보호법」이 시행된 후 임대차계약의 체결 및 사업자등록신청을 하였고, 현재까지 영업을 하면서 그 임차보증금액도 위 법상 서울지역의 적용한도인

4억원을 넘지 않아(귀하의 기준 보증금액은 같은 법 제2조 제2항 및 같은 법 시행령 제2조 제3항에 의해 1억+90만원×100=1억 9천만원임), 「상가건물임대차보호법」의 적용을 받는 상가임차인이라 할 것이므로, 임대인의 위와 같은 요구에 대하여 같은 법 제12조와 제11조의 범위 내에서 임차료를 정하여 재계약을 할 수 있다고 하겠습니다.

참고로 2013년 12월 30일부터 적용되는 「상가건물임대차보호법 시행령」은 「상가건물임대차보호법」의 적용범위가 되는 보증금액을 ①서울특별시에서는 보증금액이 4억원 이하, ②「수도권정비계획법」에 따른 과밀억제권역(서울특별시는 제외)에서는 보증금액이 3억원 이하, ③광역시(「수도권정비계획법」에 따른 과밀억제권역에 포함된 지역과 군지역은 제외한다), 안산시, 용인시, 김포시 및 광주시에서는 보증금액이 2억4천만원 이하, ④그 밖의 지역에서는 보증금액이 1억 8천만원 이하로 증액하였습니다. 다만, 이 영 시행 당시 존속 중인 상가건물임대차계약에 대하여는 종전 규정을 따르도록 하고 있습니다.

2-4. 묵시의 갱신

① 「상가건물 임대차보호법」의 경우 : 임대차기간이 만료되기 전 6개월 ~ 1개월까지 사이에 임대인이 임차인에게 갱신 거절의 통지 또는 조건 변경의 통지를 하지 않으면 전 임대차와 동일한 조건으로 다시 임대차 계약이 갱신되는 것으로 봅니다. 이 경우 임대차의 존속기간은 1년으로 봅니다(제10조제4항).

② 「민법」의 경우 : 상가건물에 대한 임대차 기간이 만료된 후 임차인이 그 건물을 계속 사용·수익하는 경우, 임대인이 상당한 기간 내에 이의를 제기하지 않으면 전 임대차와 동일한 조건으로 다시 임대차한 것으로 봅니다(제639조제1항).

2-5. 묵시의 갱신 이후 해지통고

① 「상가건물 임대차보호법」의 경우 : 임대인은 1년 이내에 해지통고를 할 수 없습니다. 그러나 임차인은 1년 이내라도 임대인에게 계약해지를 통고할 수 있고, 임대인이 통지를 받은 날부터 3개월이 지나면 임대차계약은 해지됩니다(제10조제5항).

② 「민법」의 경우 : 묵시의 갱신 이후 당사자는 언제든지 해지통고를 할 수 있고, 임대인의 해지통고는 6개월, 임차인의 해지통고는 1개월이 지나면 임대차계약은 해지됩니다(제635조 및 제639조제1항 단서).

제2장

상가건물의 계약

제2장 상가건물의 계약

제1절 계약 전 확인 사항

1. 상가건물의 용도 등 확인

건축물대장, 토지대장 등을 발급받아 임차하려는 건물의 용도가 임차인이 희망하는 업종에 적합한지 등에 대해 사전에 확인해야 합니다.

2. 건축물대장

2-1. 건축물대장의 개념

① 건축물대장은 건축물의 소유·이용 상태를 나타내어 건축물과 대지의 현황 및 지하수위, 기초형식, 설계지 내력, 구조설계 해석법 등 건축물의 구조내력(構造耐力)에 관한 정보를 표시하고 있는 공적장부입니다(건축법 제38조제1항 및 건축물대장의 기재 및 관리 등에 관한 규칙 제7조의3).
② 건축물대장에는 일반건축물대장과 집합건축물대장이 있으며, 상가건물의 경우 소유자가 구분되어 있지 않는 경우 일반건축물대장, 소유자가 구분되는 경우 집합건축물대장으로 나누어져 건축물과 대지의 현황이 기재되어 있습니다(건축물대장의 기재 및 관리 등에 관한 규칙 제4조).

2-2. 건축물대장의 열람 또는 발급

① 건축물대장의 등본·초본을 발급받거나 열람하려는 사람은 수수료를 납부하고 건축물대장의 표제부 또는 표제부 전체면 또는 건물의 현황도 등에서 필요한 부분을 선택해 특별자치도지사 또는 시장·군수·구청장 또는 읍·면·동장에게 신청하거나, 민원24(http://www.minwon.go.kr)에서 신청하여 열람·발급받을 수 있습니다(건축물대장의 기재 및 관리 등에 관한 규칙 제

11조제1항, 제7항 및 제8항).

② 건축물현황도는 건축물소유자에 한해 본인임을 확인한 경우에만 인터넷을 통해 발급하거나 열람하게 할 수 있습니다(건축물대장의 기재 및 관리 등에 관한 규칙 제11조제7항).

2-3. 건축물대장에서 확인할 사항

① 상가건물을 임차하기 전에 건축물대장상 상가건물의 지번과 실제 상가건물의 지번이 일치하는지를 확인해야 합니다.

② 상가건물에 대한 용도지역, 용도지구, 용도구역을 확인하여, 희망하는 업종이 해당 상가건물에 적합한지를 확인해야 합니다.

③ 건축물대장에 기재된 소유자가 부동산등기부의 건물소유자와 동일한지를 확인해야 합니다.

3. 토지대장

3-1. 토지대장의 개념

토지대장은 토지의 소재지, 지번, 지목, 면적, 토지의 소유자가 기록되어 있는 공적장부입니다(공간정보의 구축 및 관리 등에 관한 법률 제71조, 동법 시행규칙 제68조제2항 및 별지 제63호서식).

3-2. 토지대장의 열람 또는 발급

토지대장은, 민원24(http://www.minwon.go.kr)에서 신청하여 열람 또는 발급 받을 수 있습니다(공간정보의 구축 및 관리 등에 관한 법률 제75조 및 동법 시행규칙 제74조).

3-3. 토지대장에서 확인할 사항

토지대장에 기재된 토지의 소재지와 지번이 임대차하려는 상가건물의 토지

소재지 및 지번과 일치하는지를 확인해야 합니다.

4. 토지이용계획 확인서

4-1. 토지이용계획 확인서의 개념

토지이용계획 확인서는 지역·지구 등의 지정내용과 그 지역·지구 등 안에서의 행위제한 내용이 기재되어 토지의 이용 및 도시계획 시설 결정여부 등을 알 수 있는 서류입니다(토지이용규제 기본법 제5조, 동법 시행규칙 제2조)

4-2. 토지이용계획 확인서의 발급

① 토지이용계획 확인서를 발급받으려면, 특별자치도지사, 시장·군수·구청장에게 토지이용계획 확인신청서를 제출하여 발급받거나 민원24에서 발급받을 수 있습니다(토지이용규제 기본법 제10조 및 동법 시행령 제9조).
② 토지이용계획 확인서는 토지이용규제정보서비스에서 열람할 수 있습니다.

4-3. 토지이용계획 확인서에서 확인할 사항

① 토지이용계획 확인서에서 해당 상가건물의 용도지역, 용도지구, 용도구역의 지정여부 등을 확인해야 합니다.
② 민원24에서 건축물대장, 토지대장을 열람하거나 발급받을 수 있고, 토지이용계획 확인서를 확인할 수 있습니다.

(사례) 상가의 전유부분을 용도변경하기 위해 다른 구분소유자의 동의를 얻어야 하는지요?

문 상가의 전유부분을 용도변경하기 위해 다른 구분소유자의 동의를 얻어야 하는지요?

답 집합건물법은 전유부분의 용도변경과 관련하여 직접 규정하고 있지는 않습니다. 따라서 전유부분의 용도만을 변경하는 경우 판례에 따르면 상가건축물의 용도변경 신고가 변경하고자 하는 용도의 건축물 기준에 적합한 이상 행정청으로서는 관계 법령이 정하지 않는 다른 사유를 내세워 그 용도변경신고의 수리를 거부할 수 없다고 하여 다른 구분소유자의 동의를 얻어야 하는 것은 아니라고 하였습니다(대법원 2007. 6. 1. 선고 2005두17201 판결). 다만, 전유부분의 용도변경이 공용부분의 변경을 수반한다면 집합건물법 제15조에 따른 요건(구분소유자 및 의결권의 각 3/4이상의 집회결의)을 구비하여야 하며, 또한 용도변경이 구분소유자의 공동의 이익에 반해서는 안 됩니다(사무실로 사용되는 건물 내에 독서실의 개설이 이에 해당한다고 한 사례가 있습니다(대법원 1987. 5. 26. 선고 86다카2478판결).

5. 부동산등기부의 확인

① 부동산등기는 부동산에 관한 표시와 그에 관한 권리관계를 등기부에 기재하거나 기재한 것으로 부동산에 관한 물권의 공시방법입니다.
② 임차인은 임대차계약 전에 등기부 또는 등기사항증명서를 열람·확인해 권리관계가 복잡한 상가건물은 피해야 합니다.

5-1. 부동산등기부의 개념

① 「부동산등기부」란 토지나 건물과 같은 부동산의 표시와 부동산의 권리관계의 득실변경에 관한 사항을 적는 공적 장부를 말합니다(법제처, 법률용어사전 참조).
② 부동산의 표시 : 부동산의 소재, 지번, 지목, 구조, 면적 등에 관한 현황을 말합니다.

③ 부동산에 관한 권리관계 : 소유권, 지상권, 지역권, 전세권, 저당권, 권리질권, 채권담보권, 임차권 등의 설정, 보존, 이전, 변경, 처분의 제한 또는 소멸 등을 말합니다(부동산등기법 제3조).

5-2. 등기부 및 등기사항증명서

① 「등기부」란 전산정보처리조직에 의해 입력·처리된 등기정보자료를 대법원규칙에 따라 편성하여 해당 등기소에 비치하고 있는 토지·건물의 등기 공부를 말하며, 등기부는 토지등기부와 건물등기부로 구분됩니다(부동산등기법 제2조제1호 및 제14조제1항).

② 「등기사항증명서」란 등기부에 기록되어 있는 사항을 증명하는 서류를 의미합니다(부동산등기법 제19조제1항).

6. 등기부의 열람 또는 등기사항증명서의 발급

6-1. 등기부의 열람

다음과 같은 방법으로 누구든지 수수료를 내고 등기기록을 열람할 수 있습니다. 다만, 등기기록의 부속서류는 이해관계 있는 부분만 열람이 가능합니다(부동산등기법 제19조, 부동산등기규칙 제31조, 등기사항증명서 등 수수료규칙 제3조, 인터넷에 의한 등기기록의 열람 등에 관한 업무처리지침 제2조 및 제4조).

열람방법	열람가능시간	수수료
등기소 방문 (관할 제한 없음)	업무시간 내	등기기록 또는 사건에 관한 서류마다 1,200원
인터넷등기소 (http://www.iros.go.kr)	365일 24시간	등기기록마다 700원

6-2. 등기사항증명서의 발급

다음과 같은 방법으로 누구든지 수수료를 내고 등기사항증명서를 발급받을 수 있습니다(부동산등기법 제19조제1항, 부동산등기규칙 제27조, 등기사항증명서 등 수수료규칙 제2조, 인터넷에 의한 등기기록의 열람 등에 관한 업무처리지침 제2조 및 제4조).

열람방법	열람가능시간	수수료
등기소 방문 (관할 제한 없음)	업무시간 내	1통에 1,200원
무인발급기의 이용	지방자치단체별 서비스 시간 다름	등기기록마다 1,000원
인터넷등기소	365일 24시간	1통에 1,000원

7. 등기부의 구성 및 확인사항

등기부에는 표제부, 갑구(甲區), 을구(乙區)가 있습니다(부동산등기법 제15조제2항).

7-1. 표제부

① 토지등기기록의 표제부에는 표시번호란, 접수란, 소재지번란, 지목란, 면적란, 등기원인 및 기타 사항란이 있습니다(부동산등기규칙 제13조제1항).
② 건물등기기록의 표제부에는 표시번호란, 접수란, 소재지번 및 건물번호란, 건물내역란, 등기원인 및 기타 사항란이 있습니다(부동산등기규칙 제13조제1항).
③ 표제부에서 확인해야 할 사항
표제부의 지번이 임차하려는 상가건물의 지번과 일치하는지를 확인해야 합니다. 또한, 상가건물의 지목, 구조 및 면적 등을 파악해야 합니다.

7-2. 갑구와 을구

① 갑구와 을구에는 순위번호란, 등기목적란, 접수란, 등기원인란, 권리자 및 기타 사항란이 있습니다(부동산등기규칙 제13조제2항).

② 갑구에는 소유권의 변동과 가등기, 압류등기 등의 설정 여부 등을 확인할 수 있습니다.

③ 을구에는 소유권 이외의 권리인 저당권, 전세권 등이 기재되며, 저당권, 전세권 등의 설정 및 변경, 이전, 말소등기도 기재되어 있습니다.

③ 등기부에서 확인할 수 없는 권리관계도 있으므로 등기부를 열람하는 것 외에 상가건물을 직접 방문하여 상가건물의 권리관계를 확인할 필요가 있습니다. 예를 들어, 주택에 관한 채권을 가진 자가 그 채권을 변제받을 때까지 주택을 유치하는 유치권 등은 등기부를 통해 확인할 수 없습니다.

7-2-1. 갑구에서 확인해야 할 사항

① 부동산 소유자의 이름, 주소, 주민등록번호 등 인적사항을 확인해야 합니다.

② 압류, 가압류, 가처분, 가등기 등이 되어 있지 않는지를 확인해서, 이러한 등기가 되어 있는 상가건물은 피해야 합니 ③ 가등기 이후에 상가건물을 임차한 임차인은 가등기에 기한 본등기가 이루어지면 본등기 권리자에게 임대차를 주장할 수 없으므로 보호를 받을 수 없게 됩니다.

7-2-2. 을구에서 확인해야 할 사항

① 저당권이나 전세권이 등기되어 있는지 확인해서, 저당권이나 전세권이 많이 설정되어 있다면 그런 상가건물은 피해야 합니다. 저당권이나 전세권이 설정된 후 상가건물을 임차한 임차인은 저당권자나 전세권자 보다 후순위 권리자로 됩니다. 따라서 상가건물이 경매되면 저당권자나 전세권자가 배당받고 난 나머지 금액에 대해서만 배당받을 수 있기 때문에 임차보증금을 돌려받기 어려워집니다.

② 지상권이나 지역권이 설정되어 있는지 확인해야 합니다. 지상권, 지역권

은 토지의 이용관계를 목적으로 설정되어 있 는 권리로서 부동산 일부분에
도 성립할 수 있고, 동일 부동산의 같은 부분에 중복하여 성립할 수도 있
으므로 주의해야 합니다.

8. 등기된 권리의 순위

8-1. 권리의 순위
같은 부동산에 관해 등기한 권리의 순위는 법률에 다른 규정이 없으면 등
기한 순서에 따릅니다(부동산등기법 제4조제1항).

8-2. 등기의 순서
① 등기의 순서는 등기기록 중 같은 구에서 한 등기 상호간에는 순위번호
에 따르고, 다른 구에서 한 등기 상호간에는 접수번호에 따릅니다(부동산
등기법 제4조제2항).
② 따라서 같은 갑구나 을구 내에서는 그 순위번호로 등기의 우열을 가리
고, 갑구와 을구 사이에서는 접수번호에 따라 등기의 우열을 가리게 됩니
다.

8-3. 부기등기의 순위
부기등기(附記登記)의 순위는 주등기(主登記)의 순위에 따릅니다. 다만, 같
은 주등기에 관한 부기등기 상호간의 순위는 그 등기 순서에 따릅니다(부
동산등기법 제5조).

**(사례) 경매가 진행 중인 사실을 모르는 채 임대차계약을 체결했을 경
우에 임대인을 사기죄로 고소할 수 있을까요?**

문 경매가 진행 중인 사실을 모르는 채 임대차계약을 체결했어요.

임대인을 사기죄로 고소할 수 있을까요?

᠌ 임차인이 임대차계약을 체결할 당시, 임차할 건물에 관하여 법원의 경매개시결정에 따른 경매절차가 이미 진행 중인 사실을 알았더라면 그 건물에 관한 임대차계약을 체결하지 않았을 것임이 명백하다면, 임대인은 신의칙상 임차인에게 이를 고지할 의무가 있습니다.

따라서 임대인이 임대차계약을 체결하면서 임차인에게 임대목적물이 경매진행중인 사실을 알리지 않은 경우, 임차인이 등기부를 확인 또는 열람하는 것이 가능하다 하더라도 사기죄가 성립합니다(대법원 1998. 12. 8. 선고 98도3263 판결 참고).

(관련판례)

사기죄의 요건으로서의 기망은 널리 재산상의 거래관계에 있어 서로 지켜야 할 신의와 성실의 의무를 저버리는 모든 적극적 또는 소극적 행위를 말하는 것이고, 이러한 소극적 행위로서의 부작위에 의한 기망은 법률상 고지의무 있는 자가 일정한 사실에 관하여 상대방이 착오에 빠져 있음을 알면서도 이를 고지하지 아니함을 말하는 것으로서, 일반거래의 경험칙상 상대방이 그 사실을 알았더라면 당해 법률행위를 하지 않았을 것이 명백한 경우에는 신의칙에 비추어 그 사실을 고지할 법률상 의무가 인정되는 것이다. 임대인이 임대차계약을 체결하면서 임차인에게 임대목적물이 경매진행중인 사실을 알리지 아니한 경우, 임차인이 등기부를 확인 또는 열람하는 것이 가능하더라도 사기죄가 성립한다(대법원 1998. 12. 8. 선고 98도3263 판결).

9. 등록사항의 확인

9-1. 등록사항의 열람 또는 제공 신청

① 상가건물의 임대차에 이해관계가 있는 자는 관할 세무서장에게 해당 상가건물의 확정일자 부여일, 차임 및 보증금 등 정보의 제공을 요청할 수 있습니다. 이 경우 요청을 받은 관할 세무서장은 정당한 사유 없이 이를 거부할 수 없습니다(상가건물 임대차보호법 제4조제3항).

② 임대차계약을 체결하려는 자는 임대인의 동의를 받아 관할 세무서장에게 위에 따른 정보제공을 요청할 수 있습니다(상가건물 임대차보호법 제4조제4항).

9-2. 이해관계인의 범위

정보의 제공을 요청할 수 있는 이해관계가 있는 자(이하 "이해관계인"이라 함)는 다음에 해당하는 자 입니다(상가건물 임대차보호법 시행령 제3조의2 및 상가건물 임대차계약서상의 확정일자 부여 및 임대차 정보제공에 관한 규칙 제4조제1항).

① 해당 상가건물 임대차계약의 임대인·임차인

② 해당 상가건물의 소유자

③ 해당 상가건물 또는 대지의 등기부에 기록되어 있는 환매권자, 지상권자, 전세권자, 질권자, 저당권자·근저당권자, 임차권자, 신탁등기의 수탁자, 가등기권리자, 압류채권자 및 경매개시결정의 채권자

④ 우선변제권을 승계한 금융기관 등

(서식 예)

임대차 정보제공 요청서

※ 색상이 어두운 난은 신청인이 적지 않습니다.

(앞쪽)

접수번호	접수일자	발급일	처리기간	즉시

요청인	성명(법인명)	주민(법인)등록번호	사업자등록번호	

<table>
<tr><td rowspan="3">요청인</td><td>성명(법인명)</td><td>주민(법인)등록번호</td><td>사업자등록번호</td></tr>
<tr><td>주소 또는 본점(주사무소)
소재지</td><td colspan="2">휴대전화번호:
주소지 전화번호:
사업장 전화번호</td></tr>
<tr><td colspan="3">□ 이해관계인(해당 번호에 체크)
　1. 해당 상가건물의 임대인, 2. 해당 상가건물의 임차인, 3. 해당 상가건물의 소유자
　4. 해당 상가건물 또는 그 대지의 등기부에 기록된 권리자
　　(환매권자, 지상권자, 전세권자, 질권자, 저당권자, 근저당권자, 임차권자, 신탁등기의 수탁자, 가등기권리자, 압류채권자 및 경매개시결정의 채권자 중 기재)
　5. 「상가건물 임대차보호법」 제5조제7항에 따라 우선변제권을 승계한 금융기관
　6. 임대차 정보의 제공에 관하여 법원의 판결을 받은 자

□ 임대차계약을 체결하려는 자</td></tr>
<tr><td rowspan="3">정보제공
대상</td><td colspan="3">상가건물 소재지(임대차 목적물)
상가건물명, 동, 호수 등 임대차계약의 대상이 되는 상가의 범위를 구체적으로 기재합니다.</td></tr>
<tr><td colspan="3">상가건물 중 해당 임대차 대상 부분을 특정할 수 있는 표지
'출입문에서 오른쪽 0㎡' 등 임대차 대상을 특정할 수 있도록 구체적으로 기재합니다.</td></tr>
<tr><td>등기 기록상
소유자</td><td colspan="2">주민(법인)등록번호

사업자등록번호</td></tr>
<tr><td>제공방법</td><td colspan="3">1. 열람 (　　　)　　　　　2. 출력물 교부 (　　　)</td></tr>
<tr><td colspan="4">「상가건물 임대차보호법」 제4조에 따라 위 건물 임대차에 대한 정보제공을 요청합니다.

 년　　　월　　　일

(서명 또는 인)
　　　　　　　　요청인 성명

　　　　　　　　　　OOO 세무서의 장　귀하</td></tr>
</table>

210mm×297mm[백상지 80g/㎡]

(뒤쪽)

　　요청인은 아래 위임받은 자에게 「상가건물 임대차보호법」 제4조에 따른 임대차 정보제공 요청 및 열람, 사본 수령에 관한 일체의 권리와 의무를 위임합니다.

년　　월　　일

위임자　　　　　　　　　　　(서명 또는 인)

위임 받은 자	성명	주민등록번호
	신청인과의 관계	전화번호

　　임대인은 아래 임대차계약을 체결하려는 자의 「상가건물 임대차보호법」 제4조에 따른 임대차 정보제공 요청 및 열람, 사본 수령에 관하여 동의합니다.

년　　월　　일

임대인　　　　　　　　　　　(서명 또는 인)

임대인	성명	주민(법인)등록번호
		전화번호
임대차계약을 체결하려는자	성명	주민(법인)등록번호
		전화번호

첨부서류

1. 주민등록증, 운전면허증, 여권 또는 외국인등록증 등 요청인(대리인 포함)의 신분을 확인할 수 있는 서류
2. 이해관계인임을 증명할 수 있는 서류
3. 임대차계약을 체결하려는 자의 경우 임대인의 동의서 및 임대인의 신분을 확인할 수 있는 신분증 사본 등

유의사항

1. 임대차 정보제공은 「상가건물 임대차보호법」 제4조에 따라 요청자가 이해관계인이거나 임대차계약을 체결하려는 자로서 임대인의 동의를 받은 경우에만 허용됩니다.
2. 관할 세무서 아닌 세무서에 임대차 정보제공 요청서를 제출하더라도 관할 세무서장으로부터 임대차정보를 제공받을 수 있습니다.
3. 정보제공 요청은 「상가건물 임대차보호법」 제2조제1항 단서에 따른 보증금액을 초과하지 않는 임대차의 경우에 가능합니다.

(서식 예)

도면 제공 요청서

※ 색상이 어두운 난은 신청인이 적지 않습니다.

(앞쪽)

접수번호	접수일자	발급일	처리기간 3일

<table>
<tr><td rowspan="4">요청인</td><td>성명(법인명)</td><td>주민등록번호(법인
등록번호)</td><td colspan="2">사업자등록번호</td></tr>
<tr><td colspan="2">주소 또는 본점(주사무소)
소재지</td><td colspan="2">휴대전화번호:
주소지 전화번호:
사업장 전화번호</td></tr>
<tr><td colspan="4">□ 이해관계인(해당 번호 체크)
　1. 해당 상가건물의 임대인, 2. 해당 상가건물의 임차인,
　3. 해당 상가건물의 소유자
　4. 해당 상가건물 또는 그 대지의 등기부에 기록된 권리
　자(환매권자, 지상권자, 전세권자, 질권자, 저당권자, 근
　저당권자, 임차권자, 신탁등기의 수탁자, 가등기권리자,
　압류채권자 및 경매개시결정의 채권자 중 기재)
　5. 「상가건물 임대차보호법」 제5조제7항에 따라 우선변
　　제권을 승계한 금융기관
　6. 임대차 정보의 제공에 관하여 법원의 판결을 받은 자</td></tr>
<tr><td colspan="4">□ 임대차계약을 체결하려는 자</td></tr>
<tr><td rowspan="4">정보제공
대상</td><td colspan="3">상가건물소재지 상가건물명, 동, 호수 등 임대차 계약의 대상이
되는 상가의 범위를 구체적으로 적습니다.</td></tr>
<tr><td colspan="3">상가건물 중 해당 임대차 대상 부분을 특정할 수 있는
표지 '출입문에서 오른쪽 ○㎡' 등 임대차 대상을 특정할 수
있도록 구체적으로 적습니다.</td></tr>
<tr><td rowspan="2">등기 기록상
소유자</td><td colspan="2">주민(법인)등록번호</td></tr>
<tr><td colspan="2">사업자등록번호</td></tr>
<tr><td>제공방법</td><td colspan="3">1. 열람 (　　　　)　　　　2. 사본 교부 (　　　　　)</td></tr>
</table>

　「상가건물 임대차보호법」 제4조에 따라 상가건물 임대차의 대상이 된 상
가건물의 도면 제공을 요청합니다.

년　　　월　　　일

(서명 또는 인)

요청인 성명

○○○ 세무서의 장　귀하

(뒤쪽)

　요청인은 아래 위임받은 자에게 「상가건물 임대차보호법」 제4조에 따른 임대차 정보제공 요청 및 열람, 사본 수령에 관한 일체의 권리와 의무를 위임합니다.

년　　　월　　　일

위임자　　　　　　　　　　　　　　　(서명 또는 인)

위임 받은 자	성명	주민등록번호
	신청인과의 관계	전화번호

　임대인은 아래 임대차계약을 체결하려는 자의 「상가건물 임대차보호법」 제4조에 따른 임대차 정보제공 요청 및 열람, 사본 수령에 관하여 동의합니다.

년　　　월　　　일

임대인　　　　　　　　　　　　　　　(서명 또는 인)

임대인	성명	주민(법인)등록번호
		전화번호
임대차계약을 체결하려는자	성명	주민(법인)등록번호
		전화번호

첨부서류

1. 주민등록증, 운전면허증, 여권 또는 외국인등록증 등 요청인(대리인 포함)의 신분을 확인할 수 있는 서류
2. 이해관계인임을 증명할 수 있는 서류
3. 임대차계약을 체결하려는 자의 경우 임대인의 동의서 및 임대인의 신분을 확인할 수 있는 신분증 사본 등

유의사항

1. 임대차 대상이 된 상가건물 도면의 제공 요청은 상가건물 일부 임대차의 경우에만 가능합니다.
2. 도면의 제공 요청은 임차인이 제출한 도면이 보관되어 있는 세무서에서만 가능합니다.
3. 임대차 정보제공은 「상가건물 임대차보호법」 제4조에 따라 요청자가 이해관계인이거나 임대차계약을 체결하려는 자로서 임대인의 동의를 받은 경우에만 허용됩니다.
4. 정보제공 요청은 「상가건물 임대차보호법」 제2조제1항 단서에 따른 보증금액을 초과하지 않는 임대차의 경우에 가능합니다.

상가건물 임대차 현황서

※ 색상이 어두운 난은 신청인이 적지 않습니다.

<table>
<tr><td colspan="2">발급번호</td><td colspan="3">처리기간　즉시</td></tr>
<tr><td>대상</td><td colspan="4">상가건물 소재지(임대차목적물)</td></tr>
<tr><td rowspan="3">임대인</td><td>성명</td><td colspan="3">주민등록번호(앞부분 6자리)</td></tr>
<tr><td colspan="4">※ 법인(법인 아닌 단체)의 경우</td></tr>
<tr><td>법인명(단체명)　대표자</td><td colspan="3">법인등록번호(사업자등록번호 또는 고유번호)</td></tr>
<tr><td colspan="5">임차인별 현황 (□ 전부 □ 일부)</td></tr>
<tr><td rowspan="2">구분</td><td colspan="4">인적사항
:성명(법인명), 주민등록번호(법인등록번호), 법인 등의 대표자
※ 주민등록번호는 앞부분 6자리만 제공</td></tr>
<tr><td>사업자등록
신청일
(정정신고일)</td><td>위치
(건물명, 층·열·호수)</td><td>면적(㎡)</td><td>임대차기간</td><td>보증금

차임</td></tr>
<tr><td></td><td colspan="4">확정일자 부여일 ※ 새로운 확정일자 부여일이 있는 경우 차례대로 적습니다.</td></tr>
<tr><td>1</td><td></td><td></td><td></td><td></td></tr>
<tr><td>2</td><td></td><td></td><td></td><td></td></tr>
<tr><td>3</td><td></td><td></td><td></td><td></td></tr>
<tr><td colspan="5">「상가건물 임대차보호법」 제4조에 따라 요청한 상가건물 임대차의 현황은 위와 같습니다.
※ 「상가건물임대차보호법」 제2조제1항 단서에 따른 보증금액을 초과하지 않는 임대차의 현황을 의미합니다.

　　　　　　　　　　　　　　　　　　년　　　월　　　일
OOO 세무서의 장　[인]</td></tr>
</table>

210㎜×297㎜(백상지80g/㎡)

9-3. 요청할 수 있는 정보의 범위

9-3-1. 임대차계약 당사자의 요청

임대차계약의 당사자는 관할 세무서장에게 다음 사항이 기재된 서면의 열람 또는 교부를 요청할 수 있습니다(상가건물 임대차보호법 시행령 제3조의3제1항 및 상가건물 임대차계약서상의 확정일자 부여 및 임대차 정보제공에 관한 규칙 제4조제2항).

① 다음과 같은 임대인·임차인의 인적사항(다만, 주민등록번호 및 외국인등록번호는 앞 6자리에 한함)

  1. 자연인인 경우 : 성명, 주민등록번호(외국인은 외국인등록번호)

  2. 법인인 경우 : 법인명, 대표자 성명, 법인등록번호

  3. 법인 아닌 단체인 경우 : 단체명, 대표자 성명, 사업자등록번호·고유번호

② 상가건물의 소재지, 임대차 목적물 및 면적

③ 사업자등록 신청일

④ 보증금·차임 및 임대차기간

⑤ 확정일자 부여일

⑥ 임대차계약이 변경되거나 갱신된 경우에는 변경·갱신된 날짜, 새로운 확정일자 부여일, 변경된 보증금·차임 및 임대차기간

⑦ 임대차의 목적이 상가건물의 일부분인 경우 그 부분의 도면

9-3-2. 이해관계인 또는 임대차계약을 체결하려는 자의 요청

임대차계약의 당사자가 아닌 이해관계인 또는 임대차계약을 체결하려는 자는 관할 세무서장에게 다음의 사항이 기재된 서면의 열람 또는 교부를 요청할 수 있습니다(상가건물 임대차보호법 시행령 제3조의3제1항 및 상가건물 임대차계약서상의 확정일자 부여 및 임대차 정보제공에 관한 규칙 제4조제2항).

① 상가건물의 소재지, 임대차 목적물 및 면적

② 사업자등록 신청일

③ 보증금 및 차임, 임대차기간

④ 확정일자 부여일

⑤ 임대차계약이 변경되거나 갱신된 경우에는 변경·갱신된 날짜, 새로운 확정일자 부여일, 변경된 보증금·차임 및 임대차기간

⑥ 임대차의 목적이 상가건물의 일부분인 경우 그 부분의 도면

9-4. 등록사항의 열람·제공 절차

9-4-1. 등록사항 등의 열람·제공 요청

상가건물 등록사항 등을 열람하거나 제공받으려는 자는 그 건물의 소재지를 관할하는 세무서장에게 등록사항 등의 열람·제공 요청서(상가건물 임대차보호법 시행령 별지 제1호서식)를 제출하면 됩니다. 이 경우 요청서에 이해관계가 있는 자임을 입증할 수 있는 다음의 서류를 첨부해야 합니다.(상가건물 임대차보호법 제4조제2항, 동법 시행령 제3조제1항 및 상가건물임대차보호법 관련 확정일자 부여 및 열람제공에 관한 규정 제12조제2항).

① 해당 상가건물의 임대인 및 임차인인 경우에는 임대차계약서

② 해당 상가건물의 등기부등본상 권리자인 경우에는 등기부등본 등 권리자임을 증명하는 서류

③ 부재자의 재산관리인인 경우에는 판결문

④ 그 밖에 세무서장이 인정하는 이해관계인인 경우에는 그 입증서류

9-4-2. 등록사항 등의 열람 또는 제공

관할 세무서장은 등록사항 등의 열람 또는 제공의 요청이 있는 경우 사업자등록신청서·사업자등록정정신고서 및 그 첨부서류와 확정일자를 기재한 장부 중 열람을 요청한 사항을 열람하게 하거나, 등록현황서(상가건물 임대차보호법 시행령 별지 제2호서식)나 건물도면의 등본을 발급합니다(상가

건물 임대차보호법 시행령 제3조제4항).

제2절 임대차계약

1. 임대차계약의 당사자

① 임대차계약의 당사자는 보통 임대인과 임차인이므로, 임차인은 상가건물의 소유자와 직접 임대차계약을 체결해야 안전합니다.
② 거래당사자는 개업공인중개사의 고의나 과실로 재산상의 손해가 발생한 경우 개업공인중개사에게 손해배상을 청구할 수 있습니다.

2. 상가건물 임대차계약

상가건물 임대차계약은 임대인이 상가건물의 전부나 일부를 임차인에게 사용·수익하게 하고, 임차인은 그에 대한 대가로 차임을 지급할 것을 약정하는 계약입니다(민법 제618조).

3. 임대인

3-1. 임대인이란
임대인은 임대차계약에서 임차 목적물을 사용·수익할 수 있도록 해 주고, 그에 대한 대가로서 차임을 지급받기로 한 한쪽 당사자입니다.

3-2. 상가건물의 임대인
상가건물의 경우에는 그 건물의 소유자가 임대인이 되는 것이 보통이나,

그 건물에 대한 처분권이 있거나 적법한 임대권한을 가지고 있는 사람도 임대인이 될 수 있습니다.

① 소유자

상가건물의 소유자와 계약을 체결하는 경우에는 소유자의 주민등록증으로 등기부상 소유자의 인적사항과 일치하는지를 확인해야 합니다.

② 소유자의 배우자

「민법」은 부부평등의 원칙에 따라 부부 상호 간에는 일상적인 가사에 관해 서로 대리권이 있다고 규정하고 있습니다(제827조제1항). 그러나 상가건물 소유자의 처와 임대차계약을 체결하는 경우, 그 처가 자신의 대리권을 증명하지 못하는 이상 그 계약의 안전성은 보장되지 않습니다.

여기서 「일상적인 가사」란 부부의 공동생활에 통상적으로 필요한 식료품 구입, 일용품 구입, 가옥의 월세 지급 등과 같은 의식주에 관한 사무, 교육비·의료비나 자녀 양육비의 지출에 관한 사무 등이 그 범위에 속합니다. 그러나 일상생활비로서 객관적으로 타당한 범위를 넘어선 금전 차용이나 가옥 임대, 부동산 처분 행위 등은 일상적인 가사의 범위에 속하지 않는다고 보고 있습니다(대법원 1993.9.28.선고 93다16369 판결).

③ 공동소유자

상가건물의 공동소유자 중 일부와 임대차계약을 체결하는 경우에는 공유자 일부의 지분이 과반수인지를 등기부의 갑구에 기재되어 있는 공유자들의 소유권 지분으로 확인해야 합니다.

공유 상가건물의 임대행위는 공유물의 관리행위에 해당하고, 공유물의 관리에 관한 사항은 지분의 과반수로 결정하도록 하고 있기 때문입니다(민법 제265조, 대법원 1991. 9.24. 선고 88다카33855 판결).

④ 대리인

상가건물 소유자의 대리인과 임대차계약을 체결하는 경우에는 위임장과 인감증명서를 반드시 요구해야 합니다.

1. 위임장에는 부동산의 소재지와 소유자 이름 및 연락처, 계약의 목적, 대리인 이름·주소 및 주민등록번호, 계약의 모든 사항을 위임한다는 취지가

기재되고 연월일이 기재된 후 위임인(소유자)의 인감이 날인되어 있어야 합니다.

2. 인감증명서는 위임장에 찍힌 위임인(소유자)의 날인 및 임대차계약서에 찍을 날인이 인감증명서의 날인과 동일해야 법적으로 문제가 발생하지 않기 때문에 반드시 인감증명서가 첨부되어야 합니다.

⑤ 처분능력, 권한 없는 사람이 상가건물 임대차하는 경우

처분능력 또는 권한이 없는 사람이 상가건물을 임대차하는 경우에는 임대차 기간이 3년을 넘지 못합니다. 단기임대차는 기간만료 전 3개월 내에 갱신할 수 있습니다(민법 제619조제3호 및 제620조).

(서식 예) 임대차계약서(임대인 부재)

부동산(상가)임대차계약서

임대인 ○○○(이하 '갑'이라 한다.)과 임차인 ○○○(이하 '을'이라 한다.)은 아래 표시 부동산에 관해 '갑'은 '을'에게 목적 부동산을 임대하고 '을'은 '갑'에게 임차보증금을 지급하기로 하는 임대차계약을 다음과 같이 체결한다.

단, 본 임대차계약의 체결은 '갑'의 위임을 받은 대리인○○○(이하 '병'이라 한다.)이 '갑'을 대리하여 수행한다.

제1조(부동산의 표시)

    소재지 : ○○도 ○○시 ○○구 ○○동 ○○길 2층

    구　　조 : 철근콘크리트조 슬래브지붕

    용　　도 : 근린생활시설(상가)

    면　　적 : 53.2㎡

제2조(임차보증금 및 월차임 지급방법) '을'은 임차보증금 및 월차임을
    다음 각 호에 정한 금액과 지급방법에 따라 '갑'에게 지급하여야

한다.

1. 임차보증금은 금○○○만원으로 한다.

2. 계약금은 금○○○만원으로 하고 계약 체결시 지불한다.

3. 잔금 금○○○만원은 ○○년 ○월 ○일 지불한다.

4. 월차임은 금○○만원으로 정하여 매월 ○일까지 지급하기로 한다.

제3조(임대차기간) 임대차기간은 20○○년 ○월 ○일부터 20○○년 ○월 ○일까지 2년으로 한다.

제4조(목적물의 인도) '갑'은 위 부동산을 임대차목적대로 사용 수익할 수 있는 상태로 하여 20○○년 ○월 ○일까지 '을'에게 인도한다.

제5조(전대 및 양도 등의 금지) '을'은 '갑'의 동의 없이 위 부동산의 용도나 구조를 변경하지 못하고 임차목적물을 전대 또는 임대차 목적 이외의 용도에 사용하지 못하며 임차권을 양도할 수 없다.

제6조(재세공과금 등의 부담) '을'이 입주 후 발생되는 부담금, 제세공과금, 관리비등은 '을'이 부담한다.

제7조(차임연체로 인한 해지) '을'이 차임을 2기에 달하도록 지불하지 않은 경우 '갑'은 최고 없이 임대차 계약을 해지하고 위 부동산의 반환을 요구할 수 있다.

제8조(계약기간만료로 인한 해지) 임대차계약기간이 만료한 경우 '을'은 위 부동산을 원상으로 회복하여 '갑'에게 인도하여야 하며 '갑'은 임차보증금을 반환하여야 한다.

제9조(이행전의 해제) '을'이 '갑'에게 중도금(중도금이 없을 때에는 잔금)을 지불할 때까지는 '갑'은 계약금의 배액을 상환하고 '을'은 계약금을 포기하고 이 계약을 해제할 수 있다.

제10조(권리금 등) 기간만료로 인해 본 임대차계약이 해지될 경우 '을'은 '갑'에게 권리금 및 시설비등을 요구할 수 없다. 단, 계약기간 중 '갑'이 '을'의 동의 없이 매매 하거나 기타 '갑'의 귀책사유에 의해 임대차 계약이 해지될 경우 '갑'은 '을'에게 권리금 및 시설비를

지급하여야 하며 기타 손해가 있으면 그 배상을 하여야 한다.

※ 이하 기타 특약사항 기재

20ㅇㅇ년 ㅇ월 ㅇ일

임대인 (갑)	주 소					전 화 번 호	
	성 명		인	주민등록번호	-		
임차인 (을)	주 소					전 화 번 호	
	성 명		인	주민등록번호	-		
(갑)의 대리인 (병)	주 소					전 화 번 호	
	성 명		인	주민등록번호	-		

첨 부 : '갑'의 인감도장이 날인된 위임장.
　　　　'갑'의 인감증명 1통.

위　　　임　　　장

위임인 ㅇ ㅇ ㅇ 　(인)

　　　　주 소 : ㅇㅇ시 ㅇㅇ구 ㅇㅇ길 ㅇㅇ

　　　　전화번호 : ㅇㅇㅇ - ㅇㅇㅇㅇ

　　　　주민등록번호 : 111111 -1111111

수임인 ㅇ ㅇ ㅇ 　(인)

　　　　주 소 : ㅇㅇ시 ㅇㅇ구 ㅇㅇ길 ㅇㅇ

　　　　전화번호 : ㅇㅇㅇ - ㅇㅇㅇㅇ

주민등록번호 : 111111 -1111111

위임인 ○○○은 ○○도 ○○시 ○○동 ○○○-○○소재 부동산에 관
하여 임대인으로서의 임대차계약체결에 관한 권한 일체를 수임인 ○○○
에게 위임한다.

20○○년 ○월 ○일

위임인 ○ ○ ○ (인)

첨부 : 위임인 ○○○의 인감증명 1통.

**(사례) 임대인에게 임대목적물에 대한 소유권 그 밖의 임대권한이 없
는 경우에 상가건물 임대차계약은 유효하게 성립할 수 있나요?**

問 A씨는 B씨와 옷가게의 임대차계약을 체결하고, 옷가게를 하고 있
었습니다. 그런데 알고 보니, B씨는 상가를 지방자치단체에 기부
채납하고 일정기간 동안 무상 사용권을 가지고 있는 C씨에게 점
포를 임차한 자였고, C씨의 무상사용기간이 경과하여 지방자치단
체는 C씨에게 점포의 명도 등을 청구하고 있는 상태였습니다. 이
때 A씨와 B씨의 상가건물 임대차계약은 유효하게 성립할 수 있
나요?

答 임대차는 당사자 일방이 상대방에게 목적물을 사용·수익하게 할
것을 약정하고 상대방이 이에 대하여 차임을 지급할 것을 약정함
으로써 성립하는 것으로서(민법 제618조), 임대인이 그 목적물에
대한 소유권 그 밖에 이를 임대할 권한이 없다고 하더라도 임대
차계약은 유효하게 성립합니다.
따라서 임대인은 임차인이 그 목적물을 완전하게 사용·수익하게
할 의무가 있고, 또한 임차인은 이러한 임대인의 의무가 이행불능
이 되지 않는 한 그 사용·수익의 대가로 차임을 지급할 의무가 있

으며, 그 임대차관계가 종료되면 임차인은 임차목적물을 임대인에게 반환해야 할 의무가 있습니다(대법원 2009.9.24. 선고 2008다38325 판결). 따라서 A씨와 B씨의 상가건물 임대차계약은 유효하게 성립합니다.

다만, A씨는 진실한 소유자로부터 목적물의 반환청구나 임료 내지 그 해당액의 지급요구를 받는 등의 이유로 임대차 목적물을 사용·수익하게 할 수가 없게 되면 임대인 B씨의 채무는 이행불능으로 되고 A씨는 이행불능으로 인한 임대차의 종료를 이유로 그때 이후의 임대인의 차임지급 청구를 거절할 수 있습니다(대법원 2009.9.24. 선고 2008다38325 판결).

4. 임차인

4-1. 임차인이란

임차인은 임대차계약에서 임대인 소유의 임차물을 사용·수익하고, 그 대가로 차임을 지급하기로 하는 한쪽 당사자입니다.

4-2. 「상가건물 임대차보호법」상의 임차인

「상가건물 임대차보호법」의 보호대상이 되는 임차인은 사업자등록의 대상이 되는 상가건물을 임차한 임차인이므로, 사업자등록을 할 수 있는 자연인은 물론, 법인도 임차인이 될 수 있습니다(제2조제1항). 따라서, 사업자등록을 할 수 없는 비법인 사단, 재단의 경우에는 「상가건물 임대차보호법」의 보호를 받을 수 없습니다.

5. 개업공인중개사

5-1. 등록된 중개사무소

① 상가건물의 임대차계약을 체결하려는 당사자는 시장·군수·구청장에게 등록된 중개사무소에서 계약을 체결해야 합니다(공인중개사법 제9조).

② 등록된 중개사무소인지의 여부는 해당 중개사무소 안에 게시되어 있는 중개사무소등록증(공인중개사법 시행규칙 별지 제6호서식), 공인중개사자격증(공인중개사법 시행규칙 별지 제3호서식) 등으로 확인할 수 있습니다(공인중개사법 제17조, 동법 시행규칙 제10조).

5-2. 유의사항

① 임대차 계약 당사자는 보증보험 또는 공제에 가입한 개업공인중개사의 중개를 받는 것이 안전합니다(공인중개사법 시행규칙 제10조).

② 개업공인중개사는 고의 또는 과실로 거래당사자에게 재산상의 손해가 발생한 경우 그 손해를 배상할 책임이 있고, 이를 위해 보증보험이나 공제에 가입해야 하기 때문입니다(공인중개사법 제30조제1항 및 제3항).

(사례) 상가 임대차계약을 맺으려고 하는데, 건물 소유자의 부인이 나와서 계약을 체결하는 경우 상관없을까요?

문 상가 임대차계약을 맺으려고 하는데, 건물 소유자의 부인이 나와서 임대차 계약을 맺으려 합니다. 상관없을까요?

답 건물 소유자의 부인과 임대차계약을 체결한 경우, 그 부인이 자신의 대리권을 증명하지 못하는 이상 그 계약의 안전성은 보장되지 않습니다.

이는 부부에게 일상가사 대리권이 있다고 하더라도 건물을 임대하는 것은 일상가사에 포함된다고 보지 않기 때문입니다. 따라서 불가피하게 건물 소유자의 부인과 임대차계약을 체결해야 하는 경우에는 위임장과 임감증명서를 요구해야 합니다.

◇ **부부의 일상가사 대리권**

「민법」은 부부평등의 원칙에 따라 부부 상호간에는 일상적인 가사에 관해 서로 대리권이 있다고 규정하고 있습니다. "일상적인 가사"란 부부의 공동생활에 통상적으로 필요한 식료품 구입, 일용품 구입, 가옥의 월세 지급 등과 같은 의식주에 관한 사무, 교육비·의료비나 자녀 양육비의 지출에 관한 사무 등이 그 범위에 속합니다. 그러나 일상생활비로서 객관적으로 타당한 범위를 넘어선 금전 차용이나 가옥 임대, 부동산 처분 행위 등은 일상적인 가사의 범위에 속하지 않습니다.

◇ **계약 당사자 확인(임대인 확인)**

건물의 소유자와 계약을 체결하는 경우에는 소유자의 주민등록증이 등기부상 소유자의 인적사항과 일치하는지를 확인해야 합니다. 건물 소유자의 대리인과 임대차계약을 체결하는 경우에는, 위임장과 인감증명서를 반드시 요구해야 합니다.

① 위임장부동산의 소재지와 소유자 이름 및 연락처, 계약의 목적, 대리인 이름·주소 및 주민등록번호, 계약의 모든 사항을 위임한다는 취지가 기재되고 연월일이 기재된 후 위임인(소유자)의 인감이 날인되어 있어야 합니다.

② 인감증명서위임장에 찍힌 위임인(소유자)의 날인 및 임대차계약서에 찍을 날인이 인감증명서의 날인과 동일해야 법적으로 문제가 발생하지 않습니다.

(관련판례 1)

민법 제827조 제1항의 부부간의 일상가사대리권은 부부가 공동체로서 가정생활상 항시 행하여지는 행위에 한하는 것이므로, 처가 별거하여 외국에 체류 중인 부의 재산을 처분한 행위를 부부간의 일상가사에 속하는 것이라 할 수는 없다(대법원 1993. 9. 28. 선고 93다16369 판결).

6. 임대차계약서의 작성

상가건물 임대차 계약서를 작성할 때에는 계약서에 기재해야 할 사항을
확인하고, 특약사항을 기재할 필요가 없는지 검토해야 합니다.

6-1. 상가건물 임대차 계약서

법무부에서는 보증금, 차임액, 임대차기간, 수선비 분담 등의 내용이 기재
된 상가건물임대차표준계약서를 정하여 그 사용을 권장하고 있습니다(상가

건물 임대차보호법 제19조).

6-2. 상가건물 임대차 표준계약서의 작성

상가건물 임대차 표준계약서에는 다음의 사항이 기재됩니다(상가건물 임대차 표준계약서 참조).

① 거래당사자의 인적 사항

② 임차 상가건물의 표시

③ 보증금과 차임

④ 임대차기간

⑤ 임차목적

⑥ 사용·관리·수선

⑦ 계약의 해제

⑧ 채무불이행과 손해배상

⑨ 계약의 해지

⑩ 계약의 종료와 권리금회수기회 보호

⑪ 재건축 등 계획과 갱신거절

⑫ 비용의 정산

⑬ 중개보수 등

⑭ 중개대상물 확인·설명서 교부

⑮ 특약사항 등

> 이 계약서는 법무부에서 국토교통부·서울시·중소기업청 및 학계 전문가와 함께 민법, 상가건물 임대차보호법, 공인중개사법 등 관계법령에 근거하여 만들었습니다. 법의 보호를 받기 위해 【중요확인사항】(별지)을 꼭 확인하시기 바랍니다.

상가건물 임대차 표준계약서

임대인(이름 또는 법인명 기재)과 임차인(이름 또는 법인명 기재)은 아래와 같이 임대차 계약을 체결한다.

[임차 상가건물의 표시]

소재지	(도로명주소)			
토 지	지목		면적	m²
건 물	구조·용도		면적	m²
임차할부분	상세주소가 있는 경우 동·층·호 정확히 기재		면적	m²
유의사항: 임차할 부분을 특정하기 위해서 도면을 첨부하는 것이 좋습니다.				

[계약내용]

제1조(보증금과 차임) 위 상가건물의 임대차에 관하여 임대인과 임차인은 합의에 의하여 보증금 및 차임을 아래와 같이 지급하기로 한다.

보 증 금	금　　　　　　　　　원정(₩　　　　　　　　）
계 약 금	금　　　　　　　　　원정(₩　　　　　　　　)은 계약시에 지급하고 수령함. 수령인 (　　　　　　　인)
중 도 금	금　　　　　　　　　원정(₩　　　　　　　　)은　　　　　년　　　월　　　일에 지급하며
잔 금	금　　　　　　　　　원정(₩　　　　　　　　)은　　　　　년　　　월　　　일에 지급한다
차임(월세)	금　　　　　　　　　원정(₩　　　　　　　　)은 매월　　　일에 지급한다. 부가세 □ 불포함　□ 포함 (입금계좌:　　　　　　　　　）
환산보증금	금　　　　　　　　　원정(₩　　　　　　　　）
유의사항: ① 당해 계약이 환산보증금을 초과하는 임대차인 경우 확정일자를	

제2조(임대차기간) 임대인은 임차 상가건물을 임대차 목적대로 사용·수익할 수 있는 상태로 ________년 ____월 ______일까지 임차인에게 인도하고, 임대차기간은 인도일로부터 ________년 ________월 ________일까지로 한다.

제3조(임차목적) 임차인은 임차 상가건물을 __________(업종)을 위한 용도로 사용한다.

제4조(사용·관리·수선) ① 임차인은 임대인의 동의 없이 임차 상가건물의 구조·용도 변경 및 전대나 임차권 양도를 할 수 없다.

② 임대인은 계약 존속 중 임차 상가건물을 사용·수익에 필요한 상태로 유지하여야 하고, 임차인은 임대인이 임차 상가건물의 보존에 필요한 행위를 하는 때 이를 거절하지 못한다.

③ 임차인이 임대인의 부담에 속하는 수선비용을 지출한 때에는 임대인에게 그 상환을 청구할 수 있다.

제5조(계약의 해제) 임차인이 임대인에게 중도금(중도금이 없을 때는 잔금)을 지급하기 전까지, 임대인은 계약금의 배액을 상환하고, 임차인은 계약금을 포기하고 계약을 해제할 수 있다.

제6조(채무불이행과 손해배상) 당사자 일방이 채무를 이행하지 아니하는 때에는 상대방은 상당한 기간을 정하여 그 이행을 최고하고 계약을 해제할 수 있으며, 그로 인한 손해배상을 청구할 수 있다. 다만, 채무자가 미리 이행하지 아니할 의사를 표시한 경우의 계약해제는 최고를 요하지 아니한다.

제7조(계약의 해지) ① 임차인은 본인의 과실 없이 임차 상가건물의 일부가 멸실 기타 사유로 인하여 임대차의 목적대로 사용, 수익할 수 없는 때에는 임차인은 그 부분의 비율에 의한 차임의 감액을 청구할 수 있

다. 이 경우에 그 잔존부분만으로 임차의 목적을 달성할 수 없는 때에는 임차인은 계약을 해지할 수 있다.

② 임대인은 임차인이 3기의 차임액에 달하도록 차임을 연체하거나, 제4조 제1항을 위반한 경우 계약을 해지할 수 있다.

제8조(계약의 종료와 권리금회수기회 보호) ① 계약이 종료된 경우에 임차인은 임차 상가건물을 원상회복하여 임대인에게 반환하고, 이와 동시에 임대인은 보증금을 임차인에게 반환하여야 한다.

② 임대인은 임대차기간이 끝나기 3개월 전부터 임대차 종료 시까지 「상가건물임대차보호법」 제10조의4제1항 각 호의 어느 하나에 해당하는 행위를 함으로써 권리금 계약에 따라 임차인이 주선한 신규임차인이 되려는 자로부터 권리금을 지급받는 것을 방해하여서는 아니 된다. 다만, 「상가건물임대차보호법」 제10조제1항 각 호의 어느 하나에 해당하는 사유가 있는 경우에는 그러하지 아니하다.

③ 임대인이 제2항을 위반하여 임차인에게 손해를 발생하게 한 때에는 그 손해를 배상할 책임이 있다. 이 경우 그 손해배상액은 신규임차인이 임차인에게 지급하기로 한 권리금과 임대차 종료 당시의 권리금 중 낮은 금액을 넘지 못한다.

④ 임차인은 임대인에게 신규임차인이 되려는 자의 보증금 및 차임을 지급할 자력 또는 그 밖에 임차인으로서의 의무를 이행할 의사 및 능력에 관하여 자신이 알고 있는 정보를 제공하여야 한다.

제9조(재건축 등 계획과 갱신거절) 임대인이 계약 체결 당시 공사시기 및 소요기간 등을 포함한 철거 또는 재건축 계획을 임차인에게 구체적으로 고지하고 그 계획에 따르는 경우, 임대인은 임차인이 상가건물임대차보호법 제10조 제1항 제7호에 따라 계약갱신을 요구하더라도 계약갱신의 요구를 거절할 수 있다.

제10조(비용의 정산) ① 임차인은 계약이 종료된 경우 공과금과 관리비를 정산하여야 한다.

② 임차인은 이미 납부한 관리비 중 장기수선충당금을 소유자에게 반

환 청구할 수 있다. 다만, 임차 상가건물에 관한 장기수선충당금을 정산하는 주체가 소유자가 아닌 경우에는 그 자에게 청구할 수 있다.

제11조(중개보수 등) 중개보수는 거래 가액의 ____________% 인 __________원(부가세 □ 불포함 □ 포함)으로 임대인과 임차인이 각각 부담한다. 다만, 개업공인중개사의 고의 또는 과실로 인하여 중개의뢰인간의 거래행위가 무효·취소 또는 해제된 경우에는 그러하지 아니하다.

제12조(중개대상물 확인.설명서 교부) 개업공인중개사는 중개대상물 확인.설명서를 작성하고 업무보증관계증서(공제증서 등) 사본을 첨부하여 임대인과 임차인에게 각각 교부한다.

[특약사항]
① 입주전 수리 및 개량, ②임대차기간 중 수리 및 개량, ③임차 상가건물 인테리어, ④ 관리비의 지급주체, 시기 및 범위, ⑤귀책사유 있는 채무불이행 시 손해배상액예정 등에 관하여 임대인과 임차인은 특약할 수 있습니다.

본 계약을 증명하기 위하여 계약 당사자가 이의 없음을 확인하고 각각 서명.날인 후 임대인, 임차인, 개업공인중개사는 매 장마다 간인하여, 각각 1통씩 보관한다.

년   월   일

(별지)

임대인	주 소					서명 또는 날인 ㉖
	주민등록번호 (법인등록번호)		전화		성 명 (회사명)	
	대 리 인	주 소	주민등록번호		성 명	
임차인	주 소					서명 또는 날인 ㉖
	주민등록번호 (법인등록번호)		전화		성 명 (회사명)	
	대 리 인	주 소	주민등록번호		성 명	

개업공인중개사	사무소소재지			사무소소재지			
	사무소명칭			사무소명칭			
	대 표	서명 및 날인	㉖	대표	서명 및 날인		㉖
	등록번호		전화	등 록 번 호			전화
	소속공인중개사	서명 및 날인	㉖	소속공인중개사	서명 및 날인		㉖

■ 계약 체결 시 꼭 확인하세요 ■

【당사자 확인 / 권리순위관계 확인 / 중개대상물 확인·설명서 확인】

① 신분증·등기사항증명서 등을 통해 당사자 본인이 맞는지, 적법한 임대 . 임차권한이 있는지 확인합니다.

② 대리인과 계약 체결 시 위임장·대리인 신분증을 확인하고, 임대인(또는 임차인)과 직접 통화하여 확인하여야 하며, 보증금은 가급적 임대인 명의 계좌로 직접 송금합니다.

③ **중개대상물 확인·설명서**에 누락된 것은 없는지, 그 내용은 어떤지 꼼꼼히 확인하고 서명하여야 합니다.

【대항력 및 우선변제권 확보】

① 임차인이 **상가건물의 인도와 사업자등록**을 마친 때에는 그 다음 날부터 제3자에게 임차권을 주장할 수 있고, 환산보증금을 초과하지 않는 임대차의 경우 계약서에 **확정일자**까지 받으면, 후순위권리자나 그 밖의 채권자에 우선하여 변제받을 수 있습니다.

 ※ 임차인은 최대한 신속히 ① 사업자등록과 ② 확정일자를 받아야 하고, 상가건물의 점유와 사업자등록은 임대차 기간중 계속 유지하고 있어야 합니다.

② **미납국세와 확정일자 현황**은 임대인의 동의를 받아 임차인이 관할 세무서에서 확인할 수 있습니다.

【계약갱신요구】

① 임차인이 임대차기간이 만료되기 6개월 전부터 1개월 전까지 사이에 계약갱신을 요구할 경우 임대인은 정당한 사유(3기의 차임액 연체 등, 상가건물 임대차보호법 제10조제1항 참조) 없이 거절하지 못합니다.

② 임차인의 계약갱신요구권은 최초의 임대차기간을 포함한 전체 임대차기간이 5년을 초과하지 아니하는 범위에서만 행사할 수 있습니다.

③ 갱신되는 임대차는 전 임대차와 동일한 조건으로 다시 계약된 것으로 봅니다. 다만, 차임과 보증금은 청구당시의 차임 또는 보증금의 100분의 9의 금액을 초과하지 아니하는 범위에서 증감할 수 있습니다.

 ※ 환산보증금을 초과하는 임대차의 계약갱신의 경우 상가건물에 관한 조세, 공과금, 주변 상가건물의 차임 및 보증금, 그 밖의 부담이나 경제사정의 변동 등을 고려하여 차임과 보증금의 증감을 청구할 수 있습니다.

【묵시적 갱신 등】

① 임대인이 임대차기간이 만료되기 6개월 전부터 1개월 전까지 사이에 임차인에게 갱신 거절의 통지 또는 조건 변경의 통지를 하지 않으면 종전 임대차와 동일한 조건으로 자동갱신됩니다.

 ※ 환산보증금을 초과하는 임대차의 경우 임대차기간이 만료한 후 임차인이 임차물의 사용, 수익을 계속하는 경우에 임대인이 상당한 기간내에 이의를 하지 아니한 때에는 종전 임대차와 동일한 조건으로 자동 갱신됩니다. 다만, 당사자는 언제든지 해지통고가 가능합니다.

② 제1항에 따라 갱신된 임대차의 존속기간은 1년입니다. 이 경우, 임차인은 언제든지 계약을 해지할 수 있지만 임대인은 계약서 제8조의 사유 또는 임차인과의 합의가 있어야 계약을 해지할 수 있습니다.

【보증금액 변경시 확정일자 날인】

계약기간 중 보증금을 증액하거나, 재계약을 하면서 보증금을 증액한 경우에는 증액된 보증금액에 대한 우선변제권을 확보하기 위하여 반드시 다시 확정일자를 받아야 합니다.

【임차권등기명령 신청】

임대차가 종료된 후에도 보증금이 반환되지 아니한 경우 임차인은 임대인의 동의 없이 임차건물 소재지 관할 법원에서 임차권등기명령을 받아, 등기부에 등재된 것을 확인하고 이사해야 우선변제 순위를 유지할 수 있습니다. 이때, 임차인은 임차권등기명령 관련 비용을 임대인에게 청구할 수 있습니다.

【임대인의 권리금 회수방해금지】

임차인이 신규임차인으로부터 권리금을 지급받는 것을 임대인이 방해하는 것으로 금지되는 행위는 ① 임차인이 주선한 신규임차인이 되려는 자에게 권리금을 요구하거나, 임차인이 주선한 신규임차인이 되려는 자로부터 권리금을 수수하는 행위, ② 임차인이 주선한 신규임차인이 되려는 자로 하여금 임차인에게 권리금을 지급하지 못하게 하는 행위, ③ 임차인이 주선한 신규임차인이 되려는 자에게 상가건물에 관한 조세, 공과금, 주변 상가건물의 차임 및 보증금, 그 밖의 부담에 따른 금액에 비추어 현저히 고액의 차임 또는 보증금을 요구하는 행위, ④ 그 밖에 정당한 이유 없이 임차인이 주선한 신규임차인이 되려는 자와 임대차계약의 체결을 거절하는 행위입니다.

임대인이 임차인이 주선한 신규임차인과 임대차계약의 체결을 거절할 수 있는 정당한 이유로는 예를 들어 ① 신규임차인이 되려는 자가 보증금 또는 차임을 지급할 자력이 없는 경우, ② 신규임차인이 되려는 자가 임차인으로서의 의무를 위반할 우려가 있거나, 그 밖에 임대차를 유지하기 어려운 상당한 사유가 있는 경우, ③ 임대차 목적물인 상가건물을 1년 6개월 이상 영리목적으로 사용하지 않는 경우, ④ 임대인이 선택한 신규임차인이 임차인과 권리금 계약을 체결하고 그 권리금을 지급한 경우입니다.

(해설)

1. 임대차계약의 당사자

임대차계약의 당사자는 보통 임대인과 임차인이므로, 임차인은 상가건물의 소유자와 임대차계약을 체결해야 안전합니다. 거래당사자는 개업공인중개사의 고의나 과실로 재산상의 손해가 발생한 경우 개업공인중개사에게 손해배상을 청구할 수 있습니다.

2. 임대차계약

① 상가건물 임대차계약

상가건물 임대차계약은 임대인이 상가건물의 전부나 일부를 임차인에게 사용·수익하게 하고, 임차인은 그에 대한 대가로 차임을 지급할 것을 약정하는 계약입니다.

② 임대인

임대인은 임대차계약에서 임차 목적물을 사용·수익할 수 있도록 해 주고, 그에 대한 대가로서 차임을 지급받기로 한 한쪽 당사자입니다.

③ 상가건물의 임대인

상가건물의 경우에는 그 건물의 소유자가 임대인이 되는 것이 보통이나, 그 건물에 대한 처분권이 있거나 적법한 임대권한을 가지고 있는 사람도 임대인이 될 수 있습니다.

1. 소유자

   상가건물의 소유자와 계약을 체결하는 경우에는 소유자의 주민등록증으로 등기부상 소유자의 인적사항과 일치하는지를 확인해야 합니다.

2. 소유자의 배우자

   「민법」은 부부평등의 원칙에 따라 부부 상호 간에는 일상적인 가사에 관해 서로 대리권이 있다고 규정하고 있습니다(「민법」 제827조제1항). 그러나 상가건물 소유자의 처와 임대차계약을 체결하는 경우, 그 처가 자신의 대리권을 증명하지 못하는 이상 그 계약의 안전성은 보장되지 않습니다.

∴ "일상적인 가사"란 부부의 공동생활에 통상적으로 필요한 식료품 구입, 일용품 구입, 가옥의 월세 지급 등과 같은 의식주에 관한 사무, 교육비·의료비나 자녀 양육비의 지출에 관한 사무 등이 그 범위에 속합니다. 그러나 일상생활비로서 객관적으로 타당한 범위를 넘어선 금전 차용이나 가옥 임대, 부동산 처분 행위 등은 일상적인 가사의 범위에 속하지 않는다고 보고 있습니다(대법원 1993. 9. 28. 선고 93다16369 판결).

3. 공동소유자

상가건물의 공동소유자 중 일부와 임대차계약을 체결하는 경우에는 공유자 일부의 지분이 과반수인지를 등기부의 갑구에 기재되어 있는 공유자들의 소유권 지분으로 확인해야 합니다.

∴ 공유 상가건물의 임대행위는 공유물의 관리행위에 해당하고, 공유물의 관리에 관한 사항은 지분의 과반수로 결정하도록 하고 있기 때문입니다(「민법」제265조, 대법원 1991. 9.24. 선고 88다카33855 판결).

4. 대리인

상가건물 소유자의 대리인과 임대차계약을 체결하는 경우에는 위임장과 인감증명서를 반드시 요구해야 합니다.

∴ 위임장에는 부동산의 소재지와 소유자 이름 및 연락처, 계약의 목적, 대리인 이름·주소 및 주민등록번호, 계약의 모든 사항을 위임한다는 취지가 기재되고 연월일이 기재된 후 위임인(소유자)의 인감이 날인되어 있어야 합니다.

∴ 인감증명서는 위임장에 찍힌 위임인(소유자)의 날인 및 임대차계약서에 찍을 날인이 인감증명서의 날인과 동일해야 법적으로 문제가 발생하지 않기 때문에 반드시 인감증명서가 첨부되어야 합니다.

④ 처분능력, 권한 없는 사람이 상가건물 임대차하는 경우

처분능력 또는 권한이 없는 사람이 상가건물을 임대차하는 경우에는 임대차 기간이 3년을 넘지 못합니다. 단기임대차는 기간만료 전 3개월 내에 갱신할 수 있습니다(「민법」 제619조제3호 및 제620조).

⑥ 임차인

임차인은 임대차계약에서 임대인 소유의 임차물을 사용·수익하고, 그 대가로 차임을 지급하기로 하는 한쪽 당사자입니다.

⑦ 「상가건물 임대차보호법」상의 임차인

「상가건물 임대차보호법」의 보호대상이 되는 임차인은 사업자등록의 대상이 되는 상가건물을 임차한 임차인이므로, 사업자등록을 할 수 있는 자연인은 물론, 법인도 임차인이 될 수 있습니다. 따라서, 사업자등록을 할 수 없는 비법인 사단, 재단의 경우에는 「상가건물 임대차보호법」의 보호를 받을 수 없습니다.

⑧ 개업공인중개사

  1. 등록된 중개사무소

  상가건물의 임대차계약을 체결하려는 당사자는 시장·군수·구청장에게 등록된 중개사무소에서 계약을 체결해야 합니다(「공인중개사법」 제9 조). 등록된 중개사무소인지의 여부는 해당 중개사무소 안에 게시되어 있는 중개사무소등록증, 공인중개사자격증 등으로 확인할 수 있습니다(「공인중개사법」 제17조, 「공인중개사법 시행규칙」 제10조).

  2. 유의사항

  임대차 계약 당사자는 보증보험 또는 공제에 가입한 개업공인중개사의 중개를 받는 것이 안전합니다.

  개업공인중개사는 고의 또는 과실로 거래당사자에게 재산상의 손해가 발생한 경우 그 손해를 배상할 책임이 있고, 이를 위해 보증보험이나 공제에 가입해야 하기 때문입니다.

3. 임대차계약 후 받아야 할 서류

① 상가건물임대차계약서

개업공인중개사는 중개대상물에 관해 중개가 완성되어 작성한 거래계약서를 거래당사자에게 각각 발급해야 합니다. 그리고 임대차계약서의 사본을 5년 동안 보존해야 합니다.

② 중개대상물 확인·설명서

개업공인중개사는 거래계약서를 작성하는 때에 중개대상물확인·설명서를 거래당사자에게 발급해야 합니다. 만약, 개업공인중개사가 중개대상물확인·설명서를 작성해 주지 않거나, 그 작성된 내용이 사실과 다른 때에는 거래당사자는 개업공인중개사에게 손해배상을 청구할 수 있습니다.

③ 공제 증서

공제증서는 개업공인중개사의 중개 사고에 대비하기 위한 손해배상책임 보장에 관한 증서로서, 개업공인중개사는 거래당사자에게 공제증서를 발급해야 합니다

4. 임대차기간

① 「상가건물 임대차보호법」은 임대차 기간의 약정이 없거나 1년 미만으로 정한 경우에는 임차인의 보호를 위해 그 기간을 최저 1년으로 보장하고 있습니다. 또한, 임차인이 1년 미만으로 정한 임대차 기간이 유효하다고 주장할 수도 있도록 하고 있습니다.

② 따라서 임대차 기간을 반드시 1년으로 기재할 필요는 없고, 임차인의 형편에 맞추어 1년 미만으로 약정할 수도 있습니다.

5. 상가건물 임대차의 종료

① 임대차계약은 임대차 기간의 정함이 있는 경우에는 그 기간이 만료됨으로써 종료됩니다. 당사자는 해지권유보의 특약이 있는 경우 등 일정한 경우에 임대차계약을 해지하여 임대차를 종료시킬 수 있습니다.

② 상가건물 임대차의 종료 원인

 1. 임대차 기간의 만료

　임대차기간의 약정이 있는 임대차의 경우 계약기간이 종료하면 임대차는 종료됩니다.

　기간의 약정이 있는 임대차의 경우 묵시의 갱신이 되는 등 특별한 사정이 없는 한 기간이 만료되면 사전 최고나 해지를 하지 않아도 임대차

는 종료합니다(대법원 1969.1.28. 선고 68다1537 판결).

2. 예외적 경우

당사자 일방 또는 쌍방이 계약기간 내에 해지할 권리를 보류한 때는 당사자는 언제든지 계약해지의 통고를 할 수 있습니다(민법 제636조).

∴ 예를 들어, 당사자가 임대차계약을 체결하면서 그 계약서에 "부득이한 사유가 생기면 임차인이 통보한 날부터 1개월 후에 계약이 해지된 것으로 본다."라는 해지권 유보의 특약을 한 경우에는 임대차 기간의 약정이 있더라도 그 부득이한 사유를 증명하고 중도에 임대차계약을 해지할 수 있습니다(「민법」 제636조).

3. 임차인이 파산선고를 받은 경우에는 임대인 또는 파산관재인은 언제든지 계약해지의 통고를 할 수 있습니다(「민법」 제637조제1항).

∴ 이 경우 각 당사자는 계약해지로 인해 생긴 손해배상을 상대방에게 청구할 수 없습니다(「민법」 제637조제2항).

4. 임대차기간의 약정이 없는 경우

임대차기간의 약정이 없는 경우 당사자는 언제든지 계약해지의 통고를 할 수 있습니다(「민법」 제635조제1항).

6-3. 상가건물 임대차 표준계약서의 주요 내용

6-3-1. 계약당사자의 인적사항

① 임대차계약서에 계약 당사자를 표시하는 것은 그 계약에 따른 권리자 및 의무자를 특정하기 위한 것입니다.

② 계약 당사자의 동일성을 인식할 수 있고, 필요한 경우 상호 연락이 가능하도록 그 이름과 주소, 주민등록번호, 전화번호 등을 기재하면 됩니다.

6-3-2. 거래금액 및 지급일자

① 상가건물의 임대차계약을 체결하면서 지급하는 거래금액은 보통 계약금, 중도금, 잔금으로 나누어 지급하거나, 중도금 없이 잔금을 지급하게 됩니다.

② 계약금은 전체 보증금의 10%를 계약할 때 지급하고, 잔금은 임차상가 건물에 입주하는 날에 지급하는 것으로 기재하는 것이 일반적입니다.

6-3-3. 임대차의 존속기간

① 「상가건물 임대차보호법」은 임대차 기간의 약정이 없거나 1년 미만으로 정한 경우에는 임차인의 보호를 위해 그 기간을 최저 1년으로 보장하면서, 임차인은 1년 미만으로 정한 임대차 기간이 유효하다고 주장할 수 있도록 하고 있습니다(제9조).

② 따라서, 임대차 기간을 반드시 1년으로 기재할 필요는 없고, 임차인의 형편에 맞추어 1년 미만으로 약정할 수도 있습니다.

③ 즉, 임대차 기간을 1년 미만으로 정한 경우에도 임차인으로서는 1년의 임대차 기간을 주장할 수도 있고, 약정한 임대차 기간을 주장할 수도 있습니다.

(사례) 임차건물의 소유권 변동 시 임차인은 계약기간 만료전이라도 계약을 해지할 수 있나요?

문 저는 2007년 11월 15일 서울 서대문구 소재 상가건물의 일부를 임차보증금 3,500만원에 임차하여 사업자등록을 하고, 임대차계약서에 확정일자까지 받아두고 영업을 하고 있습니다. 그런데 임대인은 저도 모르게 2008년 7월 임차 건물을 다른 사람에게 매도하였습니다. 종전 임대인이자 매도인은 위 건물 이외에도 다른 부동산이 다수 있는 부자이므로 임대차계약기간이 만료되면 제가 위 임차보증금을 반환 받음에 지장이 없었을 것이지만, 건물 양수인이 임대인으로부터 매수한 위 건물 이외에 다른 부동산을 가지고 있지 못하므로 저는 위 임대차계약을 해지하고 종전 임대인으로부터 임차보증금을 반환받고자 하는데 그것이 가능한지요?

답 「상가건물임대차보호법」 제3조 제1항은 "①임대차는 그 등기가 없는 경우에도 임차인이 건물의 인도와 부가가치세법 제8조, 소득세법 제168조 또는 법인세법 제111조의 규정에 의한 사업자등록을 신청한 때에는 그 다음 날부터 제3자에 대하여 효력이 생긴다."라고 규정하고 있고, 위 법의 적용범위에 관하여 같은 법 제2조 제1항에 의하면 "이 법은 상가건물(제3조 제1항의 규정에 의한 사업자등록의 대상이 되는 건물을 말한다)의 임대차(임대차 목적물의 주된 부분을 영업용으로 사용하는 경우를 포함한다)에 대하여 적용한다. 다만, 대통령령이 정하는 보증금액을 초과하는 임대차에 대하여는 그러하지 아니하다."라고 규정하고 있습니다.

그리고 이에 따른 같은 법 시행령(2008. 8. 21. 개정되기 전의 것) 제2조 제1항에 의해 보호되는 보증금의 액수는 서울시 : 2억 4,000만원 이하, 수도권 과밀억제권역(인천·의정부·구리·하남·남양주일부·고양·과천·성남·안양·부천·광명·수원·의왕·군포·시흥) : 1억 9,000만원 이하, 광역시(인천시, 군지역 제외) : 1억5,000만원 이하, 그 밖의 지역 : 1억4,000만원 이하입니다.

그러므로 귀하는 「상가건물임대차보호법」 제3조 제1항에 의한 대항력을 갖춘 임차인으로, 만약 귀하가 원한다면 재계약 등을 하지 않고도 임대인에게 주장할 수 있었던 임대차기간 및 보증금반환청구 뿐만 아니라 상가임대차보호법의 규정에 의한 모든 것을 매수인에게 주장할 수 있습니다.

이때 임대차보증금반환채무도 부동산의 소유권과 함께 양수인에게 이전되므로 양도인의 보증금반환채무는 소멸하고, 임차인은 종전의 소유자에 대하여는 더 이상 보증금반환을 요구할 수 없게 됩니다.

그런데 이 사안의 경우 귀하는 매수인이 임대인으로서의 지위승계를 원하지 않고 있어, 이를 이유로 임대차계약을 해지하고, 임대인에게 보증금반환을 청구할 수 있는지가 문제입니다.

이에 관하여 판례는 "임대차계약에 있어 임대인의 지위의 양도는 임대인의 의무의 이전을 수반하는 것이지만 임대인의 의무는 임대인이 누구인가에 의하여 이행방법이 특별히 달라지는 것은 아니고, 목적물의 소유자의 지위에서 거의 완전히 이행할 수 있으며, 임차인의 입장에서 보아도 신 소유자에게 그 의무의 승계를 인정하는 것이 오히려 임차인에게 훨씬 유리할 수도 있으므로 임대인과 신 소유자와의 계약만으로써 그 지위의 양도를 할 수 있다 할 것이나, 이 경우에 임차인이 원하지 아니하면 임대차의 승계를 임차인에게 강요할 수는 없는 것이어서 스스로 임대차를 종료시킬 수 있어야 한다는 공평의 원칙 및 신의성실의 원칙에 따라 임차인이 곧 이의를 제기함으로써 승계되는 임대차관계의 구속을 면할 수 있고, 임대인과의 임대차관계도 해지할 수 있다고 보아야 한다."라고 하였습니다(대법원 1998. 9. 2.자 98마100 결정, 1996. 7. 12. 선고 94다37646 판결).

따라서 위 사안에 있어서도 귀하가 위 임차목적물의 소유권이 임대인에게서 양수인에게로 이전되면 즉시 이의를 제기하여 위 임대차계약을 해지하고 임대인에게 임차보증금반환청구를 할 수 있다고 할 것입니다.

참고로 2015년 11월 14일부터 시행되고 있는 개정 「상가건물임대차보호법 시행령」은 「상가건물임대차보호법」의 적용범위가 되는 보증금액을 ①서울특별시에서는 보증금액이 4억원 이하, ②「수도권정비계획법」에 의한 수도권 중 과밀억제권역(인천·의정부·구리·하남·남양주 일부·고양·과천·성남·안양·부천·광명·수원·의왕·군포·시흥, 서울특별시는 제외)에서는 보증금액이 3억원 이하, ③광역시(군지역과 인천광역시는 제외)안산·용인·김포 및 광주에서는 보증금액이 2억4천만원 이하, ④그 밖의 지역에서는 보증금액이 1억8천만원 이하로 증액하였습니다. 다만, 이 영 시행 당시 존속 중인 상가건물임대차계약에 대하여는 종전 규정을 따르도록 하고 있습니다.

(사례) 임대차계약기간 만료 전에도 계약을 해지할 수 있는지요?

문 저는 의류판매를 목적으로 점포 1칸을 보증금 900만원, 월세 10만원으로 1년 간 임차하였으나, 영업을 시작한지 3개월이 지난 시점에서 저의 사정으로 장사를 계속할 수 없게 되어 임대인에게 계약해지를 요구하였습니다. 임대인은 계약기간 만료시까지인 9개월 간의 월세를 모두 지불해야 보증금을 반환해주겠다고 하는데, 임대인의 요구가 정당한지요?

답 「민법」 제635조는 "토지, 건물 기타 공작물에 관하여 임대차기간의 약정이 없는 때에는 당사자가 언제든지 계약해지의 통고를 할 수 있고, 임대인이 통고한 경우에는 임차인이 통고를 받은 날로부터 6월, 임차인이 통고한 경우에는 임대인이 통고를 받은 날로부터 1월의 기간이 경과하면 해지의 효력이 생긴다"라고 규정하고 있으며, 같은 법 제636조는 "임대차기간의 약정이 있는 경우에도 당사자 일방 또는 쌍방이 그 기간 내에 해지할 권리를 보류한 때에는 민법 제635조를 준용한다"라고 규정하고 있습니다.

한편, 「상가건물임대차보호법」 제9조 제1항은 "기간의 정함이 없거나 기간을 1년 미만으로 정한 임대차는 그 기간을 1년으로 본다. 다만, 임차인은 1년 미만으로 정한 기간이 유효함을 주장할 수 있다."라고 규정하고 있어, 최소 1년의 임대차기간을 보장해주고 있는데 이 규정도 임차인에게 무한정의 계약해지권을 부여하고 있는 것은 아닙니다.

따라서 위 사안에서와 같이 임대차계약기간을 약정하면서 특별히 해지권을 유보한 것이 아니고 임차인의 개인적 사정으로 계약만료기간 전에 계약을 해지하고자 하는 경우에는 임차인이 일방적으로 계약을 해지할 수는 없다 할 것이고 당초의 계약내용대로 이행하든지 남은 월세를 주고 합의해지를 하여야 할 것입니다.

다만, 귀하가 일방적으로 가게를 비워주고 나간 후 귀하의 임대차 계약기간 중에 임대인이 다른 새로운 임차인에게 세를 놓게 된다면 임대인은 이 상가에 새로운 임차인이 입주한 이후부터 계약기간 만료시까지 임차료를 이중으로 받게 되므로 그 부분은 부당이득이 되는 것으로 보아야 할 것입니다.

6-3-4. 임차인의 권리금 회수 보호 및 손해배상 명시

임대인은 임차인의 권리금 회수를 방해해서는 안 되며, 이를 위반하여 임차인에게 손해가 발생한 경우에는 그 손해를 배상할 책임이 있습니다(상가건물 임대차보호법 제10조의4제1항 및 제3항).

(관련판례)

통상 권리금은 새로운 임차인으로부터만 지급받을 수 있을 뿐이고 임대인에 대하여는 지급을 구할 수 없는 것이므로 임대인이 임대차계약서의 단서 조항에 권리금액의 기재 없이 단지 '모든 권리금을 인정함'이라는 기재를 하였다고 하여 임대차 종료시 임차인에게 권리금을 반환하겠다고 약정하였다고 볼 수는 없고, 단지 임차인이 나중에 임차권을 승계한 자로부터 권리금을 수수하는 것을 임대인이 용인하고, 나아가 임대인이 정당한 사유 없이 명도를 요구하거나 점포에 대한 임대차계약의 갱신을 거절하고 타에 처분하면서 권리금을 지급받지 못하도록 하는 등으로 임차인의 권리금 회수 기회를 박탈하거나 권리금 회수를 방해하는 경우에 임대인이 임차인에게 직접 권리금 지급을 책임지겠다는 취지로 해석해야 할 것이다(대법원 2000. 4. 11. 선고 2000다4517, 4524 판결).

6-3-5. 차임 연체 시 계약의 해지

임대인은 임차인이 3기의 차임액에 해당하는 금액을 연체하는 경우 계약을 해지할 수 있습니다(상가건물 임대차보호법 제10조제1항제1호).

6-3-6. 임대인의 임대차 갱신 거절의 사유 제한

임대인은 임대차계약 체결 당시 철거·재건축 계획을 임차인에게 구체적으로 고지하였거나, 건물 노후 등으로 안전사고의 우려가 있는 경우, 다른 법령에 따른 경우에만 철거·재건축을 이유로 임차인의 계약갱신을 거절할 수 있습니다(상가건물 임대차보호법 제10조제1항제7호).

6-3-7. 비용의 정산

임차인이 임대인의 부담에 속하는 수선비용을 지출한 경우에는 임대인에게 그 상환을 청구할 수 있고, 임차인은 임대차계약이 종료된 경우 공과금과 관리비를 정산하여야 하며 소유자에게 이미 납부한 관리비 중 장기수선충당금의 반환을 청구할 수 있도록 하였습니다(상가건물 임대차 표준계약서 제4조제3항 및 제10조 참조).

6-4. 상가건물 임대차 표준계약서의 특약 사항

① 상가건물 임대차를 하는 경우, 임차인은 불리한 조건으로 임대차계약을 하지 않기 위해 특약사항을 기재할 필요가 있는지 검토할 필요가 있습니다.
② 이에 따라 상가건물 임대차 표준계약서에서는 입주 전 수리 및 개량, 임대차기간 중 수리 및 개량, 임차 상가건물 인테리어, 관리비의 지급주체, 시기 및 범위, 귀책사유 있는 채무불이행 시 손해배상액예정 등을 특약사항의 예시로 하여 사전에 관리관계를 명확히 정할 수 있도록 하였고, 다음의 사항을 특약사항으로 고려하는 것도 가능합니다.

6-4-1. 임차인이 임차 상가건물을 인도받을 때까지 저당권 등의권리 설정을 하지 않겠다는 사항

① 상가건물 임대차계약 후 그 상가건물에 입주하는 날까지 상당한 기간이 걸리는 경우가 보통이므로, 그 사이에 임대인이 다른 사람에게 근저당권 등을 설정을 할 수 없도록 하고, 이를 위반하면 임대차계약을 해제하고

손해배상을 받을 수 있 도록 하는 취지의 약정을 해 둘 필요가 있습니다.
② 만약, 임차인이 입주하기 전에 근저당권 등의 권리가 설정되게 되면, 임차권은 그 설정된 권리보다 후순위가 되어 보증금을 돌려 받는데 문제가 생길 수 있기 때문입니다.

6-4-2. 임차인이 입주하기 전에 발생한 임차 상가건물의 하자는 임대인이 직접 수리한다는 사항

① 입주 시에 발견하기 어려운 보일러의 고장이나 누수 등의 수리비용의 부담에 대해 서로의 책임범위를 명확히 하기 위해 약정을 해 두는 것이 좋습니다.
② 임차인이 입주하기 전에 발생한 임차 상가건물의 하자는 임대인의 비용으로 수리하고, 입주일부터 가까운 시일 내에 보일러 등에 고장이 발견된 경우 그 고장은 인도받기 전에 발 생된 것으로 추정한다는 취지의 문구를 넣어두는 것이 좋습 니다.

6-4-3. 입주 전의 기간에 대한 공과금의 부담에 관한 사항

종전의 임차인이 전기요금, 수도요금 등의 공과금을 내지 않고 이사 가는 경우 임차인이 곤란을 겪게 되는 경우가 있습니다. 이를 방지하기 위해 입주하기 전의 기간에 대한 공과금 미납 부분에 대해서는 임대인이 책임질 수 있도록 약정해 두는 것이 좋습니다.

6-4-4. 임대인이 업종을 지정하는 경우

① 임대인이 임대차계약을 체결하면서 업종을 지정하는 경우, 임차인은 계약서에 기재된 업종으로 개업을 해야 합니다. 따라서 임대인이 업종을 지정하는 경우에는 임대인의 동의를 얻으면 지정된 업종을 변경할 수 있다는 취지의 특약을 해두는 것이 계약 후 발생할 문제를 미연에 방지할 수 있습니다.

② 업종의 지정을 약정한 경우에는, 지정된 업종이 허가나 신고를 해야 하는 업종인지를 확인하여 임대차계약 이후 지정된 업종이 허가 또는 신고되지 않는 불미스런 행정절차의 발생을 피해야 합니다.

6-4-5. 권리금이 있는 경우

① 권리금은 임대차 목적물인 상가건물에서 영업을 하는 사람 또는 영업을 하려는 사람이 영업시설·비품, 거래처, 신용, 영 업상의 노하우, 상가건물의 위치에 따른 영업상의 이점 등 유형·무형의 재산적 가치의 양도 또는 이용대가로서 임대인, 임차인에게 보증금과 차임 이외에 지급하는 금전 등의 대가로서(상가건물 임대차보호법 제10조의3제1항), 전 임차인에게 권리금을 지급하고 상가건물에 입주한 임차인에게는 권리금회수가 중요한 문제가 됩니다.

② 상가건물 소유자가 계약 만료 후 계속 상가건물을 임대하지 않을 경우에는 권리금을 회수할 방법이 없고, 권리금은 상가 건물 소유자와는 아무런 관련이 없기 때문에, 최대한 임차인이 지급한 권리금을 회수하기 위해 권리금 회수에 관한 사항을 약정하는 것이 좋습니다.

③ 만약, 임대인이 상가건물을 사용할 목적으로 임대차 기간의 만료 시 계약갱신을 해주지 않을 경우를 대비하여, 예를 들어, 임차인이 나중에 임차권을 승계한 자로부터 권리금을 수수하는 것을 임대인이 용인하고, 나아가 임대인이 정당한 사유 없이 명도를 요구하거나 점포에 대한 임대차계약의 갱신 을 거절하고 다른 사람에게 처분하면서 권리금을 지급받지 못하도록 하는 등으로 임차인의 권리금 회수 기회를 박탈하거나 권리금 회수를 방해하는 경우에 임대인이 임차인에게 직접 권리금 지급을 책임지겠다는 취지의 약정을 해두는 것이 좋습니다(대법원 2000. 4. 11. 선고 2000다4517, 4524판결).

6-4-6. 상가건물의 주차장 등의 이용에 관한 약정

상가건물의 주차장, 창고, 화장실 또는 간판의 부착과 같은 건물 부속물의 이용에 관한 사항을 약정하여 주차할 수 있는 차량의 수 및 유료사용 문제, 창고의 사용범위, 상가건물에 부착할 수 있는 간판의 크기 등과 같은 문제를 약정해 두는 것이 좋습니다.

(사례) 업종제한특약이 있는 경우 다른 업종을 겸 할 수 없나요?

문 A씨는 B씨의 상가건물의 한 점포를 임대차하면서, 특약사항에 "치킨판매 영업에 한함"이라고 업종제한특약을 하였습니다. A씨는 치킨집을 개업하면서 생맥주시설 등을 설치하여, 치킨을 팔면서 맥주도 함께 팔았습니다. 이에 대해 B씨는 맥주판매가 특약사항 위반이라며 맥주판매를 중단할 것을 요구했습니다. A씨는 맥주판매를 중단해야 하나요?

답 A씨처럼 계약상 업종제한 약정이 있기는 하지만 그 업종의 의미 및 영업범위에 관해 따로 정함이 없는 경우에는 그 업종의 사전적 의미, 일반적으로 행해지는 그 업종의 영업내용, 한국표준산업분류표의 분류기준 등을 모두 종합하여 결정하되, 획일적·절대적으로 결정할 것이 아니라 상가가 위치한 도시와 아파트단지의 규모, 그 상가의 크기와 상권형성 정도, 인근 동종업종의 상황 등도 고려하여 판단해야 합니다.

일반적으로 '치킨판매 영업'은 '규모가 비교적 작은 접객시설 및 조리시설을 갖추고 닭을 여러 가지 방법으로 조리하여 판매하되, 이에 부수하여 음료수와 맥주 등의 주류도 판매하는 영업으로서 한국표준산업분류표상 기타음식점업의 일종'이라 할 것이므로 치킨을 팔면서 부수적으로 맥주를 파는 것은 허용됩니다. 그러나 A씨처럼 생맥주판매 시설을 구비하여 실질적으로 호프판매 영업을 한 경우에는 지정된 업종인 치킨판매에 일반적으로 수반되는 맥주판매 의 정도를 넘는 것으로 업종제한특약을 위반한 것이라고 하였습니다.

(사례) 상가건물 내에서 일부 점포만 업종제한약정을 한 것을 알았을 경우에 업종제한약정을 지킬 의무가 있나요?

A씨는 상가건물을 임대차하면서 분식업에 한정한다는 업종제한약정을 하였습니다. 그러나 A씨는 후에 상가건물 내에서 일부 점포

만 업종제한약정을 한 것을 알았습니다. A씨는 업종제한약정을 지킬 의무가 있나요?

답 점포별로 업종을 지정하여 임대차한 경우 그 임차인은 특별한 사정이 없는 한 그 상가의 다른 임차인들에 대한 관계에서 상호간에 명시적이거나 또는 묵시적으로 약정한 업종제한 등의 의무를 수인하기로 동의하였다고 봄이 상당하므로, 상호간의 업종제한에 관한 약정을 준수할 의무가 있습니다. 그리고 이때 전체 점포 중 일부 점포에 대해서만 업종이 지정된 경우라고 하더라도, 특별한 사정이 없는 한적어도 업종이 지정된 점포의 임차인들 사이에서는 여전히 같은 법리가 적용된다고 보아야 합니다(대법원 2010.5. 27. 선고 2007다8044 판결).

6-5. 임대차계약 후 받아야 할 서류

6-5-1. 상가건물임대차계약서

개업공인중개사는 중개대상물에 관해 중개가 완성되어 작성한 거래계약서를 거래당사자에게 각각 발급해야 합니다. 그리고 임대차계약서의 사본을 5년 동안 보존해야 합니다(공인중개사법 제26조제1항, 동법 시행령 제22조제2항).

6-5-2. 중개대상물 확인·설명서

① 개업공인중개사는 거래계약서를 작성하는 때에 중개대상물확인·설명서(공인중개사법 시행규칙 별지 제20호서식)를 거래당사자에게 발급해야 합니다(공인중개사법」 제25조제3항, 동법 시행령 제21조제3항).

② 만약, 개업공인중개사가 중개대상물확인·설명서를 작성해 주지 않거나, 그 작성된 내용이 사실과 다른 때에는 거래당사자는 개업공인중개사에게 손해배상을 청구할 수 있습니다(공인중개사법 제30조).

6-5-3. 공제 증서

공제증서는 개업공인중개사의 중개 사고에 대비하기 위한 손해배상책임 보장에 관한 증서로서, 개업공인중개사는 거래당사자에게 공제증서를 발급해야 합니다(공인중개사법 제30조제5항).

(사례) 상가건물을 임차하여 영업하고 있는데, 계약 기간이 만료될 경우에 바로 비워줘야 할까요?

문 서울에서 보증금 2억원에 계약기간 6개월로 하여 상가건물을 임차하였습니다. 곧 기간이 만료되는데, 바로 비워줘야 할까요?

답 기간을 정하지 않았거나 기간을 1년 미만으로 정한 상가건물 임대차는 그 기간을 1년으로 봅니다. 따라서 임차인은 계약서에 6개월을 계약기간으로 하였더라도 1년간 임대차 관계를 유지할 수 있습니다.

「상가건물 임대차보호법」은 임대차 기간의 약정이 없거나 1년 미만으로 정한 경우에는 임차인의 보호를 위해 그 기간을 최저 1년으로 보장하고 있습니다. 또한, 임차인이 1년 미만으로 정한 임대차 기간이 유효하다고 주장할 수도 있도록 하고 있습니다. 따라서 임대차 기간을 반드시 1년으로 기재할 필요는 없고, 임차인의 형편에 맞추어 1년 미만으로 약정할 수도 있습니다.

6-6. 개업공인중개사의 책임 및 중개보수

① 개업공인중개사는 고의 또는 과실로 거래당사자에게 손해를 입힌 경우에는 손해배상책임을 져야 합니다.

② 중개의뢰인은 개업공인중개사에게 중개보수를 지급해야 합니다.

6-7. 개업공인중개사의 의무

6-7-1. 개업공인중개사의 신의성실 및 비밀누설금지 의무

① 개업공인중개사는 거래당사자에게 신의를 지키고 성실·공정하게 중개업무를 수행해야 합니다(공인중개사법 제29조제1항).

② 개업공인중개사는 중개업무로 알게 된 비밀을 누설하지 말아야 하고, 그 업무를 떠난 후에도 누설해서는 안 되며, 이를 위반한 경우에는 1년 이하의 징역 또는 1,000만원 이하의 벌금에 처해집니다(공인중개사법 제29조제2항 및 제49조).

6-7-2. 개업공인중개사의 설명의무

① 개업공인중개사는 상가임대차계약을 하려는 사람에게 다음의 사항에 대하여 성실·정확하게 설명하고 중개대상물의 토지대장 등본 또는 부동산종합증명서, 등기사항증명서 등 설명의 근거자료를 함께 제시해야 합니다(공인중개사법 제25조제1항 및 동법 시행령 제21조제1항).

1. 해당 중개대상물의 상태·입지 및 권리관계
2. 법령규정에 따른 거래 또는 이용제한 사항
3. 중개대상물의 종류·소재지·지번·지목·면적·용도·구조 및 건축연도 등 중개대상물에 관한 기본적인 사항
4. 소유권·전세권·저당권·지상권 및 임차권 등 중개대상물의 권리관계에 관한 사항
5. 거래예정금액·중개보수 및 실비의 금액과 그 산출내역
6. 토지이용계획, 공법상의 거래규제 및 이용제한에 관한 사항
7. 수도·전기·가스·소방·열공급·승강기 및 배수 등 시설물의 상태
8. 벽면 및 도배의 상태
9. 일조·소음·진동 등 환경조건
10. 도로 및 대중교통수단과의 연계성, 시장·학교와의 근접성 등 입지조건
11. 중개대상물에 대한 권리를 취득함에 따라 부담하여야 할 조세의 종류 및 세율

② 개업공인중개사는 확인·설명을 위해 필요한 경우 중개대상물의 임대의뢰인에게 해당 중개대상물의 상태에 관한 자료를 요구할 수 있습니다(공인중개사법 제25조제2항).

③ 임대의뢰인이 중개대상물의 상태에 관한 자료요구에 불응한 때에는 그 사실을 임차의뢰인에게 설명하고, 중개대상물확인·설명서에 기재해야 합니다(공인중개사법 시행령 제21조제2항).

6-7-3. 중개대상물확인·설명서의 교부·보존 의무

① 개업공인중개사는 거래계약서 작성 시 중개대상물확인·설명서를 거래당사자에게 교부하고, 그 사본을 3년간 보존해야 합니다(공인중개사법 제25조제3항, 동법 시행령 제21조제3항, ㄷ오법 시행규칙 제16조제1호 및 별지 제20호서식).

② 중개대상물확인·설명서에는 개업공인중개사의 서명 및 날인이 있어야 합니다(공인중개사법 제25조제4항).

6-7-4. 공제증서의 교부 의무

① 개업공인중개사는 중개가 완성된 때에는 거래당사자에게 손해배상책임의 보장에 관한 다음의 사항을 설명하고, 관계 증서의 사본을 교부하거나 관계 증서에 관한 전자문서를 제공해야 합니다(공인중개사법 제30조제5항 및 동법 시행령 제24조제1항).

  1. 보장금액(법인 개업공인중개사는 1억원 이상, 비법인 개업공인중개사는 5,000만원 이상)
  2. 보증보험회사, 공제사업을 하는 자, 공탁기관 및 그 소재지
  3. 보장기간

6-8. 개업공인중개사의 손해배상책임

① 개업공인중개사는 중개 시 고의나 과실로 거래당사자에게 재산상의 손

해를 발생하게 한 경우 그 손해를 배상할 책임이 있습니다(공인중개사법 제30조제1항).

② 개업공인중개사는 자기의 중개사무소를 다른 사람의 중개행위의 장소로 제공함으로써 거래당사자에게 재산상의 손해를 발생하게 한 경우에도 그 손해를 배상할 책임이 있습니다(공인중개사법 제30조제2항).

6-9. 부동산 중개보수 및 실비

6-9-1. 중개보수 및 실비 지급

① 중개의뢰인은 중개업무에 관해 개업공인중개사에게 소정의 보수를 지급해야 합니다. 다만, 개업공인중개사의 고의 또는 과실로 중개의뢰인간의 거래행위가 무효·취소 또는 해제된 경우에는 지급하지 않아도 됩니다(「공인중개사법」 제32조제1항).

② 「중개보수」란 부동산거래로 계약이 체결되어 개업공인중개사와 중개의뢰인 사이에 수수되는 금액을 말합니다. 거래금액에 따른 일정요율과 한도액은 지방자치단체의 조례로 규정되어 있습니다(공인중개사법 제32조제4항).

③ 중개의뢰인은 개업공인중개사의 고의 또는 과실로 부동산 거래행위가 무효·취소 또는 해제된 경우에는 중개보수를 지급할 필요가 없으나, 거래당사자의 의사에 따라 해제된 경우에는 중개보수를 지급해야 합니다(공인중개사법 제32조제1항).

④ 중개의뢰인은 개업공인중개사에게 중개대상물의 권리관계 등의 확인 또는 계약금 등의 반환채무이행보장에 소요된 실비를 줄 수 있습니다(공인중개사법 제32조제2항).

(관련판례 1)

「부동산중개업법」 제2조제1호는 "중개라 함은 제3조의 규정에 의한 중개대상물에 대하여 거래당사자 간의 매매·교환·임대차 기타 권리의 득실·변경에 관한 행위를 알선하는 것을 말한다."고 규정하고, 같은 법 제19조제1항은 "중개업자가 중개행위를 함에 있어서 고의 또는 과실로 인하여 거래 당사자에게 재산상의 손해를 발생하게 한 때에는 그 손해를 배상할 책임이 있다.”고 규정하고 있는바, 여기서 어떠한 행위가 중개행위에 해당하는지 여부는 거래당사자의 보호에 목적을 둔 법 규정의 취지에 비추어 볼 때 중개업자가 진정으로 거래당사자를 위하여 거래를 알선·중개하려는 의사를 갖고 있었느냐고 하는 중개업자의 주관적 의사에 의하여 결정할 것이 아니라 중개업자의 행위를 객관적으로 보아 사회통념상 거래의 알선·중개를 위한 행위라고 인정되는지 여부에 의하여 결정하여야 한다(대법원 2005. 10. 7. 선고 2005다32197 판결).

(관련판례 2)

「부동산중개업법」 제2조제1호는 ‘중개라 함은 중개대상물에 대하여 거래당사자간의 매매·교환·임대차 기타 권리의 득실·변경에 관한 행위를 알선하는 것을 말한다’고 규정하고, 구「부동산중개업법」(1999. 3. 31. 법률 제5957호로 개정되기 전의 것) 제19조제2항은 ‘중개업자는 자기의 사무소를 다른 사람의 중개행위의 장소로 제공함으로써 거래당사자에게 재산상의 손해를 발생하게 한 때에는 그 손해를 배상할 책임이 있다’고 규정하고 있는바, 여기서 어떠한 행위가 중개행위에 해당하는지 여부는 거래당사자의 보호에 목적을 둔 법규정의 취지에 비추어 중개한 자의 행위를 객관적으로 보아 사회통념상 거래의 알선, 중개를 위한 행위라고 인정되는지 여부에 의하여 결정하여야 한다(대법원 2000. 12. 22. 선고 2000다48098 판결).

6-9-2. 중개보수 및 실비의 한도

① 상가건물(건축물 중 상가의 면적이 2분의 1 이상인 경우도 상가에 포함)임대차에 대한 중개보수의 한도는 거래금액의 0.9% 이내입니다(공인중개사법 시행규칙 제20조제4항 및 제6항).

② 실비의 한도는 중개대상물의 권리관계 등의 확인 또는 계약금 등의 반

환채무이행 보장에 드는 비용으로 하되, 개업공인중개사가 영수증 등을 첨부하여 매도·임대 그 밖의 권리를 이전하려는 중개의뢰인(계약금 등의 반환채무이행 보장에 소요되는 실비의 경우에는 매수·임차 그 밖의 권리를 취득하려는 중개의뢰인을 말함)에게 청구할 수 있습니다(공인중개사법 시행규칙 제20조제2항).

③ 개업공인중개사는 중개보수·실비의 요율 및 한도액 표를 해당 중개사무소 안의 보기 쉬운 곳에 게시해야 합니다(공인중개사법 제17조, 동법 시행규칙 제10조제2호).

6-9-3. 한도를 초과한 중개보수 및 실비 수수 금지

① 개업공인중개사는 사례·증여 그 밖의 어떠한 명목으로도 중개보수 또는 실비의 한도를 초과하여 금품을 받아서는 안 되며, 이를 위반한 때에는 과태료 또는 영업정지나 1년 이하의 징역 또는 1,000만원 이하의 벌금에 처해지게 됩니다(공인중개사법 제33조제3호 및 제49조제1항).

② 중개보수는 중개의뢰인 쌍방이 요율 및 한도액 내에서 각각 지급해야 하고, 한도액을 초과하는 경우에는 한도액의 범위 내에서 지급하면 됩니다(공인중개사법 시행규칙 제20조제1항).

③ 만약, 중개업자가 수수료 또는 실비의 한도를 초과하여 요구하는 경우에는 그 초과분은 무효이고, 한도를 초과하여 지급한 수수료 또는 실비는 반환 청구를 할 수 있습니다(대법원 2007. 12. 20. 선고 2005다32159 전원합의체 판결).

④ 한도를 초과하는 보수 또는 실비를 요구하는 경우 거래당사자는 초과분에 대해 지급을 거절할 수 있으며, 계속하여 한도 초과 보수 또는 실비를 요구하면 행정관청에 신고할 수 있습니다.

(관련판례 1)

구「부동산중개업법」(2005. 7. 29. 법률 제7638호 「공인중개사의 업무 및 부동산 거래신고에 관한 법률」로 전문 개정되기 전의 것)은 부동산중개업을 건전하게 지도·육성하고 부동산중개 업무를 적절히 규율함으로써 부동산중개업자의 공신력을 높이고 공정한 부동산거래질서를 확립하여 국민의 재산권 보호에 기여함을 입법목적으로 하고 있으므로(제1조), 중개수수료의 한도를 정하는 한편 이를 초과하는 수수료를 받지 못하도록 한 같은 법 및 같은 법 시행규칙 등 관련 법령 또는 그 한도를 초과하여 받기로 한 중개수수료 약정의 효력은 이와 같은 입법목적에 맞추어 해석되어야 한다. 그뿐 아니라, 중개업자가 구 부동산중개업법 등 관련 법령에 정한 한도를 초과하여 수수료를 받는 행위는 물론 위와 같은 금지규정 위반 행위에 의하여 얻은 중개수수료 상당의 이득을 그대로 보유하게 하는 것은 투기적·탈법적 거래를 조장하여 부동산거래질서의 공정성을 해할 우려가 있고, 또한 구「부동산중개업법」 등 관련 법령의 주된 규율대상인 부동산의 거래가격이 높고 부동산중개업소의 활용도 또한 높은 실정에 비추어 부동산 중개수수료는 국민 개개인의 재산적 이해관계 및 국민생활의 편의에 미치는 영향이 매우 커 이에 대한 규제가 강하게 요청된다. 그렇다면, 앞서 본 입법목적을 달성하기 위해서는 고액의 수수료를 수령한 부동산 중개업자에게 행정적 제재나 형사적 처벌을 가하는 것만으로는 부족하고 구「부동산중개업법」 등 관련 법령에 정한 한도를 초과한 중개수수료 약정에 의한 경제적 이익이 귀속되는 것을 방지하여야 할 필요가 있으므로, 부동산 중개수수료에 관한 위와 같은 규정들은 중개수수료 약정 중 소정의 한도를 초과하는 부분에 대한 사법상의 효력을 제한하는 이른바 강행법규에 해당하고, 따라서 구「부동산중개업법」 등 관련 법령에서 정한 한도를 초과하는 부동산 중개수수료 약정은 그 한도를 초과하는 범위 내에서 무효이다(대법원 2007. 12. 20. 선고 2005다32159 전원합의체 판결).

(관련판례 2)

부동산 매매계약 체결을 중개하고 계약체결 후 계약금 및 중도금 지급에도 관여한 부동산 중개업자가 잔금 중 일부를 횡령한 경우, 「부동산중개

제3절 보증금의 보호

1. 대항력

대항력 등(상가건물 임대차보호법 제3조)의 규정은 지역별로 정해진 보증금의 일정 기준금액을 초과하는 임대차에 대해서도 적용합니다(동법 제2조제3항). 다만, 이 규정은 2015년 5월 13일 이후 최초로 계약이 체결되거나 갱신되는 임대차부터 적용합니다〔동법 부칙(법률 제13284호, 2015. 5. 13.) 제2조〕.

1-1. 대항력의 개념 및 요건

① 「대항력」이란 임차인이 제3자, 즉 임차상가건물의 양수인, 임대할 권리를 승계한 사람, 그 밖에 임차상가건물에 관해 이해관계를 가지고 있는 사람에게 임대차의 내용을 주장할 수 있는 법률상의 힘을 말합니다(상가건물 임대차보호법 제3조제1항).

② 임대차는 그 등기가 없더라도, 임차인이 건물을 인도받고, 사업자등록을 신청한 그 다음날부터 대항력이 생깁니다(상가건물 임대차보호법 제3조제1항).

1-2. 상가건물의 인도

① 「상가건물 임대차보호법」에 따른 대항력을 취득하기 위해서는 '건물의 인도'가 필요합니다(제3조제1항).

② 상가건물의 인도란 점유이전을 말하는데, 건물 사용이 가능하도록 임대인으로부터 임차인에게로 지배권이 이전하는 것을 말합니다.

1-3. 사업자등록 신청

① 사업자는 사업장마다 사업 개시일부터 20일 이내에 사업장 관할 세무서장에게 사업자등록을 신청해야 합니다. 다만, 신규로 사업을 시작하려는 자는 사업 개시일 이전이라도 사업자등록을 신청할 수 있습니다(부가가치세법 제8조제1항).

② 사업장이 둘 이상인 사업자는 사업자 단위로 해당 사업자의 본점 또는 주사무소 관할 세무서장에게 등록을 신청할 수 있습니다. 이 경우 등록한 사업자를 사업자 단위 과세 사업자라 합니다(부가가치세법 제8조제3항).

③ 사업자등록을 신청한 사람은 관할 세무서장으로부터 사업자의 인적사항과 그 밖에 필요한 사항을 기재한 사업자등록증을 신청일부터 3일 이내(토요일, 공휴일 또는 근로자의 날 산정 제외)에 발급받습니다(부가가치세법 시행령 제11조제5항 본문 및 동법 시행규칙 제9조제4항).

④ 사업 개시일부터 20일 내에 사업자등록을 신청하는 것도 가능하지만, 사업 개시 전 사업자등록을 마쳐 대항력과 우선변제권 발생시기를 앞당길 수 있습니다(부가가치세법 제8조제1항 참조).

⑤ 개인인 경우 「소득세법」, 법인인 경우 「법인세법」에 따른 사업자등록을 하여야 하나, 「부가가치세법」에 따라 사업자등록을 하는 경우 「소득세법」또는 「법인세법」에 따른 사업자등록을 한 것으로 보게 되므로, 별도로 「소득

세법」또는 「법인세법」에 따른 사업자등록은 하지 않아도 됩니다(소득세법 제168조제2항 및 법인세법 제111조제2항).

1-4. 사업자등록 신청절차

① 사업자등록을 신청하려는 사람은 사업자등록신청서에 다음의 사항을 기재하여 가까운 세무서에 제출(국세정보망에 의한 제출 포함)하면 됩니다(부가가치세법 시행령 제7조제1항, 동법 시행규칙 제2조제1항 및 법인세법 시행규칙 별지제73호 서식).

  1. 사업자의 인적사항

  2. 사업자등록신청사유

  3. 사업개시연월일 또는 사업장설치 착수연월일

  4. 그 밖의 참고사항

② 다음 서류를 사업자등록신청서와 함께 관할세무서장에게 제출합니다(부가가치세법 시행령 제7조제2항, 동법 시행규칙 제2조, 동법 시행규칙 별지 제3호서식 및 법인세법 시행규칙 별지 제73호서식).

  1. 개인인 경우

   가. 법령에 따라 허가를 받거나 등록 또는 신고를 해야 하는 사업의 경우 사업허가증 사본·사업등록증 사본 또는 신고필증 사본

   나. 사업장을 임차한 경우에는 임대차계약서 사본

   다. 임차한 상가건물의 해당 부분 도면(상가건물의 일부분을 임차한 경우에 한함)

   라. 사업자금 내역 또는 재무상황 등을 확인할 수 있는 자금 출처명세서(금지금(金地金) 도·소매업 및 과세유흥장소의 영업을 영위하려는 경우만을 말함)

  2. 법인인 경우

   가. 법인설립신고서 1부

   나. 법인등기부 등본 1부(담당 공무원의 확인에 동의하지 않은 경우 신청인이 직접 제출해야 함)

다. 정관 사본 1부

라. (법인명의)임대차계약서 사본(사업장을 임차한 경우) 1부

마. 주주 또는 출자자명세서 1부

바. 사업신고필증 사본 1부(신고 전에 등록하는 경우: 신고신청서 사본
또는 사업계획서)

사. 현물출자명세서(현물출자법인의 경우에 한함) 1부

③ 확정일자를 받고자 하는 경우에는 임대차계약서 원본과 임차한 사업장이 상가건물의 일부인 경우 해당부분의 도면을 함께 가지고 가야 합니다.

1-5. 대항력의 발생시기

① 대항력은 임차인이 상가건물을 인도 받고 사업자등록을 신청한 그 다음 날부터 제3자에게 효력이 생깁니다(상가건물 임대차보호법 제3조제1항).

② 대항력을 갖춘 상가건물 임차인은 임차상가건물이 다른 사람에게 양도되더라도 새로운 상가건물소유자에게 계속해서 임차권의 존속을 주장할 수 있습니다(상가건물 임대차보호법 제3조제2항 참조).

③ 임차상가건물에 경매가 실시된 경우 임차상가건물이 매각되면 임차권은 소멸합니다. 다만 보증금을 전액 받지 못한 경우에는 대항력이 그대로 남아 있으므로 임차권은 소멸되지 않습니다(상가건물 임대차보호법 제8조).

④ 대항력을 취득한 임차인과 상가건물에 대한 저당권 또는 가압류 등의 권리관계는 그 요건을 갖춘 선후에 따라 결정됩니다.

2. 우선변제권

2-1. 우선변제권의 개념과 요건

① 우선변제권이란, 「상가건물 임대차보호법」상 임차인이 임차보증금을 우선 변제받을 수 있는 권리를 말합니다.

② 우선변제권은, 임차인이 대항요건과 임대차계약증서상의 확정일자를 갖

춘 경우에 인정됩니다. 우선변제권이 있는 임차인은 임차상가건물이 경매 또는 공매에 붙여졌을 때 그 경락대금에서 다른 후순위권리자보다 우선하여 보증금을 변제받을 수 있습니다(상가건물 임대차보호법 제5조제2항, 대법원 2006. 1. 13. 선고 2005다64002 판결).

(사례) 선순위 근저당권이 있는 경우에도 상가건물임대차보호법이 적용되어 상가임차인으로서 우선변제권이 인정될 수 있는지요?

問 저는 2013년 3월 1일부터 서울 종로구 소재 상가건물을 보증금 5,000만원에 월세 100만원으로 임차하여 입점한 후 사업자등록을 하고 출판사사무실로 운영하고 있습니다. 그런데 위 상가건물에는 선순위 근저당권이 있었으므로 저는 임차보증금반환채권의 순위를 안전하게 확보하기 위하여 위 임대차 계약서에 확정일자인까지 받아두었습니다. 이 경우 저에게도 「상가건물임대차보호법」이 적용되어 상가임 차인으로서 우선변제권이 인정될 수 있는지요? 또 그 적용범위는 어떻게 되는지요?

答 상가임차인의 권익보호를 위하여 제정된 「상가건물임대차 보호법」은 모든 상가임차인을 보호해 주는 것은 아니며 그 구체적 적용범위에 관하여는 당해 지역의 경제여건 등을 감안하여 지역별로 구분하여 규정하고 있습니다.
먼저, 상가임차인의 대항력에 관하여 「상가건물임대차보호법」 제3조 제1항은 "①임대차는 그 등기가 없는 경우에도 임차인이 건물의 인도와 부가가치세법 제8조, 소득세법 제168조 또는 법인세법 제111조의 규정에 의한 사업자등록을 신청한 때에는 그 다음 날부터 제3자에 대하여 효력이 생긴다."라고 규정하고 있고, 위법의 적용범위에 관하여 같은 법 제2조에 의하면 "①이 법은 상가건물(제3조 제1항의 규정에 의한 사업자등록의 대상이 되는 건물을 말한다)의 임대차(임대차 목적물의 주된 부분을 영업용으로 사용하는 경우를 포함한다)에 대하여 적용한다. 다만, 대통령령이 정하는 보증금액을 초과하는 임대차에 대하여는 그러하지 아니하다. ②제1항 단서의 규정에 의한 보증금액을 정함에 있어서는 당해 지역의 경제여건 및 임대차 목적물의 규모 등을 감안하여 지역별로 구분하여 규정하되, 보증금 외에 차임이 있는 경우에는 그 차임액에 은행법에 의한 금융기관의 대출금리 등을 감안하여 대통령령이 정하는 비율을 곱하여 환산한 금액을 포함하여야 한다."라고 규정하고 있습니다.

그리고 그 구체적 적용범위에 관하여 「상가건물임대차보호법 시행령」2013. 12. 30. 개정되기 전의 것) 제2조는 ①서울특별시에서는 보증금액이 3억원 이하, ②수도권정비계획법에 의한 수도권 중 과밀억제권역(인천·의정부·구리·하남·남양주 일부·고양·과천·성남·안양·부천·광명·수원·의왕·군포·시흥, 서울특별시는 제외)에서는 보증금액이 2억5천만원 이하, ③광역시(수도권정비계획법에 의한 수도권 중 과밀억제권역에 포함된 지역과 군지역은 제외한다), 안산시, 용인시, 김포시 및 광주시에서는 보증금액이 1억8천만원 이하, ④그 밖의 지역에서는 보증금액이 1억5천만원 이하로 규정하고 있습니다. 다만, 보증금액을 산정함에 있어서 보증금 외에 월차임이 있는 경우에는 월차임에 100을 곱한 금액을 보증금에 합산하도록 규정하고 있습니다.

예를 들어, 보증금 5,000만원에 월세 100만원을 내는 상인의 경우 월세 100만원에 1백을 곱한 1억원에 보증금을 더한 15,000만원이 기준 보증금으로 됩니다(5,000만원+100만원×100=15,000만원).

또한, 상가임차인이 입점하고 사업자등록을 한 후에는 대항력이 생기며, 계약서상에 확정일자까지 받아두면 우선변제권이 인정됩니다.

따라서 위 사안의 경우 귀하는 출판사업을 등록하고 임차한 상가건물을 그 사무실로 운영하고 있으면서 임대차계약서에 확정일자를 받아두었고 임대차보증금액도 3억원 이하(서울특별시)로써 「상가건물임대차보호법」의 적용범위에 해당되므로, 임차건물의 경매 시 선순위 근저당권자보다 우선하지는 못하나 후순위권리자 그 밖의 채권자보다 우선하여 보증금을 변제받을 수 있을 것으로 보입니다.

참고로 2014년 1월 1일부터 시행되고 있는 개정 「상가건물임대차보호법 시행령」(대통령령 제25036호, 2013. 12. 30.개정)은「상가건물임대차보호법」의 적용범위가 되는 보증금액을 ①서울특별시에서는 보증금액이 4억원 이하, ②수도권정비계획법에 따른 과밀억제권역(서울특별시는 제외)에서는 보증금액이 3억원 이하, ③광역시(수도권정비계획법에 따른 과밀억제권역에 포함된 지역과 군지역은 제외한다), 안산시, 용인시, 김포시 및 광주시에서는 보증금액이 2억4천만원 이하, ④그 밖의 지역에서는 보증금액이 1억8천만원 이하로 증액하였습니다.

다만, 이 영 시행 당시 존속 중인 상가건물임대차계약에 대하여는 종전 규정을 따르도록 하고 있고, 시행 이후 체결되거나 갱신되는 상가건물 임대차계약부터 적용하도록 하고 있습니다(부칙 제2조).

2-2. 확정일자의 취득

① 「확정일자」란 증서가 작성된 날짜에 상가건물임대차계약서가 존재하고 있음을 증명하기 위해 법률상 인정되는 일자로, 상가건물의 소재지 관할 세무서장이 임대차계약서가 존재하였음을 인정한 날짜를 말합니다(상가건물 임대차보호법 제4조제1항, 상가건물임대차보호법 관련 확정일자 부여 및 열람제공에 관한 규정 제2조제3호, 대법원 1998. 10. 2. 선고 98다28879 판결].

② 임차인이 사업자등록신청(사업자등록 정정신고 포함)시 또는 사업자등록신청(사업자등록 정정신고 포함) 전후 임대차계약서에 수수료 없이 확정일

자를 받을 수 있습니다(상가건물임대차보호법 관련 확정일자 부여 및 열람 제공에 관한 규정 제4조).

③ 사업자등록을 신청하기 전에 확정일자를 먼저 신청할 수 있습니다. 다만, 이때의 우선변제권의 효력은 사업자등록의 신청, 상가건물의 인도, 확정일자에서 가장 늦은 날을 기준으로 순위가 결정됩니다.

(사례) 상가건물임대차보호법 시행 전후에 받은 각 확정일자의 효력은 어떻게 인정되나요?

문 저는 현행 「상가건물임대차보호법」이 시행되기 전 甲 소유건물을 임차하여 사업자등록신청 후 치킨가게를 운영하던 중, 이 법 시행 전인 2002년 10월 15일자로 사업자등록 정정신고를 하면서 임대차계약서상에는 확정일자까지 받아 두었습니다. 그런데 乙이라는 사람이 위 같은 건물의 다른 층에서 영업을 하기 위하여 이 법이 시행된 2002년 11월 1일자로 점포임대차계약을 체결하면서 같은 날 사업자등록신청과 확정일자인까지 받았습니다. 소문에 의하면 乙의 보증금액이 1억 원이나 된다고 하고, 상가건물임대차보호법이 2002년 11월 1일부터 시행되었으므로 저와 乙의 보증금의 순위가 같다고 하는데, 사실인지요?

답 「상가건물임대차보호법」 제3조 제1항은 "①임대차는 그 등기가 없는 경우에도 임차인이 건물의 인도와 부가가치세법 제5조, 소득세법 제168조 또는 법인세법 제111조의 규정에 의한 사업자등록을 신청한 때에는 그 다음 날부터 제3자에 대하여 효력이 생긴다."라고 규정하고 있고, 같은 법 제5조 제2항에 의하면 "제3조 제1항의 대항요건을 갖추고 관할 세무서장으로부터 임대차계약서상의 확정일자를 받은 임차인은 민사집행법에 의한 경매 또는 국세징수법에 의한 공매시 임차건물(임대인 소유의 대지를 포함한다)의 환가대금에서 후순위권리자 그 밖의 채권자보다 우선하여 보증금을 변제받을 권리가 있다."라고 규정하고 있습니다.

그러므로 건물에 입점하고 사업자등록을 신청하면 그 다음 날부터 대항력이 생기고, 임대차계약서상에 확정일자까지 받아 둔다면 임차건물의 경매 시 후순위권리자 그밖의 채권자보다 우선하여 보증금을 변제받을 권리가 있습니다.

또한 「상가건물임대차보호법」 부칙 제2항은 "이 법은 이 법 시행 후 체결되거나 갱신된 임대차부터 적용한다. 다만, 제3조·제5조 및 제14조의 규정은 이 법 시행 당시 존속중인 임대차에 대하여도 이를 적용하되, 이 법 시행 전에 물권을 취득한 제3자에 대하여는 그 효력이 없다."라고 규정하고 있고, 같은 법 부칙 제3항은 "이 법 시행 당시의 임차인으로서 제5조의 규정에 의한 보증금 우선변제의 보호를 받고자 하는 자는 이 법 시행 전에 대통령령이 정하는 바에 따라 건물의 소재지 관할 세무서장에게 임대차계약서상의 확정일자를 신청할 수 있다."라고 규정하고 있습니다.

결국 위 사안은 위 부칙 규정에 의해 이 법 시행 전에 확정일자를 받은 기존 임차인과 이 법 시행일인 2002년 11월 1일자로 확정일자를 받은 상가임차인의 우선순위가 어떻게 되느냐가 문제입니다. 그런데 2002년 11월 1일 전에 확정일자를 받은 임차인은 신청순위와 상관없이 모두 이 법 시행일인 2002년 11월 1일자로 우선순위의 효력을 받게 되며, 이 법 시행일 이후에 확정일자를 받은 상가임차인들은 상가에 입점하고 사업자등록을 한 날의 다음 날부터 우선순위의 효력을 받게 됩니다.

따라서 귀하는 이 사안에서 이 법 시행일 이전에 사업자등록을 하고 확정일자를 받아두었으므로, 이 법 시행일인 2002년 11월 1일자로 입점 및 사업자등록을 하고 확정일자를 받은 乙보다 위 임차건물의 경매나 공매 시 우선하여 보증금을 변제받을 수 있을 것으로 보입니다.

2-3. 확정일자를 받는 절차

① 신규로 사업자등록을 신청하는 임차인은 사업자등록신청서, 임대차계약서 원본, 건물의 일부를 임차한 경우 해당부분의 도면, 본인 신분증을 관할 세무서장에게 제출하여 확정일자를 부여받을 수 있습니다(상가건물임대차보호법 관련 확정일자 부여 및 열람제공에 관한 규정 제7조제1항).

② 사업자등록을 신청하지 않은 임차인이 확정일자만을 우선하여 신청하는 경우에는 임대차계약서 원본과 확정일자신청서 및 본인 신분증을 관할 세무서장에게 제출하여 확정일자를 부여받을 수 있습니다.

(서식 예) 확정일자 신청서

확정일자 신청서

※ 색상이 어두운 난은 신청인이 적지 않습니다.

(앞쪽)

접수번호		처리기간	즉시	
임차인 (신청인)	성명(법인명)	주민(법인)등록번호		
	상호	사업자등록번호		
	주소(본점)	전화번호		휴대전화번호

임대인	성명(법인명)		주민(법인)등록번호	
	주소(본점)		전화번호	휴대전화번호

임대차 계약내 용	상가건물 소재지(임대차 목적물) *상가건물명, 동, 호수 등 구체적으로 기재*	
	계약일	임대차기간
	보증금	차임
	면적(㎡)　　　　　　　　　　㎡	확정일자번호

※ *아래 난은 대리인에게 확정일자 신청을 위임하는 경우 적습니다.*

신청인은 아래 위임받은 자에게 확정일자 신청에 관한 사항을 위임합니다.

위임 받은 자	성명	주민등록번호
	신청인과의 관계	전화번호

「상가건물 임대차보호법」제5조제2항에 따른 확정일자를 신청합니다.

년　　　월　　　일

신청인　　　　　　　(서명 또는 인)
위임받은 자　　　　　(서명 또는 인)

세무서장 귀하

<table><tr><th align="center">유의사항</th></tr></table>

1. 임차한 상가건물이 주로 사업에 이용되는 경우만 신청대상이며, 주로 주거에 이용되는 경우에는 「주택임대차보호법」에 따라 신청하여야 합니다.
2. 「상가건물 임대차보호법」의 적용을 받기 위해서는 임차부동산의 소재지를 사업자등록증상의 사업장소재지 등 공적 장부상 소재지와 일치되도록 적어야 합니다.
3. 「상가건물 임대차보호법」 제2조제1항 단서에 따른 보증금액을 초과하는 임대차의 경우 확정일자 부여를 신청할 수 없습니다.

210mm×297mm[백상지 80g/㎡]

첨부서류	1. 상가건물 임대차계약서 원본
	2. 주민등록증, 운전면허증, 여권 또는 외국인등록증 등 신청인(또는 대리인)의 신분을 확인할 수 있는 서류
	3. 상가건물의 일부분을 임차한 경우 상가건물 도면(뒷면 상가건물 도면 양식 또는 별지로 제출)

상가건물 도면

※ 상가건물의 일부분을 임차한 경우에는 상가건물 도면을 제출해야 합니다.

임차인 (신청인)	성명(법인명)　　(서명 또는 인)		주민(법인)등록번호	
	상호		사업자등록번호	
	주소(본점)		전화번호	휴대전화번호

[도 면]

작성요령 1.상가건물의 전체면적(㎡)과 해당 임차부분의 면적(㎡) 등을 표시합니다.
2. 평면도 등으로 작성하며, 통로·주출입구 등을 표시합니다.
3. 해당 임차부분을 빗금으로 표시합니다.
4. 임대차목적물의 면적이 변동된 경우 최종 총면적과 위치를 표시합니다.
5. 상가건물의 형상, 길이, 위치 등을 적어 위 도면으로 제3자가 해당 임차건물의 위치를 정확히 인지할 수 있도록 작성해야 합니다.

2-4. 우선변제권의 발생 시기

① 임차인이 상가건물을 인도 받고, 사업자등록을 신청한 후 상가건물임대
차계약서에 확정일자까지 갖추었다면 상가건물을 인도받고 사업자등록을
신청한 다음날 오전 0시부터 우선변제권이 생깁니다(상가건물 임대차보호법
제5조제2항).

② 우선변제권을 행사하기 위해서는 경매절차에 따르는 배당요구의 말일인
경락기일까지 우선변제권의 요건을 갖추고 있어야 합니다(대법원 2006. 1.
13. 선고 2005다64002 판결).

(사례) 상가건물임대차보호법 시행 전 저당권자가 있는 경우 최우선변제권자는 누구인가요?

문 저는 경기도 의정부시 소재 甲소유 건물을 1년 전에 보증금
3,000만원에 임차하여 사업자등록과 확정일자인을 받은 후 현재
까지 미용실을 운영하고 있습니다. 그리고 이 건물은 「상가임대
차보호법」이 시행된 2002. 11. 1. 이전에 이미 乙은행에 8,000
만원의 근저당권이 설정되어 있었습니다. 그런데 얼마 전 우연히
위 상가 건물의 등기사항증명서를 열람해 보니, 선순위 근저당권
자인 乙은행의 경매신청으로 매각절차가 진행 중에 있었습니다.
이 경우 저는 「상가건물임대차보호법」상 소액임차인으로서 위
임차보증금을 乙은행 보다 우선하여 변제받을 수 있는지요?

답 대항력에 관하여 「상가건물임대차보호법」 제3조는 "①임대차는 그
등기가 없는 경우에도 임차인이 건물의 인도와 부가가치세법 제8
조, 소득세법 제168조 또는 법인세법 제111조에 따른 사업자등록
을 신청하면 그 다음 날부터 제3자에 대하여 효력이 생긴다."라고
규정하고 있고, 보증금중일정액의 보호에 관하여 같은 법 제14조는
"①임차인은 보증금중 일정액을 다른 담보물권자보다 우선하여 변
제 받을 권리가 있다. 이 경우 임차인은 건물에 대한 경매신청의

등기 전에 제3조 제1항의 요건을 갖추어야 한다...(중략)... ③제1항에 따라 우선변제를 받을 임차인 및 보증금 중 일정액의 범위와 기준은 임대건물가액(임대인 소유의 대지가액을 포함한다)의 3분의 1의 범위 안에서 당해 지역의 경제여건, 보증금 및 차임 등을 고려하여 대통령령으로 정한다."라고 규정하고 있습니다.

그리고 우선변제를 받을 임차인의 범위에 관하여 같은 법 시행령 제6조는 "법 제14조의 규정에 의하여 우선변제를 받을 임차인은 보증금과 차임이 있는 경우 법 제2조 제2항의 규정에 의하여 환산한 금액의 합계가 다음 각호의 구분에 의한 금액 이하인 임차인으로 한다.

1. 서울특별시 : 6천500만원

2. 수도권정비계획법에 따른 수도권중 과밀억제권역(서울특별시는 제외한다) : 5천500만원

3. 광역시(「수도권정비계획법」에 따른 과밀억제권역에 포함된 지역과 군지역은 제외한다), 안산시, 용인시, 김포시 및 광주시 : 3천8백만원

4. 그 밖의 지역 : 3천500만원"이라고 규정하고 있고,
우선변제를 받을 보증금의 범위 등에 관하여 같은 법 시행령 제7조는 "①법 제14조의 규정에 의하여 우선변제를 받을 보증금중 일정액의 범위는 다음 각 호의 구분에 의한 금액 이하로 한다.

1. 서울특별시 : 2천200만원

2.「수도권정비계획법」에 따른 과밀억제권역(서울특별시를 제외한다) : 1천900만원

3. 광역시(「수도권정비계획법」에 따른 과밀억제권역에 포함된 지역과 군지역은 제외한다), 안산시, 용인시, 김포시 및 광주시 : 1천3백만원

4. 그 밖의 지역 : 1천만원

②임차인의 보증금중 일정액이 상가건물의 가액의 3분의 1을 초과하는 경우에는 상가건물의 가액의 3분의 1에 해당하는 금액에 한하여 우선변제권이 있다. ...”라고 규정하고 있습니다.

그러므로 건물의 인도와 부가가치세법 등에 의한 사업자등록을 신청한 때에는 그 다음 날부터 제3자에 대하여 효력이 있고, 그 임차보증금액이 소액인 경우에는 순위에 관계없이 보증금 중 일정액을 다른 담보물권자보다 우선하여 변제받을 수 있는 권리가 인정된다 할 것이고, 위 임차건물이 소재한 경기도 의정부시의 경우 우선변제를 받을 임차인의 범위 및 보증금의 범위는 의정부시가「수도권정비계획법」에 의한 수도권 중 과밀억제권역에 속하므로 보증금 5,000만원 이하인 경우 최우선변제금이 1천 500만원이기 때문에 귀하는 이 법에 의한 소액임차인에 해당된다 할 것입니다.

그러나「상가건물임대차보호법」부칙 제2항은 “이 법은 이 법 시행 후 체결되거나 갱신된 임대차부터 적용한다. 다만, 제3조·제5조 및 제14조의 규정은 이 법 시행 당시 존속중인 임대차에 대하여도 이를 적용하되, 이 법 시행 전에 물권을 취득한 제3자에 대하여는 그 효력이 없다.”라고 규정하고 있어 이 법 시행 전의 물권자 즉, 저당권 등의 담보권자의 권리를 해하지 못하도록 하고 있습니다.

따라서 위 사안의 경우 귀하가 임차한 상가건물은 임차할 당시에 이미「상가건물임대차보호법」시행 전의 저당권자인 乙은행이 존재하였으므로 귀하는 위 임차건물의 경매절차에서 최우선변제권을 인정받을 수 없을 것이며, 다만 후순위 물권자 및 기타 채권자에 대하여는 우선순위가 인정될 것으로 보입니다.

(사례) 2년 약정으로 상가건물을 임차하여 커피전문점을 운영하던 중
건물이 압류되었을 때에는 어떻게 해야 하나요?

문 저는 2년 약정으로 상가건물을 임차하여 커피전문점을 운영하던
중 건물이 압류되었습니다, 어떻게 해야 하나요?

답 「상가건물 임대차보호법」의 적용을 받는 상가건물 임대차는 그
등기가 없더라도, 임차인이 건물의 인도와 사업자등록을 신청한
때에는 그 다음날부터 대항력이 생깁니다.

대항력을 보유한 임차인은 제3자 즉 임차상가건물의 양수인, 임
대할 권리를 승계한 사람, 그 밖에 임차 상가건물에 관해 이해관
계를 가지고 있는 사람에게 임대차의 내용을 주장할 수 있습니다.
따라서 커피전문점을 운영하던 중 상가건물이 압류되었다 하더라
도 이미 대항력을 갖춘 경우라면 걱정하실 필요가 없습니다.

◇ **대항력의 의의와 발생요건**

「대항력」이란 임차인이 제3자, 즉 임차상가건물의 양수인, 임
대할 권리를 승계한 사람, 그 밖에 임차 상가건물에 관해 이해
관계를 가지고 있는 사람에게 임대차의 내용을 주장할 수 있
는 법률상의 힘을 말합니다. 임대차는 그 등기가 없더라도, 임
차인이 ① 건물의 인도와 ② 사업자등록을 신청한 경우에는
그 다음날부터 대항력이 생깁니다.

◇ **대항력의 발생시기**

대항력은 임차인이 상가건물의 인도와 사업자등록을 신청한
경우에는 그 다음 날부터 제3자에 대하여 효력이 생깁니다.
예를 들어, 홍길동이 2010. 6. 17. 임차상가건물을 임대차 보증
금 1억원에 임차하여 2010. 6. 28. 사업자등록신청을 마쳤다
면, 그 다음날인 2010. 6. 29. 00:00부터 대항력이 생기게 됩니
다. 반대로 사업자등록신청은 6. 18.에 마쳤지만 상가를 인도
받은 날이 6. 28.이라면, 그 다음날인 2010. 6. 29. 00:00부터

대항력이 생기게 됩니다.

대항력을 갖춘 상가건물 임차인은 임차상가건물이 다른 사람에게 양도되거나 경매 또는 공매가 되더라도 새로운 상가건물 소유자(양수인 또는 경락인)에게 계속하여 임차권의 존속을 주장할 수 있습니다.

◇ **대항력과 다른 권리와의 관계**

대항력을 취득한 임차인과 상가건물에 대한 저당권 또는 가압류 등의 권리관계는 그 요건을 갖춘 선후에 따라 결정됩니다.

(관련판례)

상가건물의 임차인이 임대차보증금 반환채권에 대하여 상가건물 임대차보호법 제3조 제1항 소정의 대항력 또는 같은 법 제5조 제2항 소정의 우선변제권을 가지려면 임대차의 목적인 상가건물의 인도 및 부가가치세법 등에 의한 사업자등록을 구비하고, 관할세무서장으로부터 확정일자를 받아야 하며, 그 중 사업자등록은 대항력 또는 우선변제권의 취득요건일 뿐만 아니라 존속요건이기도 하므로, 배당요구의 종기까지 존속하고 있어야 한다(대법원 2006. 1. 13. 선고 2005다64002 판결).

(사례) 서울에서 보증금이 2억원인 상가건물을 임차하여 영업 중에 건물이 경매에 붙여진 경우에 보증금을 돌려받을 수 있을까요?

📖 서울에서 보증금이 2억원인 상가건물을 임차하여 커피전문점을 운영 중에 건물이 경매에 붙여졌습니다. 임차 보증금을 돌려받을 수 있을까요?

📑 우선변제 요건을 갖췄다면 가능합니다.

「상가건물 임대차보호법」의 적용을 받는 상가건물 임대차의 경우, 건물의 인도와 사업자등록을 신청한 임차인이 임대차계약증서 상의 확정일자를 갖춘 경우에는 임차상가건물이 경매 또는 공매 에 부쳐졌을 때 그 경락대금에서 다른자보다 우선하여 보증금을 변제받을 수 있습니다.

◇ **우선변제권**

「우선변제권」이란 「상가건물 임대차보호법」에 따라 임차인이 임차보증금을 우선 변제받을 수 있는 권리를 말합니다.

우선변제권은, 임차인이 건물의 인도와 사업자등록신청, 임대 차계약증서상의 확정일자를 갖춘 경우에 취득됩니다. 이 경우 임차인은 임차상가건물이 경매 또는 공매에 붙여졌을 때 그 경락대금에서 다른 후순위권리자보다 우선하여 보증금을 변제 받을 수 있습니다. 우선변제권은 임차상가건물이 경매나 공매 에 붙여져 넘어갈 때에 적용되고, 일반매매, 상속, 증여 등의 경우에는 적용되지 않습니다.

◇ **우선변제권의 발생시기**

임차인이 상가건물의 인도와 사업자등록을 신청하고 상가건물 임대차계약서에 확정일자를 갖춘 경우에는 상가건물의 인도와 사업자등록을 신청한 다음날 오전 0시부터 우선변제권이 생깁 니다. 우선변제권을 행사하기 위해서는 우선변제권의 요건이 경매절차에 따르는 배당요구의 종기인 경락기일까지 존속되고 있어야 합니다.

「상가건물 임대차보호법」 시행일인 2002. 11. 1. 전에 임차인 이 확정일자를 받은 경우에는 우선변제권은 2002. 11. 1.부터 효력이 생깁니다.

(관련판례)

부가가치세법 제5조 제4항, 제5항의 규정 취지에 비추어 보면, 상가건물을 임차하고 사업자등록을 마친 사업자가 임차 건물의 전대차 등으로 당해 사업을 개시하지 않거나 사실상 폐업한 경우에는 그 사업자등록은 부가가치세법 및 상가건물 임대차보호법이 상가임대차의 공시방법으로 요구하는 적법한 사업자등록이라고 볼 수 없고, 이 경우 임차인이 상가건물 임대차보호법상의 대항력 및 우선변제권을 유지하기 위해서는 건물을 직접 점유하면서 사업을 운영하는 전차인이 그 명의로 사업자등록을 하여야 한다(대법원 2006. 1. 13. 선고 2005다64002 판결).

(사례) 서울로 이전하면서 보증금 4천만원에 월 임대료 3백5십만원으로 임대차 계약을 맺었을 경우에 전세권설정을 하지 않아도 보증금에 대하여 보호를 받을 수 있는지요?

문 본사를 서울로 이전하면서 보증금 4천만원에 월 임대료 3백5십만원(부가세 별도)으로 임대차 계약을 맺었습니다. 관할 세무서에 본점 주소 이전으로 인하여 사업자등록증 변경시 확정일자를 받았습니다. 위와 같을 경우 전세권설정을 하지 않아도 보증금 4천만원에 대하여 보호를 받을 수 있는지요? 또 「상가건물 임대차보호법 시행령」 제6조와 제7조 차이점을 알고 싶습니다.

답 귀하의 질의 요지는 ① 사업자등록과 확정일자를 갖춘 경우 전세권 설정을 하지 않아도 상가임대차 보증금을 보호받을 수 있는지, ② 「상가건물 임대차보호법 시행령」 제6조와 제7조의 차이점에 관하여 묻는 것으로 판단됩니다.
「상가건물 임대차보호법」 제5조제2항은 제3조제1항의 대항요건을 갖추고 관할 세무서장으로부터 임대차계약서상의 확정일자를 받은 임차인은 「민사집행법」에 따른 경매 또는 「국세징수법」에 따른 공매 시 임차건물(임대인 소유의 대지를 포함한다)의 환가대금에서 후순위권리자나 그 밖의 채권자보다 우선하여 보증금을 변제받을 권리가 있다고 하여 우선변제권을 규정하고 있습니다.

「상가건물 임대차보호법 제3조제1항의 대항요건이란 건물의 인도와 「부가가치세법」 제8조, 「소득세법」 제168조 또는 「법인세법」 제111조에 따른 사업자등록을 의미합니다.

「상가건물 임대차보호법 제14조는 소액보증금 임차인에게 보증금 중 일정액을 다른 담보물권자보다 우선하여 변제받을 권리가 있다고 하여 소위 '소액보증금의 최우선변제권'을 규정하고, 「상가건물 임대차보호법 시행령」 제6조는 소액보증금 최우선변제를 받을 수 있는 임차인(이하 '소액임차인')의 범위를 정하고 있습니다. 소액 임차인이 최우선변제 받을 수 있는 금액은 소액보증금 전액이 아니라 소액보증금 중 일정액에 한정되는데, 우선변제를 받을 수 있는 보증금의 범위는 「상가건물 임대차보호법 시행령」 제7조에 규정되어 있습니다.

따라서 서울시의 경우 「상가건물 임대차보호법」 제3조제1항의 요건을 갖춘 환산보증금 6,500만 원 이하의 임차인은 경매 또는 공매 절차에서 상임법 시행령 제7조의 범위 내에서 최우선변제를 받을 수 있습니다.

3. 상가건물 임대차 등기절차

상가건물임대차 등기란, 임대인이 상가건물을 사용·수익하게 하고, 임차인이 이에 대해 차임을 지급할 것을 약정하는 임대차계약을 체결한 경우, 임대인의 협력을 얻어 하는 임차권설정 등기를 말합니다(민법 제681조 및 제621조제1항).

3-1. 신청인 및 관할등기소

① 임대인이 등기의무자가 되고 임차인이 등기권리자가 되어 공동으로 임차건물의 소재지를 관할하는 지방법원, 그 지원 또는 등기소에 신청해야 합니다(부동산등기법 제7조제1항 및 제23조제1항).

② 임대인이 임차권등기에 협력하지 않는 경우, 반대약정이 없으면 임대인에 대해 임차권등기절차에 협력할 것을 청구할 수 있으므로, 임차인은 '임차권설정등기절차를 이행하라'는 취지의 이행판결을 받아 단독으로 등기를 신청할 수 있습니다(민법 제621조제1항 및 부동산등기법 제23조제4항).

3-2. 등기신청방법

① 신청인 또는 그 대리인이 등기소에 출석해 신청정보 및 첨부정보를 적은 서면을 제출하는 방법(부동산등기법 제24조제1항제1호)과,

② 전산정보처리조직을 이용해 신청정보 및 첨부정보를 보내는 방법(법원행정처장이 지정하는 등기유형으로 한정)(부동산등기법 제24조제1항제2호)이 있습니다.

3-3. 신청정보의 제공

① 대항력과 우선변제권을 취득하지 못한 임차인이 임대인의 협력을 얻어 건물임대차등기를 신청하는 경우

임차권설정 또는 임차물 전대의 등기를 신청하는 경우에는 다음의 등기사항을 신청정보의 내용으로 등기소에 제공해야 합니다(부동산등기법 제74조 및 부동산등기규칙 제13조제2항).

  1. 차임(借賃)
  2. 차임지급시기
  3. 존속기간(다만, 처분능력 또는 처분권한 없는 임대인에 의한 단기임대차인 경우에는 그 뜻도 기재)

　4. 임차보증금

　5. 임차권의 양도 또는 임차물의 전대에 대한 임대인의 동의

② 대항력과 우선변제권을 취득하고 있는 임차인이 임대인의 협력을 얻어 건물임대차등기를 신청하는 경우

위 대항력과 우선변제권을 취득하지 못한 임차인이 하는 임차권등기신청서의 기재사항, 사업자등록을 신청한 날, 임차건물을 점유한 날 및 임대차계약증서상의 확정일자를 받은 날을 기재해야 합니다(상가건물 임대차보호법 제7조제2항).

3-4. 첨부정보의 제공

① 등기를 신청하는 경우 다음 정보를 그 신청정보와 함께 첨부정보로서 등기소에 제공해야 합니다(부동산등기규칙 제46조제1항, 및 제62조).

　1. 등기원인을 증명하는 정보 : 약정에 따른 경우에는 임차권 설정 계약서, 판결에 따른 경우에는 판결정본과 확정증명서

　2. 등기원인에 대해 제3자의 허가, 동의 또는 승낙이 필요한 경우에는 이를 증명하는 정보 및 인감증명

　3. 등기상 이해관계 있는 제3자의 승낙이 필요한 경우에는 이를 증명하는 정보 또는 이에 대항할 수 있는 재판이 있음을 증명하는 정보

　4. 신청인이 법인인 경우에는 그 대표자의 자격을 증명하는 정보

　5. 대리인이 등기를 신청하는 경우에는 그 권한을 증명하는 정보

　6. 지적도나 건물도면(임차권설정 또는 임차물의 전대범위가 부동산의 일부인 경우) (부동산등기규칙 제130조제2항)

　7. 임차권자의 주민등록번호 등·초본(3개월 이내의 것)

　8. 임차권 설정자인 소유자의 인감증명서(3개월 이내의 것)(부동산등기규칙 제60조제1항제3호)

　9. 등록면허세 영수필확인서 및 등기신청수수료(부동산등기규칙 제65조제1항)

(사례) 임차할 건물에 대한 등록사항 등의 열람·제공요청이 가능한지 요?

Q. 저는 최근에 부동산중개인의 소개로 甲 소유 상가건물의 일부를 임차하기로 하는 점포임대차계약을 체결하였습니다. 그런데 주변 사람들이 임대인 甲은 부채가 많다고 하기에 위 임차건물의 부동산등기사항증명서를 떼어보니 금융기관 및 개인으로부터 상당한 돈을 빌린 뒤 담보로 제가 임차할 예정인 건물과 그 토지에 근저당이 설정되어 있는 것을 알게 되었습니다. 이에 저는 제가 임차할 예정인 임대인 甲 소유의 상가건물에 인접해 있는 다른 상가임차인들의 임차보증금액 등을 알아보고 임차 여부를 결정하려고 하는데 법적으로 가능한 것인지요?

답 상가건물의 임대차에 이해관계가 있는 자는 당해 건물의 소재지를 관할하는 세무서장에게 등록사항 등에 대해 열람, 제공을 요청할 수 있습니다. 이 경우 상가건물의 임대차에 이해관계인임을 입증할 수 있는 서류를 첨부하여 등록사항 등의 열람, 제공요청서를 작성제출하시면 됩니다.

등록사항 등의 열람·제공에 관하여 「상가건물임대차보호법」 제4조 3항은 "상가건물의 임대차에 이해관계가 있는 자는 관할 세무서장에게 해당 상가건물의 확정일자 부여일, 차임 및 보증금 등 정보의 제공을 요청할 수 있다. 이때 관할 세무서장은 정당한 사유없이 이를 거부할 수 없다."라고 규정하고 있습니다.

따라서 위 사안의 경우 귀하는 위 상가건물의 임대차관계에 관하여 이해관계가 있다고 볼 수도 있으므로, 관할세무관서에서 이해관계인임을 입증하는 증거서류(임대차계약서 원본 등)와 신분증을 제시하면서 해당 절차를 밟으면 임차건물에 대한 등록사항 등을 열람 또는 제공받을 수 있을 것으로 보입니다.

제3장

상가건물의 사용·수익

제3장 상가건물의 사용·수익

제1절 임차료

1. 임차인의 차임지급 의무

① 임차인은 임차상가건물의 사용·수익의 대가로 임대인에게 차임을 지급해야 합니다(민법 제618조).
② 당사자 사이에 차임의 지급시기에 관한 약정이 없는 경우에는, 매월 말에 지급하면 됩니다(민법 제633조).

(사례) 차임을 낼 수 없는 형편인데, 보증금에서 차임을 공제하도록 할 수 있나요?

Q. 저는 중학교 앞에서 분식집을 운영 중입니다. 방학이 되자 등교하는 학생들이 적어져 분식집 영업이 학기 중만큼 잘 되지 않았습니다. 이런 경우에 저는 임대인에게 방학 기간 중의 차임을 보증금으로 내겠다고 할 수 있을까요?

답 임대차계약에서의 임대차보증금은 임차인이 목적물을 임대인에게 명도할 때까지 발생하는 임대차에 따른 임차인의 모든 채무를 담보하는 것으로서, 특별한 사정이 없는 한 별도의 의사표시 없이 보증금에서 당연히 공제되어, 임대인은 임대차보증금에서 연체차임 등 피담보채무를 공제한 나머지만을 임차인에게 반환할 의무가 있습니다(대법원2005. 9. 28. 선고 2005다8323,8330 판결). 그러나 임대차보증금이 연체차임 등 임대차관계에서 발생하는 임차인의 모든 채무가 담보된다 하여 임차인이 그 보증금의 존재를 이유로 차임의 지급을 거절하거나 그 연체에 따른 채무불이행 책임을 면할 수는 없습니다(대법원 1994.9.9. 선고 94다4417 판결).

2. 차임의 연체와 해지

① 차임연체와 해지(상가건물 임대차보호법 제10조의8)의 규정은 지역별로 정해진 보증금의 일정 기준금액을 초과하는 임대차에 대해서도 적용됩니다 (제2조제3항).

② 임차인이 3번에 걸쳐 차임을 연체하는 경우, 임대인은 임대차계약을 해지할 수 있습니다(상가건물 임대차보호법 제10조의8).

③ 3번 연체의 기준은 지급시기인데, 예를 들어 1년에 한 번씩 120만원을 지급하기로 한 임대차의 경우에는 3년분의 차임, 즉 360만원이 됩니다.

④ 3번에 걸쳐 연체를 하는 경우 연속적으로 차임을 연체해야 하는지, 1년에 3번 연체하면 임대차계약을 해지할 수 있는지에 의문이 생길 수 있습니다. 매월 차임을 지급하기로 약정한 경우 연속해서 세 달의 차임을 연체한 경우는 물론, 9월분과 10월분 차임을 연체하고 11월분 차임은 지불하고 다시 12월 분 차임을 연체하는 것처럼 1년에 총 3개월분의 차임을 연체한다면 임대차계약을 해지할 수 있습니다.

⑤ 위 규정은 강행규정으로서, 이에 위반하는 약정으로서 임차인에게 불리한 것은 무효로 됩니다(상가건물 임대차보호법 제15조). 예를 들어, 1번만 차임을 연체해도 임대차계약을 해지할 수 있다고 약정하거나, 3번 이상 연체하면 해지의 의사표시가 없어도 임대차계약이 자동으로 종료된다는 등의 약관조항은 임차인에게 불리하므로 무효입니다.

3. 공동 임차인의 연대의무

여러 사람이 공동으로 상가건물을 임차하여 사용·수익하는 경우에는, 임차인 각자가 연대해서 차임지급 의무를 부담하게 됩니다(민법 제654조에 따론 제616조의 준용).

4. 차임 또는 보증금의 증감청구

차임 또는 보증금의 증액기준은 차임 또는 보증금의 100분의 9의 금액을
초과할 수 없습니다.

4-1. 차임 또는 보증금의 증액청구
① 임대인은 임대차계약의 중 차임이나 보증금이 임차상가건물에 대한 조
세, 공과금, 그 밖의 부담의 증가나 경제사정의 변동으로 적정하지 않다고
판단되면 장래에 대하여 그 증액을 청구할 수 있습니다(상가건물 임대차보
호법 제11조제1항).
② 임대차계약이 갱신되는 경우에도 임대차가 계속되고 있는 것으로 보아
야 하므로 증액청구를 할 수 있습니다(상가건물 임대차보호법 제10조제3항
단서).

4-2. 차임증액 금지 특약
① 임대인의 차임증액청구는, 당사자 사이에 차임증액을 금지하는 특약이
있는 경우에는 할 수 없습니다.
② 그러나 임대인은 차임을 증액하지 않겠다는 특약을 했다하더라도 약정
후 특약을 그대로 유지시키는 것이 신의칙에 반한다고 인정될 정도의 사정
변경이 있는 경우에는 차임증액청구를 할 수 있습니다(대법원 1996. 11.
12. 선고 96다34061 판결).

4-3. 증액청구 기간 및 금액의 제한
① 차임이나 보증금의 증액청구가 인정되는 경우에도 청구 기간과 금액에 일
정한 제한이 있습니다(상가건물 임대차보호법 제11조제1항 후단 및 제2항).

② 임대차계약 또는 약정한 차임 등의 증액이 있은 후 1년 이내에는 증액 청구를 할 수 없습니다(상가건물 임대차보호법 제11조제2항).

③ 증액청구 당시 차임이나 임차보증금의 9%를 초과하여 증액청구를 할 수 없습니다(상가건물 임대차보호법 시행령 제4조).

4-4. 차임 또는 보증금의 감액청구

① 임차인은 차임이나 보증금이 임대상가건물에 대한 조세, 공과금, 그 밖의 부담의 증가나 경제사정의 변동으로 적정지 않다고 생각되면 장래에 대해 그 감액을 청구할 수 있습니다(상가건물 임대차보호법 제11조제1항).

② 임대차계약이 갱신되는 경우에도 임대차는 계속되고 있는 것으로 보아야 하므로 감액청구를 할 수 있습니다(상가건물 임대차보호법 제10조제3항 단서).

(사례) 상가영업 부진을 이유로 월세인하를 요구할 수 있는지요?

문 저는 2007년 6월 10일 ○○주식회사로부터 서울 소재 아파트단지 내 상가점포를 임차보증금 4,000만원, 월세 100만원, 계약기간 3년으로 하는 임대차계약을 체결한 후 사업자등록을 하고 입점하여 컴퓨터 대리점을 운영하고 있습니다. 그런데 그 단지 내 상가는 최고의 상업지역이라는 계약 당시 ○○주식회사의 광고내용과는 달리 인접지역에 더 큰 상권이 새로이 형성되었고, 그 단지 내 상가의 다른 점포에는 입주도 제대로 되지 않고 있는 실정입니다. 저는 지금의 월세가 영업수입에 비하여 너무 비싸다는 생각이 드는데, 월세인하를 요구할 법적인 권리는 없는지요?

답 「상가건물임대차보호법」 제11조는 "①차임 또는 보증금이 임차건물에 관한 조세, 공과금 그 밖의 부담의 증감이나 경제사정의 변동으로 인하여 상당하지 아니하게 된 때에는 당사자는 장래에 대하여 그 증감을 청구할 수 있다. 그러나 증액의 경우에는 대통령령이 정하는 기준에 따른 비율을 초과하지 못한다. ②제1항의 규정에 의한 증액청구는 임대차계약 또는 약정한 차임 등의 증액이 있은 후 1년 이내에는 이를 하지 못한다.”라고 규정하고 있고, 차임 등 증액청구의 기준에 관하여 2010년 7월 26일부터 시행중인「상가건물임대차보호법 시행령」제4조는 “법 제11조 제1항의 규정에 의한 차임 또는 보증금의 증액청구는 청구 당시의 차임 또는 보증금의 100분의 9의 금액을 초과하지 못 한다.”라고 규정하고 있으며, 같은 법 제15조는 “이 법의 규정에 위반된 약정으로서 임차인에게 불리한 것은 그 효력이 없다.”라고 규정하고 있습니다.

그러므로 상가임대차계약 후 임대차계약의 당사자는 기간만료 전에도 약정한 차임 등이 임대물에 대한 공과금 기타 부담의 증감이나 경제사정의 변동으로 인하여 상당하지 않을 때에는 상대방에게 장래에 대하여 차임 등의 증감을 요구할 수 있을 것입니다. 반면에, 임대인이 증액을 청구할 경우에는 임대차계약 또는 약정한 차임 등의 증액이 있은 후 1년 이내에는 하지 못하며, 그 범위도 청구 당시의 차임 또는 보증금의 9%를 초과할 수 없다 하겠습니다.

만일, 임대차계약 당시에 임대인의 증액요구 시 이의할 수 없다고 한다는 등의 임차인에게 불리한 약정을 하였더라도 이는 위 법 시행령 제15조 강행규정에 위반되어 무효라 할 것입니다.

이는 또한「민법」제628조 및 제652조와 그 내용이 동일한 것으로 차임증감과 관련하여 판례는 “임대차계약에 있어서 차임은 당사자간에 합의가 있어야 하고, 임대차기간 중에 당사자의 일방이 차임을 변경하고자 할 때에도 상대방의 동의를 얻어서 하여야 하며, 그렇지 아니한 경우에는 민법 제628조에 의하여 차임의 증감을 청구하여야 할 것이고, 만일 임대차계약체결시에 임대인이 일방적으로 차임을 인상할 수 있고 상대방은 이의를 할 수 없다고 약정하였다면, 이는 강행규정인 민법 제628조에 위반하는 약정으로서 임차인에게 불리한 것이므로 민법 제652조에 의하여 효력이 없다."라고 하였으며(대법원 1992. 11. 24. 선고 92다31163, 31170 판결), "임대차계약에 있어서 차임불증액의 특약이 있더라도 그 약정 후 그 특약을 그대로 유지시키는 것이 신의칙(信義則)에 반한다고 인정될 정도의 사정변경이 있다고 보여지는 경우에는 형평의 원칙상 임대인에게 차임증액청구를 인정하여야 한다."라고 하였습니다(대법원 1996. 11. 12. 선고 96다34061 판결).

그리고 「민법」 제628조에 의하여 장래에 대한 차임의 증액 또는 감액을 청구하였을 때에 그 청구가 상당하다고 인정되면 그 효력은 재판시를 표준으로 할 것이 아니고, 그 청구시에 곧 발생한다고 보는 것이 상당하고 그 청구는 재판 외의 청구라도 무방하다고 할 것입니다(대법원 1974. 8. 30. 선고 74다1124 판결).

따라서 위 사안의 경우 단지 내 상가에는 입주가 제대로 되지 못하여 상권이 형성되지 못하고, 이웃에 대형 상업지역이 형성되어 임대차계약체결 당시 예상하였던 것과는 달리 영업이 잘 되지 않는다는 것이 객관적으로 증명되고, 그럼에도 불구하고 계약체결시 약정된 차임을 계속 지급하는 것이 현저히 부당하다고 인정할 만한 구체적인 입증자료가 있다면, 상가임차인인 귀하는 임대인에 대하여 장래 지급할 월세의 감액을 청구해볼 수 있을 것으로 생각됩니다.

4-5. 차임감액 금지 특약의 무효

① 증액금지의 특약과는 달리, 감액금지의 특약은 임차인에게 불리하기 때문에 효력이 없습니다(상가건물 임대차보호법 제15조 및 민법 제652조에 따른 제628조의 준용).

② 따라서, 임차인은 차임감액을 요청하지 않겠다는 특약을 했다 하더라도 경제사정의 변경 등을 원인으로 차임감액청구를 할 수 있습니다.

5. 증액 부분의 담보물권자에 대한 대항력

5-1. 보증금 증액 부분에 대한 대항력

대항력을 갖춘 임차인이 저당권설정등기 이후에 임대인과의 합의 하에 보증금을 증액한 경우, 보증금 중 증액된 부분은 저당권의 설정 이후에 새로이 체결된 계약에 따른 금액이므로 저당권에 기해 건물을 경락받은 소유자에게 대항할 수 없게 됩니다(대법원 1990.8.14. 선고 90다카11377 판결).

5-2. 증액에 따른 임대차계약서 작성 및 확정일자

① 증액청구에 따라 차임이나 보증금을 올려주었거나 재계약을 통해서 올려준 경우에는, 그 증액된 부분을 위한 임대차계약서를 작성하여, 그 증액부분의 임대차계약서에 확정일자를 받아 두어야만 그 날부터 후순위권리자보다 증액부분에 대해서 우선하여 변제받을 수 있습니다.

② 따라서, 차임이나 보증금을 증액하는 경우에는 부동산등기부을 확인하여 임차상가건물에 저당권 등 담보물권이 새롭게 설정되어 있지 않는지를 확인한 후 증액여부를 결정하는 것이 안전합니다.

(사례) 상가건물을 임차하여 가게를 운영하던 중 8개월째에 주변 시세가 많이 올랐다며 보증금을 5천만원 더 올려 달라고 할 경우에 어떻게 해야 하나요?

문 서울에서 보증금 1억원, 월세 100만원에 상가건물을 임차하여 가게를 운영하던 중 8개월째에 건물주가 주변 시세가 많이 올랐다며 보증금을 5천만원 더 올려 달라 합니다. 어떻게 해야 하나요?

답 임대인의 보증금 증액 청구는 임대차계약 또는 약정한 보증금 등의 증액이 있은 후 1년 이내에는 할 수 없습니다.

설사 1년이 지나서 증액을 청구한다 하더라도 약정한 보증금의 100분의 9의 금액을 초과하여 증액청구할 수 없습니다. 따라서 질문과 같이 보증금이 2억원(1억원+100만원×100)인 경우에는 1,800만원을 초과하여 증액청구할 수는 없습니다.

◇ **임대인의 차임 또는 보증금의 증액청구**

임대인은 임대차계약이 존속 중에 차임이나 보증금이 임차상가건물에 대한 조세, 공과금, 그 밖의 부담의 증가나 경제사정의 변동으로 적절하지 않게 된 경우에는 장래에 대하여 그 증액을 청구할 수 있습니다.

◇ **임대인의 차임·보증금 증액 한도**

증액 청구 당시의 차임이나 임차보증금의 100분의 9를 초과하여 증액 청구할 수는 없습니다.

◇ **임대인이 증액 한도를 초과하여 증액을 요구하는 경우**

위의 질문과 같이 건물주가 보증금 5천만원의 인상을 계속요구하는 경우에는, 법원에 가서 보증금의 9%인 1,800만원을 공탁하면 차임의 연체를 면하게 됩니다.

◇ **증액 부분에 대한 확정일자 받아놓기**

증액 청구에 따라 차임이나 보증금을 올려주었거나 재계약을 통해서 올려준 경우에는 그 증액된 부분을 위한 임대차 계약서를 작성하여, 그 증액 부분의 임대차계약서에 확정일자를 받아 두어야만 그 날부터 후순위권리자보다 증액부분에 대해서 우선하여 변제받을 수 있습니다.

(관련판례)

대항력을 갖춘 임차인이 저당권설정등기 이후에 임대인과 보증금을 증액하기로 합의하고 초과부분을 지급한 경우 임차인이 저당권설정등기 이전에 취득하고 있던 임차권으로 선순위로서 저당권자에게 대항할 수 있음은 물론이나 저당권설정등기 후에 건물주와의 사이에 임차보증금을 증액하기로 한 합의는 건물주가 저당권자를 해치는 법률행위를 할 수 없게 된 결과 그 합의 당사자 사이에서만 효력이 있는 것이고 저당권자에게는 대항할 수 없다고 할 수 밖에 없으므로 임차인은 위 저당권에 기하여 건물을 경락받은 소유자의 건물명도 청구에 대하여 증액전 임차보증금을 상환받을 때까지 그 건물을 명도할 수 없다고 주장할 수 있을 뿐이고 저당권설정등기 이후에 증액한 임차보증금으로써는 소유자에게 대항할 수 없는 것이다(대법원 1990. 8. 14. 선고 90다카11377 판결).

(사례) 계약 당시 보증금 증감청구 금지 특약을 하였는데, 보증금 감액청구가 가능할까요?

문 주변 상가의 시세가 많이 하락하여 임차 보증금을 조금 내려 돌려받고 싶습니다. 계약 당시 보증금 증감청구 금지특약을 하였는데, 보증금 감액청구가 가능할까요?

답 가능합니다.

상가 보증금의 증액금지 특약이 있는 경우에는 임대인의 증액청구를 할 수 없지만, 감액금지의 특약은 임차인에게 불리하기 때문에 효력이 없습니다. 따라서 임차인은 감액금지 특약을 하였더라도 경제사정의 변경 등을 원인으로 감액청구를 할 수 있습니다.

◇ 차임·보증금 감액 청구

임차인은 차임이나 보증금이 임대상가건물에 대한 조세, 공과금, 그 밖에 부담의 감소나 경제사정의 변동으로 적절하지 않게 된 경우에는 장래에 대하여 그 감액을 청구할 수 있습니다. 임대차 계약이 갱신되는 경우에는 전 임대차와 같은 조건으로 다시 계약된 것으로 보지만, 이 경우에도 감액청구는 할 수 있습니다.

◇ 차임·보증금 감액 금지 특약

증액금지의 특약과는 달리, 감액금지의 특약은 임차인에게 불리하기 때문에 효력이 없습니다.

◇ 합의, 조정, 소송

당사자 사이에 상당하다고 주장하는 감액에 관해 합의가 되지 않는 경우에는 민사조정 신청을 하거나 법원에 차임 등의 감액청구의 소를 제기하여 그 상당액을 확정할 수 있습니다.

(관련판례)

임대차계약에 있어서 차임불증액의 특약이 있더라도 그 약정 후 그 특약을 그대로 유지시키는 것이 신의칙에 반한다고 인정될 정도의 사정변경이 있다고 보여지는 경우에는 형평의 원칙상 임대인에게 차임증액청구를 인정하여야 한다(대법원 1996. 11. 12. 선고 96다34061 판결).

6. 보증금의 월세 전환

보증금의 전부 또는 일부를 월 단위의 차임으로 전환하는 경우, 전환되는 금액은 연 15%를 초과할 수 없습니다.

6-1. 보증금의 월 차임의 전환

보증금의 전부 또는 일부는 월세로 전환할 수 있습니다(상가건물 임대차보호법 제12조). 다만, 보증금의 전부 또는 일부를 월세로 전환하는 경우 내야 하는 월세는 돌려받은 금액에 다음 중 낮은 비율을 곱한 금액을 월로 나눈 금액을 초과할 수 없습니다(상가건물 임대차보호법 제12조 및 동법 시행령 제5조).

① 은행의 대출금리 및 해당 지역의 경제 여건 등을 고려하여 연 12%

② 한국은행에서 공시한 기준금리에 4.5배를 곱한 비율

6-2. 월차임 전환 이율의 제한

① 보증금의 전부 또는 일부를 월세로 전환하는 경우 전환 금액의 비율은 연 12%를 초과할 수 없습니다(상가건물 임대차보호법 시행령 제5조).

② 예를 들어, 보증금 5천만원인 상가건물의 임대차계약을 체결한 경우 당사자의 합의로 보증금 중 1천만원을 돌려받고, 나머지는 월세를 내는 것으로 전환할 수 있습니다. 이 때 월세는 돌려받은 1천만원의 연 12%의 이율인 120만원을 월로 나눈 10만원을 넘을 수 없습니다.

③ 위의 보증금의 월차임 전환 이율의 제한규정은 「상가건물 임대차보호법」의 적용을 받는 상가건물에만 적용됩니다.

제2절 당사자의 권리·의무

1. 임대인의 권리

1-1. 차임지급청구권

① 차임은 임차물을 사용·수익하는 대가로 임대인에게 지급하는 것으로, 반드시 금전일 필요는 없으며 물건으로 지급해도 됩니다(민법 제618조).

② 임대인에게 임대목적물에 대한 소유권이나 그 밖의 임대권한이 없는 경우에도 임대차계약이 유효하게 성립하고, 이에 따라 임차인은 임대인의 의무가 이행불능으로 되지 않는 한 그 사용·수익의 대가로 차임을 지급할 의무가 있습니다(대법원 2009.9.24. 선고 2008다38325 판결).

③ 차임의 지급시기는 임대차계약의 당사자가 자유롭게 정할 수 있으나, 당사자 사이에 지급시기에 관한 특약이 없는 경우에는 동산, 건물이나 대

지의 임대차인 경우에는 매월 말에 차임을 지급해야 합니다(민법 제633조).

1-2. 차임증액청구권(민법 제627조)

① 임대인은 임대차계약 중에 차임이나 보증금이 임차상가건물에 대한 조세, 공과금, 그 밖의 부담의 증가나 경제사정의 변동으로 적정하지 않다고 판단되면 장래에 대해 그 증액을 청구할 수 있습니다(상가건물 임대차보호법 제11조제1항).

② 임대인의 차임증액청구는 당사자 사이에 차임의 증액을 요구하지 않겠다는 특약을 한 경우에는 증액을 청구할 수 없습니다. 그러나 차임의 증액을 요구하지 않겠다는 특약을 했더라도 약정 후 그 특약을 그대로 유지시키는 것이 신의칙에 반한다고 인정될 정도의 사정변경이 있는 경우에는 차임의 증액청구를 할 수 있습니다(대법원 1996. 11. 12. 선고 96다34061 판결).

③ 차임이나 보증금의 증액청구가 인정되는 경우에도 청구 기간과 금액에 일정한 제한이 있습니다(상가건물 임대차보호법 제11조제1항 후단 및 제2항).

④ 임대차계약 또는 약정한 차임 등의 증액이 있은 후 1년 이내에는 증액청구를 할 수 없습니다(상가건물 임대차보호법제11조제2항).

⑤ 증액청구 당시 차임이나 임차보증금의 0.09% 를 초과하여 증액청구를 할 수 없습니다(상가건물 임대차보호법 제11조제1항 후단 및 동법 시행령 제4조).

1-3. 임대물반환청구권

① 임차인은 원칙적으로 임대물을 반환할 때 이를 원상회복해서 반환할 의무가 있습니다. 또한 부속시킨 물건을 철거할 수 있습니다(민법 제654조에 따른 제615조의 준용).

② 계약 또는 목적물의 성질에 위반한 사용, 수익으로 인해 생긴 손해나 임대인이 지출한 비용이 있는 경우, 임대인은 손해배상청구 또는 비용상환청구를 할 수 있습니다. 이러한 청구는 임차인으로부터 임차물을 반환받은 날로부터 6개월 이내에 해야 합니다(민법 제654조에 따른 제617조의 준용).

(사례) 원상회복의 일부 미비를 이유로 임차보증금반환을 거절할 수 있는지요?

問 저는 甲소유 건물 중 점포 1칸을 임차하여 사용하다가 계약기간이 만료되어 임차보증금 3,000만원의 반환을 청구하였으나, 甲이 점포의 원상회복을 요구하여 다액의 비용을 들여 공사를 하여 甲에게 위 점포를 명도하였음에도 불구하고 甲은 사소한 부분의 원상회복이 이행되지 않았다고 위 임차보증금을 한 푼도 반환할 수 없다고 합니다. 이 경우 제가 임차보증금전액을 반환받을 수 없는지요?

答 사용대차 차주의 원상회복의무에 관하여 「민법」 제615조는 "차주가 차용물을 반환하는 때에는 이를 원상에 회복하여야 한다. 이에 부속시킨 물건은 철거할 수 있다."라고 규정하고 있고, 같은 법 제654조는 위 규정을 임대차에 준용한다고 규정하고 있으며, 동시이행의 항변권에 관하여 같은 법 제536조 제1항은 "쌍무계약의 당사자 일방은 상대방이 그 채무이행을 제공할 때까지 자기의 채무이행을 거절할 수 있다."라고 규정하고 있습니다.

그렇다면 임차인이 사소한 원상회복의무를 이행하지 아니한 채 건물의 명도이행을 제공한 경우, 임대인이 이를 이유로 거액의 임대차보증금전액의 반환을 거부하는 동시이행의 항변권을 행사할 수 있는지에 관하여 판례는 "동시이행의 항변권은 근본적으로 공평의 관념에 따라 인정되는 것인데, 임차인이 불이행한 원상회복의무가 사소한 부분이고 그로 인한 손해배상액 역시 근소한 금액인 경우에까지 임대인이 그를 이유로, 임차인이 그 원상회복의무를 이행할 때까지, 혹은 임대인이 현실로 목적물의 명도를 받을 때까지 원상회복의무 불이행으로 인한 손해배상액 부분을 넘어서서 거액의 잔존 임대차보증금 전액에 대하여 그 반환을 거부할 수 있다고

하는 것은 오히려 공평의 관념에 반하는 것이 되어 부당하고, 그
와 같은 임대인의 동시이행의 항변은 신의칙(信義則)에 반하는 것
이 되어 허용할 수 없고, 임차인이 326,000원이 소요되는 전기시
설의 원상회복을 하지 아니한 채 건물의 명도이행을 제공한 경우,
임대인이 이를 이유로 금 125,226,670원의 잔존 임대차보증금전액
의 반환을 거부할 동시이행의 항변권을 행사할 수 없다."라고 하
였습니다(대법원 1999. 11. 12. 선고 99다34697 판결).

따라서 귀하의 경우에도 원상회복이 미비된 부분이 사소한 부분
이라면 甲은 그것을 이유로 귀하의 임차보증금 3,000만원 전액의
반환을 거절하는 동시이행의 항변을 할 수 없을 것으로 보입니다.
다만, 판례는 "부동산임대차에 있어서 수수된 보증금은 임료채무,
목적물의 멸실·훼손 등으로 인한 손해배상채무 등 임대차관계에
따른 임차인의 모든 채무를 담보하는 것으로서 그 피담보채무 상
당액은 임대차관계의 종료 후 목적물이 반환될 때에 특별한 사정
이 없는 한 별도의 의사표시 없이 보증금에서 당연히 공제된다."
라고 하였으므로(대법원 1999. 12. 7. 선고 99다50729 판결,
2002. 12. 6. 선고 2002다42278 판결, 2002. 12. 10. 선고 2002다
52657 판결), 甲은 원상회복이 미비된 부분의 원상회복에 소요되
는 적정한 비용은 임차보증금에서 공제할 수 있을 것입니다.

1-4. 임대물의 보존에 필요한 행위를 할 권리

① 임대인은 임대물의 보존을 위해 필요한 행위를 할 수 있습니다. 이 때
임차인은 임대인에게 그러한 행위를 하지 못하도록 거절할 수 없습니다(민
법 제624조).

② 다만, 임대인의 보존행위로 인해 임차의 목적을 달성할 수 없었던 기간
동안에는 차임의 지급을 거절할 수 있습니다(민법 제618조).

2. 임대인의 의무

2-1. 상가건물을 사용·수익하게 할 의무

① 임대인은 임차인이 목적물인 상가건물을 사용·수익할 수 있도록 해야 합니다(민법 제618조).

② 이를 위해 임대인은 상가건물을 임차인에게 인도해야 하고, 임차인이 임대차기간 중 그 상가건물을 사용·수익하는데 필요한 상태를 유지할 수 있도록 수선을 해 주어야 합니다(민법 제623조).

③ 그러나 임대인은 상가건물의 파손·장해의 정도가 임차인이 별 비용을 들이지 않고도 손쉽게 고칠 수 있을 정도의 사소한 것이어서 임차인의 사용·수익을 방해할 정도의 것이 아니라면 그 수선의무를 부담하지 않습니다. 다만, 그것을 수선하지 않아 임차인이 정해진 목적에 따라 사용·수익할 수 없는 상태라면 임대인은 그 수선의무를 부담하게 됩니다(대법원 2004. 6. 10. 선고 2004다2151, 2168 판결).

④ 임대인의 수선의무는 특약에 의해 면제하거나 임차인의 부담으로 돌릴 수 있습니다. 그러나 특별한 사정이 없는 한 건물의 주요 구성부분에 대한 대수선, 기본적 설비부분의 교체 등과 같은 대규모의 수선에 대해서는 임대인이 그 수선의무를 부담합니다(대법원 1994. 12. 9. 선고 94다34692, 94다34708 판결). 예를 들어, 상가건물의 벽이 갈라져 있거나 비가 새는 경우, 낙뢰로 인한 상가건물의 화재 발생 등 천재지변 또는 불가항력적인 사유로 상가건물이 파손된 경우 등에는 임대인이 수리를 해야 합니다.

⑤ 임차인은 임대인이 상가건물을 수선해 주지 않는 경우 손해배상을 청구할 수 있고, 상가건물임대차계약을 해지하거나 파손된 건물의 수리가 끝날 때까지 차임의 전부 또는 일부의 지급을 거절할 수 있습니다(대법원 1997. 4. 25. 선고 96다44778, 44785 판결).

⑥ 임대인은 임차인이 실수로 상가건물을 파손한 경우에도 상가건물을 수리해 주어야 합니다. 이 경우 임대인은 상가건물을 수리해 주고, 임차인에게 손

해배상을 청구하거나 상가건물파손을 이유로 계약을 해지할 수 있습니다.

(사례) 임대인 과실로 임대차계약이 종료된 경우에 임차인의 원상회복 의무는 면제되는지요?

문 상가를 임차하면서 임대차계약 종료 시 임차인이 자신의 영업을 위하여 설치한 시설에 관한 비용을 임대인에게 청구하지 않기로 약정하였는데 임대차계약이 임대인의 과실로 인해 종료되었습니다. 이 경우 이를 근거로 임차인이 목적물에 설치한 시설을 철거하지 않겠다고 할 수 있는지요?

답 「민법」은 임차인이 임차물의 보존에 관한 필요비를 지출한때에는 임대인에 대하여 그 상환을 청구할 수 있고, 임차인이 유익비를 지출한 경우에는 임대인은 임대차종료시에 그 가액의 증가가 현존한 때에 한하여 임차인이 지출한 금액이나 그 증가액을 상환하여야 한다고 규정하여 임차인의 비용상환청구권을 보장하고 있으며, 또한 임차인 역시 임대차계약기간이 만료되면 자신의 사용 수익을 위해 설치한 시설을 철거하여 임대차목적물을 원상회복시킬 의무가 있다고 규정하고 있습니다(같은 법 제626조, 제654조, 제615조).

즉, 원칙적으로 임차인이 설치한 시설이 임대차목적물의 가치를 증가시킨 것이라면 임차인은 임대인에게 유익비의 상환을 청구할 수 있지만, 임차인이 설치한 시설이 단지 임차인 자신의 영업을 위한 것으로서 임대차목적물의 객관적 가치를 증가시키는 것이 아니었다면 임차인은 임대인에게 그 시설비를 청구할 수 없습니다.

다만 귀하의 경우는 임대인에게 영업에 관하여 설치한 시설 비용을 청구하지 않기로 사전에 약속하였으므로 그 시설비를 청구할 수는 없다고 할 것이며, 판례는 "임대차계약이 중도에 해지되어 종료하면 임차인은 목적물을 원상으로 회복하여 반환하여야 하는 것이고, 임대인의 귀책사유로 임대차계약이 해지되었다고 하더라도 임차인은 그로 인한 손해배상을 청구할 수 있음은 별론으로 하고 원상회복의무를 부담하지 않는다고 할 수는 없다."라고 하면서, "임차인이 자신의 영업을 위하여 설치한 시설에 관한 비용을 임대인에게 청구하지 않기로 약정한 사정만으로 원상복구의무를 부담하지 아니하기로 하는 합의가 있었다고 볼 수 없다."라고 하였습니다(대법원 2002. 12. 6. 선고 2002다42278 판결).

따라서 귀하는 임차목적물의 시설을 철거하여 목적물을 임차인의 사용·수익 전 상태로 복구하여야 할 것으로 보이며, 임대인의 과실로 임대차계약이 종료되었다면 임대인의 과실 부분에 대한 손해배상을 청구할 수 있을 뿐, 이를 근거로 임대차목적물에 설치한 시설을 철거할 의무를 면하게 되는 것은 아니라고 보입니다.

(관련판례)

임대차계약에 있어서 임대인은 임대차 목적물을, 계약 존속 중 그 사용·수익에 필요한 상태를 유지하게 할 의무(이하 '임대인의 수선의무'라 한다)를 부담하는 것이므로(민법 제623조), 목적물에 파손 또는 장해가 생긴 경우 그것이 임차인이 별 비용을 들이지 아니하고도 손쉽게 고칠 수 있을 정도의 사소한 것이어서 임차인의 사용·수익을 방해할 정도의 것이 아니라면 임대인은 수선의무를 부담하지 않지만, 그것을 수선하지 아니하면 임차인이 계약에 의하여 정하여진 목적에 따라 사용·수익할 수 없는 상태로 될 정도의 것이라면, 임대인은 그 수선의무를 부담한다 할 것이고, 이는 자신에게 귀책사유가 있는 임대차 목적물의 훼손의 경우에는 물론 자신에게 귀책사유가 없는 훼손의 경우에도 마찬가지다(대법원 2010.4.29. 선고 2009다96984 판결).

(사례) 임차한 건물의 지하층에 습기가 찰 때 임대인에게 수선의무가 있는지요?

Q. 저는 서울 소재 甲소유 건물의 지하층을 보증금 2,000만원, 월세 40만원, 기간은 2년으로 하는 임대차계약을 체결하여 2007년 4월부터 비디오방을 운영하고 있습니다. 그런데 최근 장마가 시작되자 임차목적물인 지하층에 습기가 차고 곰팡이 냄새가 심하여 임대인 甲에게 수 차례 수리를 요구하였습니다. 그러나 甲은 이를 차일피일 미루고만 있는데 저는 어떠한 권리를 행사할 수 있는지요?

답 임대인은 임대물의 사용·수익에 필요한 수선을 하여야 할 의무를 부담합니다(민법 제623조). 임대인이 수선의무를 부담하는 임대목적물의 파손 정도에 관하여 판례는 "임대목적물에 파손 또는 장해가 생긴 경우 그것이 임차인이 별비용을 들이지 아니하고도 손쉽게 고칠 수 있을 정도의 사소한 것이어서 임차인의 사용·수익을 방해할 정도의 것이 아니라면 임대인은 수선의무를 부담하지 않지만, 그것을 수선하지 아니하면 임차인이 계약에 의하여 정해진 목적에 따라 사용·수익할 수 없는 상태로 될 정도의 것이라면 임대인은 그 수선의무를 부담한다."라고 하고 있습니다.

또한 "임대인의 수선의무는 특약에 의하여 이를 면제하거나 임차인의 부담으로 돌릴 수 있으나, 그러한 특약에서 수선의무의 범위를 명시하고 있지 않은 경우에는 임대인이 수선의무를 면하거나 임차인이 그 수선의무를 부담하게 되는 것은 통상 생길 수 있는 파손의 수선에 한한다 할 것이고, 대파손의 수리, 건물의 주요구성부분에 대한 대수선, 기본적 설비부분의 교체 등과 같은 대규모의 수선은 이에 포함되지 않고 여전히 임대인이 부담한다."라고 하였습니다(대법원 1994. 12. 9. 선고 94다34692, 34708 판결).

그런데 임대인에게 이러한 수선의무가 생기기 위해서는 수선이 가능하여야 합니다. 수선이 불가능한 경우에는 임대물의 전부 또는 일부의 멸실에 의한 이행불능의 문제가 생기고, 수선의무의 문제는 아닙니다. 임대인의 수선의무불이행에 대하여 임차인에게는 채무불이행의 일반적 효과로서의 손해배상청구권과 해지권이 생길 수 있고, 임차료지급의 거절 또는 감액청구권도 생길 수 있습니다.

이와 관련하여 판례는 "임대차계약에 있어서 목적물을 사용·수익하게 할 임대인의 의무와 임차인의 차임지급의무는 상호 대응관계에 있으므로, 임대인이 목적물을 사용·수익하게 할 의무를 불이행하여 임차인이 목적물을 전혀 사용할 수 없을 경우에는 임차인은 차임 전부의 지급을 거절할 수 있으나, 목적물의 사용·수익이 부분적으로 지장이 있는 상태인 경우에는 그 지장의 한도 내에서 차임의 지급을 거절할 수 있을 뿐 그 전부의 지급을 거절할 수는 없다."라고 하였습니다(대법원 1997. 4. 25. 선고 96다44778 판결).

따라서 위 사안의 경우 귀하가 임차한 지하실 부분은 통상 환기가 잘되지 않을 경우 수증기가 엉겨서 습기가 차는 현상도 있으므로, 그 원인을 잘 파악해 본 후 그 정도에 따라서 임대인의 수선의무불이행책임을 물을 수 있을 것인지 여부를 결정하여야 할 것입니다. 만일, 습기가 지하수의 누수나 위층의 누수 등으로 발생하였고, 그 방에서 거주하기 힘든 정도라고 한다면 귀하는 임대인 甲의 수선의무불이행책임을 물어 손해배상을 청구할 수 있을 것이고, 또한 임대차계약해지권을 행사할 수도 있으며, 임대인 甲의 수선의무이행이 있을 때까지 귀하는 수선되지 않았기 때문에 사용·수익할 수 없었던 비율로 임차료의 전부 또는 일부의 지급을 거절할 수 있다고 할 것입니다.

(관련판례)

임대차는 당사자 일방이 상대방에게 목적물을 사용·수익하게 할 것을 약정하고 상대방이 이에 대하여 차임을 지급할 것을 약정함으로써 성립하는 것으로서(민법 제618조 참조), 임대인이 그 목적물에 대한 소유권 기타 이를 임대할 권한이 없다고 하더라도 임대차계약은 유효하게 성립한다. 따라서 임대인은 임차인으로 하여금 그 목적물을 완전하게 사용·수익하게 할 의무가 있고, 또한 임차인은 이러한 임대인의 의무가 이행불능으로 되지 아니하는 한 그 사용·수익의 대가로 차임을 지급할 의무가 있으며, 그 임대차관계가 종료되면 임차인은 임차목적물을 임대인에게 반환하여야 할 계약상의 의무가 있다. 다만 이러한 경우 임차인이 진실한 소유자로부터 목적물의 반환청구나 임료 내지 그 해당액의 지급요구를 받는 등의 이유로 임대인이 임차인으로 하여금 사용·수익하게 할 수가 없게 되면 임대인의 채무는 이행불능으로 되고 임차인은 이행불능으로 인한 임대차의 종료를 이유로 그 때 이후의 임대인의 차임지급 청구를 거절할 수 있다(대법원 2009.9.24. 선고 2008다38325 판결).

2-2. 방해제거의무

상가건물 임대차계약 체결 후 임대인이 상가건물을 임차인에게 인도하였으나, 여전히 종전의 임차인 등 제3자가 상가건물을 계속 사용·수익하는 등 새로운 임차인의 상가건물의 사용·수익을 방해하는 경우 임대인은 그 방해를 제거하도록 노력해야 합니다(민법 제214조 및 제623조 참조).

2-3. 상가건물의 하자 등에 대한 담보책임

① 임대인은 권리의 하자로 임차인이 상가건물을 사용·수익할 수 없게 되거나, 상가건물 자체에 하자가 있어 계약에 따른 사용·수익을 할 수 없게 된 경우에는 임차인에게 담보책임을 부담해야 합니다(민법 제567조).

② 임차인은 임차상가건물에 하자가 있어 상가건물을 사용·수익할 수 없게 된 경우에는 임대인에게 하자수선을 청구하고(민법 제623조·제580조), 상가건

물을 사용·수익할 수 없게 된 부분만큼의 차임 또는 임대차 보증금의 감액을 청구하며(민법 제627조제1항·제567조, 제572조제1항), 남은 부분의 상가 건물로는 상가건물임대차의 목적을 달성할 수 없을 때에는 상가건물 임대차계약을 해제할 수 있습니다(민법 제627조제2항·제567조, 제572조제2항).

2-4. 임대차보증금의 반환의무

임대인은 임대차기간의 만료 등으로 임대차계약이 종료되면 임차인에게 보증금을 반환해야 합니다(대법원 1988.1.19. 선고 87다카1315 판결).

(사례) 상가건물 임대차 계약을 체결할 때 수선의무는 임차인의 부담으로 한다는 특약을 맺었는데, 지붕의 균열로 비가 많이 새고 있을 경우에도 임차인인 제가 고쳐야 하나요?

상가건물 임대차 계약을 체결할 때 상가에 대한 수선의무는 임차인의 부담으로 한다는 특약을 맺었습니다. 그런데 최근 지붕의 균열로 비가 많이 새고 있는데, 이것도 임차인인 제가 고쳐야 하나요?

임대인이 수리해야 합니다.

본래 임대인에게 수선의무가 있지만 특약에 의해 이를 면제하거나 임차인의 부담으로 돌릴 수 있습니다. 그러나 상가건물의 벽이 갈라져 있거나 비가 새는 경우와 같이 건물의 주요 구성부분에 대한 대수선에 대해서는 특별한 사정이 없는 한 임대인이 그 수선의무를 부담해야 합니다. 따라서 질문의 경우에는 임대인이 수리해야 할 의무가 발생합니다.

◇ **상가건물을 사용·수익하게 할 임대인의 의무**

임대인은 임차인이 목적물인 상가건물을 사용·수익할 수 있도록 할 의무를 집니다. 이를 위해 임대인이 상가건물을 임차인에게 인도하여야 하며, 임차인이 임대차기간 중 그 상가건물을 사용·수익하는 데 필요한 상태를 유지하게 할 수선의무를 집니다. 그러나 상가건물의 파손·장해의 정도가 임차인이 별 비용을 들이지 않고 손쉽게 고칠 수 있을 정도의 사소한 것이어서 임차인의 사용·수익을 방해할 정도의 것이 아니라면 임차인이 그 수선의무를 부담합니다.

◇ **수선의무에 대한 특약**

임대인의 수선의무는 특약에 의해 면제하거나 임차인의 부담으로 돌릴 수 있습니다. 그러나 상가건물의 벽이 갈라져 있거나 비가 새는 경우, 낙뢰로 인한 상가건물의 화재 발생 등 천재지변 또는 불가항력적인 사유로 상가건물이 파손된 경우와 같이 건물의 주요 구성부분에 대한 대수선, 기본적 설비부분의 교체 등과 같은 대규모의 수선에 대해서는 특별한 사정이 없는 한 임대인이 그 수선의무를 부담합니다.

◇ **손해배상 청구 등**

임차인은 임대인이 상가건물을 수선해주지 않는 경우 손해배상을 청구할 수 있고, 상가건물 임대차계약을 해지하거나 파손된 건물의 수리가 끝날 때까지 차임의 전부 또는 일부의 지급을 거절할 수 있습니다.

(관련판례 1)

임대차계약에 있어서 임대인은 목적물을 계약 존속 중 사용·수익에 필요한 상태를 유지하게 할 의무를 부담하는 것이므로, 목적물에 파손 또는 장해가 생긴 경우 그것이 임차인이 별 비용을 들이지 아니하고도 손쉽게 고칠 수 있을 정도의 사소한 것이어서 임차인의 사용·수익을 방해할 정도의 것이 아니라면 임대인은 수선의무를 부담하지 않지만, 그것을 수선하지 아니하면 임차인이 계약에 의하여 정해진 목적에 따라 사용·수익할 수 없는 상태로 될 정도의 것이라면 임대인은 그 수선의무를 부담하며, 이와 같은 임대인의 수선의무는 특약에 의하여 이를 면제하거나 임차인의 부담으로 돌릴 수 있다(대법원 2004. 6. 10. 선고 2004다2151, 2168 판결).

(관련판례 2)

임대차는 당사자 일방이 상대방에게 목적물을 사용·수익하게 할 것을 약정하고 상대방이 이에 대하여 차임을 지급할 것을 약정함으로써 성립하는 것으로서(민법 제618조 참조), 임대인이 그 목적물에 대한 소유권 기타 이를 임대할 권한이 없다고 하더라도 임대차계약은 유효하게 성립한다. 따라서 임대인은 임차인으로 하여금 그 목적물을 완전하게 사용·수익하게 할 의무가 있고, 또한 임차인은 이러한 임대인의 의무가 이행불능으로 되지 아니하는 한 그 사용·수익의 대가로 차임을 지급할 의무가 있으며, 그 임대차관계가 종료되면 임차인은 임차목적물을 임대인에게 반환하여야 할 계약상의 의무가 있다. 다만 이러한 경우 임차인이 진실한 소유자로부터 목적물의 반환청구나 임료 내지 그 해당액의 지급요구를 받는 등의 이유로 임대인이 임차인으로 하여금 사용·수익하게 할 수가 없게 되면 임대인의 채무는 이행불능으로 되고 임차인은 이행불능으로 인한 임대차의 종료를 이유로 그 때 이후의 임대인의 차임지급청구를 거절할 수 있다(대법원 2009.9.24. 선고 2008다38325 판결).

(관련판례 3)

임대차계약에 있어서 목적물을 사용·수익하게 할 임대인의 의무와 임차인의 차임지급의무는 상호 대응관계에 있으므로 임대인이 목적물을 사용·수익하게 할 의무를 불이행하여 임차인이 목적물을 전혀 사용할 수 없을 경우에는 임차인은 차임 전부의 지급을 거절할 수 있으나, 목적물의 사용·수익이 부분적으로 지장이 있는 상태인 경우에는 그 지장의 한도 내에서 차임의 지급을 거절할 수 있을 뿐 그 전부의 지급을 거절할 수는 없다(대법원 1997. 4. 25. 선고 96다44778, 44785 판결).

(관련판례 4)

가. 임대차계약에 있어서 임대인은 목적물을 계약 존속 중 그 사용·수익에 필요한 상태를 유지하게 할 의무를 부담하는 것이므로, 목적물에 파손 또는 장해가 생긴 경우 그것이 임차인이 별 비용을 들이지 아니하고도 손쉽게 고칠 수 있을 정도의 사소한 것이어서 임차인의 사용·수익을 방해할 정도의 것이 아니라면 임대인은 수선의무를 부담하지 않지만, 그것을 수선하지 아니하면 임차인이 계약에 의하여 정해진 목적에 따라 사용·수익할 수 없는 상태로 될 정도의 것이라면 임대인은 그 수선의무를 부담한다.

나.'가'항의 임대인의 수선의무는 특약에 의하여 이를 면제하거나 임차인의 부담으로 돌릴 수 있으나, 그러한 특약에서 수선의무의 범위를 명시하고 있는 등의 특별한 사정이 없는 한 그러한 특약에 의하여 임대인이 수선의무를 면하거나 임차인이 그 수선의무를 부담하게 되는 것은 통상 생길 수 있는 파손의 수선 등 소규모의 수선에 한한다 할 것이고, 대파손의 수리, 건물의 주요 구성부분에 대한 대수선, 기본적 설비부분의 교체 등과 같은 대규모의 수선은 이에 포함되지 아니하고 여전히 임대인이 그 수선의무를 부담한다고 해석함이 상당하다(대법원 1994. 12. 9. 선고 94다34692, 94다34708 판결).

3. 임차인의 권리

3-1. 사용·수익권

① 임차인은 상가건물을 사용·수익할 수 있는 권리를 취득합니다(민법 제618조). 이를 위해 임대인에게 상가건물을 인도해 줄 것과 그 임차기간 중 사용·수익에 필요한 상태를 유지해 줄 것을 청구할 수 있습니다.

② 임차인이 제3자에게 임차권을 주장하려면, 사업자등록과 같은 대항력을 취득하거나 임대차등기를 해야 합니다(상가건물 임대차보호법 제3조 및 제7조, 민법 제621조제2항).

3-2. 임대차등기협력청구권

① 당사자간에 별도의 약정이 없으면 임차인은 임대인에게 상가건물임대차등기에 협력할 것을 청구할 수 있습니다(민법 제621조제1항).

② 다만, 임차인은 임대인에게 임대차등기 절차에 협력해 줄 것을 청구할 수 있을 뿐이고, 등기청구권까지 주어져 있는 것은 아니므로 임대인이 협력하지 않으면 임대차등기를 할 수는 없습니다.

3-3. 차임감액청구권

① 임차인은 임차상가건물의 일부가 임차인의 과실 없이 멸실, 그 밖의 사유로 사용·수익할 수 없게 되면 그 부분만큼 비율에 따라 차임의 감액을 청구할 수 있습니다. 이 경우 그 잔존부분으로 임차의 목적을 달성할 수 없게 되면 임차인은 계약을 해지할 수 있습니다(민법 제627조).

② 임차인은 임차상가건물에 대한 공과부담의 증감 그 밖에 경제사정의 변동으로 약정한 차임이 상당하지 않게 된 때에는 임대인에게 장래에 대한 차임의 감액을 청구할 수 있습니다(민법 제628조).

3-4. 부속물매수청구권 또는 철거권

① 임차인이 상가건물의 사용을 편하게 하기 위해 임대인의 동의를 얻어 부속한 물건이 있는 경우 임대차의 종료 시에 임대인에게 그 부속물의 매수를 청구할 수 있으며, 임대인으로부터 매수한 부속물에 대해서도 그 매수를 청구할 수 있습니다(민법 제646조).

② 임차인은 부속물을 임대인에게 매도하지 않을 경우 상가건물을 반환할 때 부속물을 철거할 수 있습니다(민법 제654조에 따른 제615조의 준용).

3-5. 필요비상환 청구권

① 임차인은 상가건물의 사용 시 필요비를 지출한 경우 비용이 발생한 즉시 임대인에게 그 비용을 청구할 수 있습니다(민법 제626조제1항).

② 「필요비」란, 임대차계약이 목적에 따라 임차상가건물을 사용·수익하는데 적당한 상태를 보존, 유지하기 위해 필요한 모든 비용을 말합니다. 여기에는 임대인의 동의 없이 지출한 비용도 포함됩니다.

③ 전세권의 경우 – 전세권자의 필요비상환청구권

전세권자는 그 부동산의 현상을 유지하고 통상의 관리에 필요한 수선을 해야 합니다(민법 제309조). 따라서 전세권자는 상가건물의 통상적 유지 및 관리를 위해 필요비를 지출한 경우에도 그 비용의 상환을 청구할 수 없습니다.

(사례) 임차인이 지출한 도시가스보일러 설치비용은 임대인이 부담하는지요?

문 저는 甲에게 제 소유 상가건물을 임차보증금 4,500만원에 임대하였는데, 甲은 위 건물에서 식당영업을 하던 중 자신의 편리를 위하여 기름보일러를 도시가스보일러로 설치하면서 580만원의 비용을 지출하였습니다. 그 후 저는 위 상가건물을 乙에게 팔면서 甲과의 임대차기간 만료 시점에 맞추어 매매잔금을 받음과 동시에 건물을 비워주기로 하였습니다. 그 후 위 임대차계약기간이 만료되어 甲에게 위 상가건물을 비워줄 것을 요구하였는데, 甲은 위 도시가스보일러 설치비용을 받아야만 임차부분을 비워주겠다고 합니다. 이 경우 저는 甲에게 위 설치비용을 지급하여야 건물을 명도받을 수 있는지요?

답 「민법」 제626조는 "임차인이 임차물의 보존에 관한 필요비를 지출한 때에는 임대인에 대하여 그 상환을 청구할 수 있다. 임차인이 유익비를 지출한 경우에는 임대인은 임대차 종료시에 그 가액의 증가가 현존한 때에 한하여 임차인이 지출한 금액이나 그 증가액을 상환하여야 한다. 이 경우에 법원은 임대인의 청구에 의하여 상당한 상환기간을 허여(許與)할 수 있다."라고 규정하고 있습니다.

여기서 '유익비'란 임차인이 임차물의 객관적 가치를 증가시키기 위하여 투입한 비용이고, '필요비'란 임차인이 임차물의 보존을 위하여 지출한 비용을 말합니다(대법원 1993. 10. 8. 선고 93다25738, 25745 판결).

위 사안에서 甲이 지출한 도시가스보일러설치비용은 건물의 객관적 가치를 증가시키기 위해 투입된 유익비라고 할 것인데, 귀하가 乙과 매매계약을 체결하면서 정한 매매가격에는 甲이 유익비를 지출함으로 인하여 증가한 건물의 가치증가분이 포함되어 있다고 볼 수 있어 귀하는 甲의 유익비지출로 인한 이득을 얻었다고 할 것이므로, 귀하가 甲이 지출한 유익비상당액 또는 그로 인하여 증가한 가치의 증가액 중에서 선택하여 상환하여야 할 것입니다.

판례도 "매매목적부동산을 사용하여온 임차인이 부동산 매매계약 체결 이전에 그 부동산의 임차부분을 수선하여 발생한 유익비는 그로 인한 가치증가가 매매대금결정에 반영되었다 할 것이므로 특별한 사정이 없는 한 매도인이 이를 부담할 성질의 것이라 할 것이니, 매수인이 임차인의 점유부분을 명도 받기 위하여 임차인을 상대로 명도청구소송을 제기한 결과 임차인의 유익비상환청구권이 인정되어 이를 상환하였다면 매도인에 대하여 명도의무불이행으로 인한 손해배상으로서 구상할 수 있다."라고 하였습니다(대법원 1990. 2. 23. 선고 88다카32425, 32432 판결).

따라서 도시가스보일러 설치비용을 매수인 乙이 갚기로 하는 특별한 약정을 하지 않은 이상 귀하가 甲에 대하여 이를 지불하여야 할 것으로 보입니다.

3-6. 유익비상환청구권

① 임차인이 상가건물에 대해 유익비를 지출한 경우에는 임대인은 임대차계약이 만료되면 그 가액의 증가가 현존하면 임차인이 지출한 금액이나 그 증가액을 상환해야 합니다(민법 제626조제2항).

② 「유익비」란 임차인이 임차물의 객관적 가치를 증가시키기 위해 투입한 비용을 말합니다(대법원 1991. 8. 27. 선고 91다15591, 15607 반소 판결).

(사례) 계약기간이 만료되면 임대인에게 임차인이 투자한 시설비의 상환청구가 가능한지요?

문 저는 甲소유 점포를 임차보증금 2,300만원에 계약기간 2년으로 임차하여 바닥에 타일을 깔고 보일러를 설치하는 등 다액의 시설비를 투자하였습니다. 만일 계약기간이 만료되면 임대인에게 시설비의 상환청구가 가능한지요?

답 유익비란 물건의 보존상 필수 불가결하게 지출이 요구되는 비용은 아니더라도, 물건의 개량을 위하여 당해 물건에 관하여 지출된 비용으로써 그 물건의 객관적인 가치를 증가시키는 데 사용한 비용을 말합니다.

민법상 임차인이 지출한 유익비는 임대인이 상환할 의무가 있는데(민법 제626조 제2항), 점유자의 필요비 또는 유익비상환청구권은 점유자가 회복자로부터 점유물의 반환을 청구 받거나 회복자에게 점유물을 반환한 때에 비로소 회복자에 대하여 행사할 수 있습니다(대법원 1994. 9. 9. 선고 94다4592 판결).

그리고 점유자의 회복자에 대한 유익비상환청구권이 인정된다면 그 상환액에 관한 점유자의 입증이 없더라도 법원은 이를 이유로 유익비상환청구를 배척할 것이 아니라, 석명권을 행사하여 점유자에 대하여 상환액에 관한 입증을 촉구하는 등 상환액에 관하여 심리·판단하여야 합니다(대법원 1993. 12. 28. 선고 93다30471 판결).

그런데 지출한 비용이 유익비인가의 여부는 건물의 사용목적 기타 구체적인 사정을 고려하여 판단하게 됩니다. 대체로, 방이나 부엌을 증축한 경우 그 증축에 지출한 비용 또는 변소, 오물처리장, 담장 등을 축조한 비용 등이 유익비로 인정되고 있으며, 건물 입구의 진입로나 건물 내 바닥을 콘크리트 등으로 포장한 경우에 있어서도 유익비로 인정될 가능성이 있으나, 이러한 시설들이라도 오직 임차인이 자기의 영업에 필요한 시설을 하기 위하여 지출한 비용은 특별한 사정이 없는 한 유익비로 인정되지 않습니다.

따라서 위 사안의 경우에 있어서도 일응 유익비라고 인정될 여지는 있으므로, 임대인을 상대로 점포를 명도한 날로부터 6개월 이내에 소송을 제기하여(민법 제617조, 제654조) 점포의 개량을 위하여 지출한 액수 및 당해 점포의 객관적인 가치증가액수를 모두 입증한다면, 임대인의 선택에 따라 비용을 상환 받을 수 있을 것입니다. 또한 계약기간이 종료되어 임대인이 명도청구를 한다고 하여도 유익비 상환청구권에 기한 유치권 항변을 행사하여 적법하게 건물을 점유할 수 있을 것입니다.

그러나 판례는 "필요비, 유익비의 상환청구권을 미리 포기하는 약정은 유효하다."라고 하였으며(대법원 1993. 10. 8. 선고 93다25738, 25745 판결), "건물의 임차인이 임대차관계 종료시에는 건물을 원상으로 복구하여 임대인에게 명도하기로 약정한 것은 건물에 지출한 각종 유익비 또는 필요비의 상환청구권을 미리 포기하기로 한 취지의 특약이라고 볼 수 있어 임차인은 유치권을 주장할 수 없다."라고 하였고(대법원 1975. 4. 22. 선고 73다2010 판결, 1995. 6. 30. 선고 95다12927 판결), "건물 임차인이 자신의 비용을 들여 증축한 부분을 임대인 소유로 귀속시키기로 하는 약정은 임차인이 원상회복의무를 면하는 대신 투입비용의 변상이나 권리주장을 포기하는 내용이 포함된 것으로서 특별한 사정이 없는 한 유효하므로, 그 약정이 부속물매수청구권을 포기하는 약정으로서 강행규정에 반하여 무효라고 할 수 없고 또한 그 증축부분의 원상회복이 불가능하다고 해서 유익비의 상환을 청구할 수도 없다."라고 하였으므로(대법원 1996. 8. 20. 선고 94다44705 판결), 이러한 약정이 있는 경우에는 유익비를 상환청구할 수 없다고 할 것입니다.

4. 임차인의 의무

4-1. 차임지급의무

임차인은 임차상가건물에 대한 사용·수익의 대가로 임대인에게 차임을 지급해야 합니다(민법 제618조).

(사례) 상가임대인이 임대차기간 만료된 3개월 후 보증금의 증액을 요구한 경우에 임차인이 대항할 수 있는 방법은 없나요?

문 저는 부산 소재 甲소유 상가건물을 6,000만원의 보증금을 내고 임차하여 장사를 하고 있습니다. 그런데 임대인 甲은 1년의 계약기간이 만료한 지 3개월이 지난 최근에 보증금 2,000만원을 더 올려주지 않으면 가게를 비워 달라고 합니다. 지금은 장사가 잘 되는 때라 점포를 그냥 비워 주자니 아까운 상황인바, 사람들 말로는 약정기간이 만료하여도 임대인으로부터 재계약조건에 관한 아무런 통지를 받지 않았다면 자동갱신된 것으로 보아·계속 점포를 사용할 수 있다고 하는데 그것이 사실인지요?

답 상가임차인의 계약갱신의 요구 등에 관하여 「상가건물임대차보호법」 제10조는 "①임대인은 임차인이 임대차기간 만료 전 6월부터 1월까지 사이에 행하는 계약갱신 요구에 대하여 정당한 사유 없이 이를 거절하지 못한다. ②임차인의 계약갱신요구권은 최초의 임대차 기간을 포함한 전체 임대차 기간이 5년을 초과하지 않는 범위 내에서만 행사할 수 있다. ③갱신되는 임대차는 전 임대차와 동일한 조건으로 다시 계약된 것으로 본다. 다만, 차임과 보증금은 제11조의 규정에 의한 범위 안에서 증감할 수 있다. ④임대인이 제1항의 기간 이내에 임차인에 대하여 갱신거절의 통지 또는 조건의 변경에 대한 통지를 하지 아니한 경우에는 그 기간이 만료된 때에 전임대차와 동일한 조건으로 다시 임대차한 것으로 본다. 이 경우에 임대차의 존속기간은 1년으로 본다. ⑤제4항의 경우 임차인은 언제든지 임대인에게 계약해지의 통고를 할 수 있고, 임대인이 통고를 받은 날부터 3개월이 지나면 효력이 발생한다." 라고 규정하고 있습니다.

또한, 임대차기간에 관하여 같은 법 제9조는 "①기간의 정함이 없거나 기간을 1년 미만으로 정한 임대차는 그 기간을 1년으로 본다. 다만, 임차인은 1년 미만으로 정한 기간이 유효함을 주장할 수 있다."라고 규정하고 있고, 차임 등의 증감청구권에 관하여 같은 법 제11조는 "①차임 또는 보증금이 임차건물에 관한 조세, 공과금 그 밖의 부담의 증감이나 경제사정의 변동으로 인하여 상당하지 아니하게 된 때에는 당사자는 장래에 대하여 그 증감을 청구할 수 있다. 그러나 증액의 경우에는 대통령령이 정하는 기준에 따른 비율을 초과하지 못한다. ②제1항의 규정에 의한 증액청구는 임대차계약 또는 약정한 차임등의 증액이 있은 후 1년 이내에는 이를 하지 못한다."라고 규정하고 있으며, 차임 등 증액청구의 기준에 관하여 2010년 7월 26일부터 시행중인 「상가건물임대차보호법 시행령」 제4조는 "법 제11조 제1항의 규정에 의한 차임 또는 보증금의 증액청구는 청구 당시의 차임 또는 보증금의 100분의 9의 금액을 초과하지 못한다."라고 규정하고 있습니다.

그러므로 임대차기간 만료 전 6월부터 1월까지 사이에 갱신거절의 통지 또는 조건의 변경에 대한 통지를 하지 아니한 경우에는 그 기간이 만료된 때에 전임대차와 동일한 조건으로 다시 임대차한 것으로 보되, 임대차의 존속기간은 정함이 없는 것으로 보고 있으므로 같은 법 제9조 제1항의 규정에 따라 그 임대차기간은 1년으로 볼 것입니다. 이 경우 임차인은 언제든지 임대인에 대하여 계약해지의 통고를 할 수 있고, 임대인이 그 통고를 받은 날부터 3월이 경과하면 그 효력이 발생합니다. 따라서 임차인은 갱신된 임대차기간 1년을 주장하거나 해지통고 할 수 있는 반면 임대인은 갱신된 임대차 존속기간 중 다른 특별한 사유가 없는 한 계약해지의 통고를 할 수 없다 하겠습니다.

한편, 상가임대인의 증액요구권은 청구 당시 보증금의 9%를 초과할 수 없을 것이므로 540만원을 한도로 인정해 주고 임대인에게 위 법이 정한 일정한 갱신거절의 정당사유가 없는 한 최초의 임대차 기간을 포함한 전체 임대차 기간이 5년을 초과하지 않는 범위 내에서 계약갱신요구권을 행사해볼 수도 있을 것입니다.

상가임대차 계약해지(임대료 연체)

발 신 인 ○ ○ ○
       주 소 ○○시 ○○로 ○○번길 ○○
수 신 인 ○ ○ ○
       주 소 ○○시 ○○로 ○○번길 ○○

임대차계약 해지 통고

1. 본인은 귀하와 20○○년 ○○월 ○○일 본인 소유의 상가건물에 대하여 아래와 같이 임대차계약을 체결한 바 있습니다.

- 아　래 -

   목적물 : ○○시 ○○로 ○○길 ○○ ○○아파트 ○○㎡

   임차보증금 : 금 ○○○,○○○,○○○원

   월 임대료 : 금 ○○○,○○○원

   임대차기간 : 20○○년 ○○월 ○○일부터

                 20○○년 ○○월 ○○일까지

2. 귀하는 위 계약에 따라 본인에게 계약금 금○○,○○○,○○○원을 계약 당일 지급하고, 나머지 금○○○,○○○,○○○원은 같은 해 ○○월 ○○일 지급하여 잔금지급일부터 입주해오고 있습니다.

3. 그런데, 귀하는 20○○년 ○○월부터 아무런 사유 없이 월임대료를 지급하지 아니하여 본인은 20○○년 ○○월 ○○일자 등 수차례 귀하에게 체납 임대료 지급을 최고하였습니다.

4. 그럼에도 불구하고 귀하는 체납 임대료를 지급하지 않고 있어 본인은 귀하에게 서면으로 임대차계약 해지를 통지하오니 본 서면을 받는

즉시 위 건물을 명도해주시고 밀린 임대료를 지급하여 주시기 바랍니다. 만일, 위 기한 내 건물명도 및 체납 임대료를 변제하시지 않으면 본인은 부득이 법적 조치를 하겠으니 양지하시기 바랍니다.

20○○. ○. ○.

위 발신인   ○○○ (서명)

(해설)

임대차계약의 중도 해지의 사유

임대차 기간의 약정이 있더라도 다음과 같은 사유가 있는 경우에는 임대차계약을 중도에 해지할 수 있습니다. 이 경우에는 해지의 의사표시가 상대방에게 도달한 때 임대차는 종료됩니다.

① 임차인이 임대차계약을 해지할 수 있는 경우

1. 임대인이 임차인의 의사에 반하여 보존행위를 하는 경우 임차인이 이로 인해 임대차의 목적을 달성할 수 없는 때

2. 상가건물의 일부가 임차인의 과실 없어 멸실 그 밖의 사유로 사용·수익할 수 없는 경우 그 잔존부분으로 임차의 목적을 달성할 수 없는 때

② 임대인이 해지할 수 있는 경우

1. 임차인이 임대인의 동의 없이 임차권을 양도하거나 임차상가건물을 전대한 경우

2. 임차인의 차임연체액이 3기의 차임액에 달하는 경우

3. 임차인이 상가건물을 계약 또는 그 상가건물의 성질에 따라 정하여진 용법으로 이를 사용·수익하지 않은 경우

③ 차임연체 및 해지(「상가건물 임대차보호법」 제10조의8)의 규정은 「상가건물 임대차보호법」 제2조제1항 단서에 따라 지역별로 정해진 보증금의 일정 기준금액을 초과하는 임대차에 대해서도 적용합니다.

4-2. 임차상가건물의 사용·수익에 따른 의무

① 임차인은 계약이나 임차상가건물의 성질에 따라 정해진 용법으로 이를 사용·수익해야 할 의무를 부담합니다(민법 제654조에 따른 제610조제1항의 준용).

② 임차인은 임대차계약 기간 동안 임차상가건물을 선량한 관리자의 주의로 이를 보존해야 합니다(민법 제374조).

③ 임차인은 임차상가건물의 수선이 필요하거나 그 상가건물에 대하여 권리를 주장하는 사람이 있을 때에는 임대인에게 통지해야 합니다. 다만, 임대인이 이미 그 사실을 알고 있는 경우에는 통지하지 않아도 됩니다(민법 제634조).

④ 임차인은 임대인이 임차상가건물의 보존에 필요한 행위를 하는 때에는 이를 거절하지 못합니다(민법 제624조). 다만, 임대인이 임차인의 의사에 반하여 보존행위를 하는 경우 이로 인해 임차의 목적을 달성할 수 없는 때에는 계약을 해지할 수 있습니다(민법 제625조).

(사례) 임대차종료 시 '영업허가명의변경약정'을 민사소송으로 청구 가능한지요?

문 甲은 乙에게 종전부터 다방으로 사용하던 건물을 임대하면서 임대차계약이 종료되면 乙이 허가받은 다방의 영업허가명의를 甲에게로 변경해주기로 하는 조건으로 계약을 체결하였습니다. 그런데 임차인 乙은 건물임대차기간이 만료된 후 임차보증금을 수령하면서 건물은 명도하였으나, 전혀 약정된 바가 없는 권리금을 요구하면서 다방의 영업허가명의를 甲에게로 변경해주지 않고 있습니다. 그래서 甲은 丙에게 위 건물을 다시 임대하였지만 丙은 다방영업을 하지 못하고 있습니다. 이 경우 甲이 乙에게 위 약정내용인 '다방영업허가명의 변경청구'를 민사소송으로 할 수 있는지요?

답 다방영업허가명의변경을 민사소송으로 청구할 수 있는지에 관하여 판례는 "식품위생법과 식품위생법시행규칙의 여러관계규정을 종합하여 고려하면, 임차인이 임대인으로부터 종래 다방용도로 사용되어 왔던 임대인 소유인 건물의 지하부분을 임차함에 있어 임대차기간 중에 임차인 명의로 다방영업허가를 받아 다방업을 경영하되 임대차기간 만료 시에는 그 허가명의를 임대인 명의로 변경하여 주기로 약정하고 다방영업허가를 받아 다방업을 영위하다가 임대차기간이 만료되어 임대인에게 건물부분을 명도한 경우, 이는 임차인이 그 영업을 양도한 때에 준한다고 봄이 상당하여 임대인이 다방의 영업자의 지위를 승계하는 경우라고 할 것이므로, 임차인은 임대인에게 다방영업허가명의의 변경절차를 이행할 의무가 있고, 임대인은 이를 소구할 수 있다."라고 하였습니다(대법원 1997. 4. 25. 선고 95다 19591 판결).

그리고 다방건물의 임차인이 임대차 종료 시 반환키로 하고 영업허가명의도 넘겨받았으나 임대차 종료 후 건물만 명도하고 영업허가명의반환에 협력하지 아니한 경우의 손해의 입증책임에 관하여 판례는 "다방건물의 임차인이 임대차 종료시 반환키로 하고 영업허가명의도 넘겨받았으나 임대차종료 후 건물만 명도하고 영업허가명의반환에 협력하지 아니한 경우에 이미 건물부분을 임차인으로부터 인도받아 건물부분만을 타에 임대하는 것이 가능하게 된 임대인으로서는 위 다방영업허가권명의를 반환받지 못함으로 인한 손해배상을 구하기 위해서는 건물부분을 임대함에 있어 다방영업허가명의까지 임차인 명의로 변경하여 주는 경우에 받을 수 있는 임대료가 다방영업허가명의의 변경 없이 건물부분만을 임대하는 경우에 받을 수 있는 임대료보다 얼마나 다액인지, 그 차액을 입증하여야 한다."라고 하였으나(대법원 1994. 5. 13. 선고 93다 45831 판결), "임차인이 임대인에게 건물부분을 명도 하였으나 다방영업허가명의변경채무를 불이행한 경우, 그로 인한 임대인의 손해액에 관한 주장·입증이 불충분하다 하더라도 그 이유만으로 임대인의 손해배상청구를 배척할 것이 아니라, 건물부분이 다방 이외의 다른 용도로 사용될 수 있는지 여부, 다른 용도로 사용될 수 있다면 건물부분을 임대함에 있어 다방영업허가명의까지 임차인명의로 변경하여 주는 경우에 받을 수 있는 차임이 영업허가명의의 변경 없이 건물부분만을 임대하는 경우에 받을 수 있는 차임보다 다액인지, 그 차액은 얼마인지 등 그 손해액에 관하여 적극적으로 석명권을 행사하고 입증을 촉구하여 이를 밝혀야 할 것이다."라고 하였습니다(대법원 1997. 4. 25. 선고 95다19591 판결). 따라서 위 사안에서 甲은 乙을 상대로 다방허가명의변경절차이행을 민사소송으로 청구해볼 수 있을 것이며, 乙이 다방영업허가명의를 변경해주지 않음으로 인하여 발생한 손해에 관하여는 甲이 위 판례의 기준에 의하여 입증하여야 할 것입니다.

4-3. 임차상가건물의 반환의무 및 원상회복의무

① 임차인은 임대차계약이 종료하면 임대인에게 그 상가건물을 반환해야 합니다. 이 경우 임차상가건물을 원래의 상태로 회복하여 반환해야 합니다(민법 제654조에 따른 제615조의 준용).

② 임차인의 상가건물 반환의무 및 원상회복의무가 이행불능이 된 경우 그 이행불능으로 인한 손해배상책임을 면하려면 그 이행불능이 임차인 자신의 귀책사유로 말미암은 것이 아님을 입증할 책임이 있고, 임차건물이 화재로 훼손된 경우 그 화재의 발생원인이 불명인 경우에도 임차인이 그 책임을 면하려면 그 임차건물의 보존 시 선량한 관리자의 주의의무를 다하였음을 입증해야 합니다(대법원 2010.4.29. 선고 2009다96984 판결).

(사례) 이미 시설된 점포에 재차 내부 개조한 경우에 임차인의 원상회복의무는 어띠까지 입니까?

문 甲은 乙로부터 점포를 임차한 丙으로부터 점포를 인수하여 乙과 임대차계약을 체결하고 내부시설을 일부 개조하여 사용하다가 계약기간이 만료되어 점포를 명도하고 임차보증금을 반환받으려고 합니다. 그런데 乙은 甲에게 위 점포의 원상회복의 범위를 乙이

丙에게 임대할 때의 상태로 회복하라고 하고 있습니다. 이 경우 甲은 丙이 설치한 시설도 제거하여 원상회복을 하여야 하는지요?

답 사용대차 차주의 원상회복의무에 관하여 「민법」 제615조는 "차주가 차용물을 반환하는 때에는 이를 원상에 회복하여야 한다. 이에 부속시킨 물건은 철거할 수 있다."라고 규정하고 있고, 같은 법 제654조는 위 규정을 임대차에 준용한다고 규정하고 있습니다.

그런데 이미 시설이 되어 있던 점포를 임차하여 내부시설을 개조한 임차인의 임대차종료로 인한 원상회복의무의 범위에 관하여 판례는 "전 임차인이 무도유흥음식점으로 경영하던 점포를 임차인이 소유자로부터 임차하여 내부시설을 개조·단장하였다면 임차인에게 임대차 종료로 인하여 목적물을 원상회복 하여 반환할 의무가 있다고 하여도 별도의 약정이 없는 한 그것은 임차인이 개조한 범위 내의 것으로서 임차인이 그가 임차받았을 때의 상태로 반환하면 되는 것이지, 그 이전의 사람이 시설한 것까지 원상회복할 의무가 있다고 할 수는 없다."라고 하였습니다(대법원 1990. 10. 30. 선고 90다카12035 판결).

따라서 위 사안의 경우 甲은 그가 임차하여 시설한 부분만을 원상회복하면 될 것으로 보입니다.

(관련판례 1)

임차인의 임대차 목적물 반환의무가 이행불능이 된 경우 임차인이 그 이행불능으로 인한 손해배상책임을 면하려면 그 이행불능이 임차인의 귀책사유로 말미암은 것이 아님을 입증할 책임이 있고, 임차건물이 화재로 소훼된 경우에 있어서 그 화재의 발생원인이 불명인 때에도 임차인이 그 책임을 면하려면 그 임차건물의 보존에 관하여 선량한 관리자의 주의의무를 다 하였음을 입증하여야 하는 것이며, 이러한 법리는 임대차의 종

료 당시 임차목적물 반환채무가 이행불능 상태는 아니지만 반
환된 임차건물이 화재로 인하여 훼손되었음을 이유로 손해배
상을 구하는 경우에도 동일하게 적용되고, 나아가 그 임대차계
약이 임대인의 수선의무 지체로 해지된 경우라도 마찬가지다
(대법원 2010.4.29. 선고 2009다96984 판결).

(관련판례 2)

임대차계약이 중도에 해지되어 종료하면 임차인은 목적물을
원상으로 회복하여 반환하여야 하는 것이고, 임대인의 귀책사
유로 임대차계약이 해지되었다고 하더라도 임차인은 그로 인
한 손해배상을 청구할 수 있음은 별론으로 하고 원상회복의무
를 부담하지 않는다고 할 수는 없다(대법원 2002. 12. 6. 선고
2002다42278 판결).

제3절 임차권의 양도 및 전대차

1. 임차권 양도의 제한

① 「임차권의 양도」란 임차인이 임차권을 제3자(양수인)에게 이전하는 것을
말합니다.
② 임차인은 임대인의 동의 없이 임차권을 양도하지 못합니다.
③ 임차권의 양도는 임차인(양도인)과 양수인 사이의 계약만으로 유효하게
성립하나, 「민법」에서 임차인은 임대인의 동의 없이 임차권을 양도하지 못
하도록 제한하고 있으며, 임대인은 자신의 동의 없이 임차권을 양도한 경
우 임대차계약을 해지할 수 있습니다(민법 제629조).

(사례) 임차보증금반환채권에도 질권을 설정할 수 있는지요?

문 저는 임차보증금이 3,000만원인 임대차계약서를 담보로 2,000만원을 빌려주었습니다. 이러한 경우 임대차계약서를 가지고 있으면 그 임차보증금에 관하여 질권이 설정된 것으로 본다고 하는데, 그것이 타당한지요? 그리고 그 권리행사는 어떻게 해야 하는지요?

답 질권은 채권담보를 위하여 채권자가 채무자 또는 제3자소유의 일정한 재산을 점유하고 채무의 변제가 있을 때까지 이를 유치(留置)함으로써 그 변제를 간접적으로 강제할 수 있는 권리입니다. 질권은 동산질권과 권리질권으로 구분되는데, 임차보증금은 채권으로서 권리질권의 대상이 될 수 있으나, 부동산의 사용·수익을 목적으로 하는 권리는 질권의 대상이 안됩니다(민법 제345조 단서).
그러므로 임차권은 질권의 대상이 아니나, 임차보증금반환채권은 장래에 지급될 차임과 임차물의 사용·수익 시 발생하는 일체의 손해배상을 담보하기 위한 지명채권으로서 질권의 대상이 된다고 할 수 있겠습니다.
그리고 「민법」 제346조에 따라 권리질권의 설정은 법률에 다른 규정이 없으면 그 권리의 양도에 관한 방법에 의하여야 합니다. 그런데 임차보증금반환채권은 지명채권이므로 지명채권의 양도방법에 의하여 채권자인 임차인이 임대인에게 임차보증금반환채권에 질권이 설정된 것을 통지하거나, 임대인이 임차인과 질권자 사이의 임차보증금반환채권의 질권설정계약을 승낙하여야 하고, 이러한 임차인의 통지나 임대인의 승낙은 확정일자 있는 증서에 의하여야만 제3자에 대하여 효력이 발생합니다.
뿐만 아니라 일반적인 채권양도와는 달리 임대차계약서가 있는 때에는 임대차계약서를 질권설정자인 임차인으로부터 받아 놓아야만 질권의 효력이 발생합니다. 나아가 질권자는 그 권리행사에 있어서 민사집행법에 정한 방법 외에 질권의 목적이 된 채권을 임대인에게 직접 청구할 수 있습니다(대법원 1960. 9. 1. 선고 4292민상937 판결).

2. 임대인의 동의 있는 임차권의 양도의 효과

① 임차권이 임대인의 동의 아래서 양도되면, 임차인이 임대차계약에 따라 가지는 권리와 의무는 포괄적으로 양수인에게 이전됩니다. 즉, 임차인은 종전의 임대차관계에서 벗어나며 아무런 권리의무를 가지지 않게 되고, 양수인이 새로운 임차인으로서 임대인과 임대차관계를 가지게 됩니다.
② 다만, 임차권의 양도에 대해 임대인의 동의가 있기 전에 임차인이 차임을 연체하여 발생된 채무나 그 밖의 손해배상채무 등은 별도의 다른 특약이 없는 한 양수인에게 이전되지 않습니다.

3. 임대인의 동의가 없는 임차권 양도의 법률관계

3-1. 임차인(양도인)과 양수인 사이의 관계

임차권의 양도계약은 이들 사이에서 유효하게 성립하고, 양도인은 양수인을 위해 임대인의 동의를 받아 줄 의무를 지게 됩니다(대법원 1986. 2. 25. 선고 85다카1812 판결, 대법원 1996. 6. 14. 선고 94다41003 판결).

3-2. 임대인과 임차인 사이의 관계

임대인은 무단 양도를 이유로 임차인과의 계약을 해지할 수 있습니다(민법 제629조제2항). 그 해지를 하기 전까지는 임차인은 임대차계약에 따른 권리와 의무를 가집니다.

3-3. 임대인과 양수인 사이의 관계

① 임대인의 동의 없는 임차권의 양도는 임대인에게 그 효력을 주장할 수 없으므로, 양수인이 임차상가건물을 점유하는 때에는 임대인에 대한 관계에서 불법점유가 되고, 임대인은 소유권에 기해 그 반환을 청구할 수 있습니다(민법 제213조 및 제214조).

② 전세권의 경우 - 전세권 처분의 자유

상가건물의 전세권자는 전세권을 다른 사람에게 양도하거나 담보로 제공할 수 있고, 그 존속기간 내에 그 건물을 다른 사람에게 전전세 또는 임대할 수 있습니다(민법 제306조 본문). 다만, 전세권의 처분은 당사자가 설정행위로 이를 금지한 때에는 처분의 자유를 제한할 수 있습니다(민법 제306조 단서). 이와 같은 전세권 처분의 자유에 대한 제한은 등기를 해야 제3자에게 대항할 수 있습니다(부동산등기법 제3조).

3-4. 양도·담보제공·임대

① 전세권의 양도는 전세권 양도의 합의가 있고 등기를 해야 효력이 생깁니다(민법 제186조). 이 경우 전세권의 양수인은 전세권설정자에 대해 전세권의 양도인과 동일한 권리·의무를 가지게 됩니다(민법 제307조).

② 전세권은 담보로 제공할 수 있습니다(민법 제306조 본문). 그러나 전세권을 목적으로 하는 담보는 저당권에 한합니다(민법 제371조).

(사례) 양도금지특약부임차권 양도인이 임대인의 동의를 받아주지 못한 경우에 양도양수계약을 해제할 수 있는지요?

⊞ 甲은 乙로부터 점포를 인수하는 계약을 체결하였는데, 乙은 그 점포를 丙으로부터 임차하면서 임차권을 양도하지 않기로 특약을 하였습니다. 그러므로 甲은 乙에게 임대인 丙으로부터 위와 같은

임차권양도에 대한 동의를 받아줄 것을 수차에 걸쳐 청구하였으나, 乙은 丙으로부터 그러한 동의를 얻어 주지 못하고 있습니다. 이러한 경우 甲이 임대인의 동의를 받아주지 못하였음을 이유로 위 점포의 양도양수계약을 해제할 수 있는지요?

답 「민법」 제629조는 "①임차인은 임대인의 동의 없이 그 권리를 양도하거나 임차물을 전대하지 못한다. ②임차인이 전항의 규정에 위반한 때에는 임대인은 계약을 해지할 수 있다."라고 규정하고 있습니다.

그러므로 임차권양도금지의 특약이 없는 경우에도 임차인이 임대인의 동의 없이 임차권을 양도한 경우에는 임대인이 계약을 해지하고 임차목적물의 반환을 청구할 수 있는 것이므로, 임차권 양도에 대한 임대인의 동의를 얻지 못하면 임차권을 양수한 양수인은 임차권양수의 목적을 달성하지 못하게 될 것입니다.

그런데 양도금지특약이 있는 임차권의 양도인이 임대인으로부터 양도동의를 받아주지 못한 경우 양도계약의 해제가 가능한지에 관하여 판례는 "법률의 규정에 의하여 임차권의 양도가 금지된 경우는 별론으로 하고, 임대차 당사자 사이의 약정에 의하여 임차권의 양도가 금지된 데 불과한 경우에는, 임차권 양수인이 임대인에 의한 양도동의가 불가능하다는 사정을 받아들이면서 임대인으로부터 임차인으로 인정받지 못한 채 단지 사실상으로만 임차인의 지위에 서있어도 무방하다는 의사로 임차권 양수계약을 체결하였다는 등의 특별한 사정이 인정되지 아니하는 한, 임차권의 양도인은 임대인으로부터 양도의 동의를 받아줄 의무를 면할 수 없고 이를 이행하지 못한 경우에는 민법의 담보책임의 규정에 따라 양수인이 계약을 해제하거나 손해배상의 청구를 할 수 있다고 보아야 하며, 양도계약에서 임대인의 동의를 받아주겠다는 약정을 명시적으로 하지 아니하였다고 해서 달리 볼 수 있는 것은 아니다."라고 하였습니다(대법원 2001. 7. 24. 선고 2001다16418 판결).

따라서 위 사안에서도 甲은, 乙이 丙으로부터 위 점포임차권 양도에 대한 동의를 받아 주지 못할 경우 위 점포의 양도·양수계약을 해제하고 원상회복을 청구할 수 있을 것으로 보입니다.

(관련판례 1)

임차권의 양도에 있어서 그 임차권의 존속기간, 임대기간 종료 후의 재계약 여부, 임대인의 동의 여부는 그 계약의 중요한 요소를 이루는 것이므로 양도인으로서는 이에 관계되는 모든 사정을 양수인에게 알려주어야 할 신의칙상의 의무가 있는데, 임차권양도계약이 체결될 당시에 임차건물에 대한 임대차기간의 연장이나 임차권 양도에 대한 임대인의 동의 여부가 확실하지 않은 상태에서 몇 차례에 걸쳐 명도요구를 받고 있었던 임차권 양도인이 그 여부를 확인하여 양수인에게 설명하지 아니한 채 임차권을 양도한 행위는 기망행위에 해당한다고 보아, 이를 기망행위가 아니라고 한 원심판결을 파기한 사례(대법원 1996. 6. 14. 선고 94다41003 판결).

(사례) 임차권양도금지특약 시 임차보증금반환채권의 양도까지 금지되는지요?

문 甲은 乙에게 점포를 임대하면서 임차권을 제3자에게 양도할 수 없다는 특약을 하였습니다. 그런데 乙은 위 점포의 임차보증금반환청구채권을 그의 채권자 丙에게 양도하고 그 양도사실을 내용증명우편으로 甲에게 통지해왔습니다. 이 경우 위 점포의 임대차기간이 만료된 후 甲은 누구에게 임차보증금을 반환하여야 하는지요?

답 임차권의 양도의 제한에 관하여 「민법」 제629조는 "①임차인은 임대인의 동의 없이 그 권리를 양도하거나 임차물을 전대하지 못한다. ②임차인이 전항의 규정에 위반한 때에는 임대인은 계약을 해지할 수 있다."라고 규정하고 있습니다. 따라서 임차권양도금지의 특약이 없는 경우에도 임차인이 임대인의 동의 없이 임차권을 양도한 경우에는 임대인이 계약을 해지하고 임차목적물의 반환을 청구할 수 있는 것입니다.

그런데 임차권의 양도와 임차보증금반환청구채권의 양도는 구별되어야 할 것입니다. 즉, 임차권의 양도는 임차보증금반환청구채권만이 아니라 임차목적물의 사용·수익을 포함한 임차인으로서의 모든 권리를 양도하는 것이며, 임차보증금반환청구채권의 양도는 단순히 계약이 종료된 후 임차보증금의 반환을 청구할 수 있는 채권만을 양도하는 것입니다.

그리고 임차권양도금지특약이 있는 경우 임차보증금반환채권의 양도까지 금지되는지에 관하여 판례는 "임차인과 임대인간의 약정에 의하여 임차권의 양도가 금지되어 있다 하더라도 그러한 사정만으로 임대차계약에 따른 임차보증금반환채권의 양도까지 금지되는 것은 아니므로, 乙(임차인 겸 양도인)이 丙(양수인)에게 임차목적물에 대한 임차권뿐만 아니라 임차보증금반환채권을 양도하고, 甲(임대인)에게 임차보증금반환채권이 丙에게 양도되었다는 통지를 한 이상, 그 후 甲과 乙간의 임대차계약이 종료되는 경우 丙으로서는 이 사건 임차보증금반환채권의 양수인으로서 甲이 乙과 丙간의 임차권양도에 동의하였는지의 여부에 상관없이 甲에 대하여 이 사건 임차보증금의 반환을 구할 수 있다."라고 하였습니다(대법원 2001. 6. 12. 선고 2001다2624 판결).

따라서 위 사안에서도 甲은 위 점포의 임대차계약이 종료된 후 丙에게 임차보증금을 반환하면 될 것으로 보입니다.

4. 임대인의 지위 승계

4-1. 임차상가건물의 양도와 임대인의 지위 승계

① 임차상가건물의 양수인, 그 밖에 상속, 경매 등으로 임차상가건물의 소
유권을 취득한 사람은 임대인의 지위를 승계합니다(상가건물 임대차보호법
제3조제2항).

② 이러한 승계는 법률의 규정에 따른 승계이므로 그 지위의 승계에 임차
인의 동의를 받을 필요는 없고, 임차인에게 통지할 필요도 없습니다(대법원
1996.2.27.선고 95다35616 판결).

③ 임차상가건물의 양도에 따라 양도인인 임대인의 지위가 양수인에게 포
괄적으로 이전됩니다. 그 결과 임대인의 지위는 면책적으로 소멸되고, 차임
지급청구권을 비롯한 일체의 채권과 보증금반환채무를 포함한 일체의 채무
가 양수인에게 이전됩니다(대법원 1995. 5. 23. 선고 93다47318 판결, 대
법원 1996. 2. 27. 선고 95다35616 판결).

④ 양도인인 임대인과 임차인 사이에 당연승계를 배제하는 내용의 특약은
임차인에게 불리한 약정으로 그 효력이 없습니다(상가건물 임대차보호법
제15조).

(사례) 상가건물이 양도된 경우에 임차인은 건물양수인이 계약만료전 인데도 점포를 비워달라는 요구에 응해야 하나요?

문 저는 2005년 9월 1일 인천 소재 甲소유 상가의 지층을 보증금 2,500만원에 월세 70만원으로 2년간 임차하기로 하는 상가임대 차계약을 체결하고 임대차계약서에 확정일자인까지 받아 두었습니다. 그런데 2007년 8월 20일 임대인 甲은 乙에게 건물을 매도하였고, 매수인 乙은 저에게 점포를 비워달라는 내용증명을 보내왔습니다. 이러한 경우 저는 乙의 요구대로 응할 수밖에 없는지요?

답 「상가건물임대차보호법」 제3조는 "①임대차는 그 등기가 없는 경우에도 임차인이 건물의 인도와 부가가치세법 제8조, 소득세법 제168조 또는 법인세법 제111조의 규정에 의한 사업자등록을 신청한 때에는 그 다음 날부터 제3자에 대하여 효력이 생긴다. ②임차건물의 양수인(그밖에 임대할 권리를 승계한 자를 포함한다)은 임대인의 지위를 승계한 것으로 본다."라고 규정하고 있습니다.

그러므로 상가건물의 임차인이 건물의 인도와 사업자등록이라는 대항요건을 갖춘 후 건물이 양도되면 양수인은 임대인의 지위를 당연히 승계하기 때문에 임차인은 매수인에 대하여 임차권을 주장할 수 있을 것입니다.

즉, 임차인은 양수인과 다시 임대차계약을 체결할 필요가 없으며, 원래의 임대차계약기간이 끝날 때까지 계속 영업을 할 수 있고, 기간 만료 후 매수인으로부터 임차보증금을 반환 받을 수 있는 것입니다. 이때 임대차보증금반환채무도 부동산의 소유권과 함께 양수인에게 이전되므로 양도인의 보증금반환채무는 소멸하고, 임차인은 종전의 소유자에 대하여는 더 이상 보증금반환을 요구할 수 없게 되는 것입니다.

한편, 임대차계약서상 내용이 사업자등록사항과 일치하고, 임대차

목적물이 등기사항증명서 등 공부와 일치하여야 대항력이 보장되므로 이를 일치시키도록 하여야 합니다.

따라서 위 사안의 경우에도 귀하는 위 상가건물에 대한 상가임차인으로서 사업자등록신고를 하고 입점하여 영업을 하고 있었으므로 「상가건물임대차보호법」이 적용되어 그 법상의 대항력을 갖추었다 할 것이고, 새로운 양수인 乙에 대하여도 甲에게 주장할 수 있었던 약정기간동안의 사용·수익과 계약만료 시 임차보증금반환을 청구할 수 있을 것으로 보입니다.

(사례) 상가 업종제한규약이 양수인에게도 적용되는지요?

문 제가 분양받아 운영하고 있는 점포는 최초 분양 시 점포별로 업종을 정하여 분양하였는데, 최근 다른 분양자로부터 수분양자 지위를 양수한 甲이 분양계약 시 정하여진 업종 제한약정을 위반하여 동종영업을 영위함으로써 매출액의 감소 등 손해가 많은바, 제가 어떻게 대처해야 하는지요?

답 일반적으로 상가 분양회사가 수분양자에게 특정영업을 정하여 분양한 이유는 수분양자에게 그 업종을 독점적으로 운영하도록 보장함으로써 이를 통하여 분양을 활성화하기 위한 것이고, 수분양자들 역시 특정영업의 운영이 보장된 다는 전제 아래 분양회사와 계약을 체결한 것이라고 할 것 입니다.

이와 관련하여 판례는 "건축회사가 상가를 건축하여 점포별로 업종을 정하여 분양한 후에 점포에 관한 수분양자의 지위를 양수한 자 또는 그 점포를 임차한 자는 특별한 사정이 없는 한 상가의 점포 입점자들에 대한 관계에서 상호 묵시적으로 분양계약에서 약정한 업종제한 등의 의무를 수인하기로 동의하였다고 봄이 상당하므로, 상호간의 업종제한에 관한 약정을 준수할 의무가 있다고 보아야 하고, 따라서 점포 수분양자의 지위를 양수한 자 등이 분양계약 등에 정하여진 업종제한약정을 위반할 경우, 이로 인하여 영업상의 이익을 침해당할 처지에 있는 자는 침해배제를 위하여 동종업종의 영업금지를 청구할 권리가 있다."라고 하였습니다(대법원 2006. 7. 4.자 2006마164, 165 결정).

즉, 수분양자로부터 분양자의 지위를 이전받은 사람은 이러한 업종제한의 의무를 수인하기로 하였다고 보아야 하며, 분양자 지위를 양도한 사람이나 분양 건설사로부터 이에 관하여 아무런 고지를 받지 못하였다하더라도 분양자 지위 양도인이나 분양 건설사에게 이를 근거로 손해배상청구를 구하는 것은 별론으로 하고, 다른 수분양자가 운영하고 있는 점포와 동종영업을 계속할 수는 없을 것으로 보입니다.

따라서 귀하는 귀하와 동종영업을 하고자 하는 수분양자 지위 양수인인 甲에 대하여 영업금지가처분 및 손해배상을 청구할 수 있을 것으로 보입니다.

4-3. 임대차의 종료 후 임차상가건물을 양도한 경우

대항력 있는 상가건물임대차에 있어 기간만료 등으로 임대차가 종료된 상태에서 상가건물이 양도되는 경우에도, 임차인이 보증금을 반환받을 때까지는 양수인에게 임대인으로서의 지위가 당연히 승계됩니다. 이 경우 임대차보증금을 반환해야 하는 의무도 상가건물의 소유권과 결합해 당연히 양수인에게 이전됩니다(상가건물 임대차보호법 제9조제2항, 대법원 2002. 9. 4. 선고 2001다64615 판결).

4-4. 임대인의 지위승계와 임대차계약의 해지 여부

① 상가건물의 양수인에게 대항할 수 있는 임차인은 상가건물이 양도된 후에도 임차상가건물을 계속해서 사용·수익할 수 있습니다.

② 그런데, 상가건물의 양수인에게 대항할 수 있는 임차인이 스스로 임대차계

약을 지속하는 것을 원하지 않는 경우에는 임대차관계의 구속으로부터 벗어날 수 있다고 보아야 하므로, 상가건물이 임대차기간의 만료 전에 경매되는 경우 임대차계약을 해지하고, 우선변제를 청구할 수 있습니다(대법원 1998. 9. 2. 자 98마100 결정, 대법원 2002. 9. 4. 선고 2001다64615 판결).

(사례) 임대차 계약기간이 끝나기 전에 임대인이 건물을 다른 사람에게 팔았을 경우에 주인이 바뀌었으니 나가라고 하면 나가야 하나요?

문 서울에서 2억원의 보증금으로 상가건물을 임차하여 가게를 운영하던 중 임대차 계약기간이 끝나기 전에 건물주인이 건물을 다른 사람에게 팔았습니다. 주인이 바뀌었으니 주인이 나가라고 하면 나가야 하나요?

답 안 나가도 됩니다.

임차상가건물의 양수인, 그 밖에 상속, 경매 등으로 임차상가건물의 소유권을 취득한 사람은 임대인의 지위를 승계합니다. 따라서 「상가건물 임대차보호법」의 적용을 받는 임차인이 건물의 인도와 사업자등록이라는 대항요건을 갖춘 경우에는 임대인이 변경되더라도 전(前)임대인과 체결한 임대차계약기간 동안 자신의 임차권을 주장할 수 있습니다.

◇ **임대인의 지위 승계**

임차상가건물의 양수인, 그 밖에 상속, 경매 등으로 임차상가건물의 소유권을 취득한 사람은 임대인의 지위를 승계합니다. 양도인인 임대인과 임차인 사이에 당연승계를 배제하는 내용의 특약을 했더라도 이 특약은 임차인에게 불리한 약정으로 그 효력이 없습니다.

◇ **임대인의 지위승계와 임대차계약의 해지 여부**

임차상가건물의 양수인에게 대항할 수 있는 임차인은 임차상가건물이 양도되는 경우에도 임차상가건물을 계속하여 사용·수익할 수 있습니다. 그런데 임차상가건물의 양수인에게 대항할 수 있는 임차인이 스스로 임대인의 지위승계를 원하지 않는 경우에는 임차인이 승계되는 임대차관계의 구속으로부터 벗어날 수 있다고 보아야 하므로, 임차상가건물이 임대차기간의 만료 전에 경매되는 경우 임대차계약을 해지하고, 우선변제를 청구할 수 있습니다.

(사례) 대리점영업을 양도하면서 점포도 넘겨줄 경우에 임차권양도계약인지요?

問 甲은 乙로부터 의류판매 대리점의 영업을 양수하면서, 임대차계약서 양식이 아니라 매매계약서 양식을 이용하여 점포도 넘겨받기로 하는 계약을 체결하였으며, 임대인 丙의 동의까지 얻은 후 입점하여 영업을 하였습니다. 그런데 계약기간이 만료된 후 甲이 丙에게 임차보증금의 반환을 청구하였으나, 丙은 甲과 乙의 영업양도계약에 포함된 점포에 관한 계약이 전대차계약이므로 위 점포의 임차보증금을 乙에게는 반환할 수 있어도 甲에게는 반환할 수 없다고 합니다. 더욱이 乙은 소재불명인바, 이 경우 甲이 丙에게 직접 위 점포의 임차보증금을 청구할 수 없는지요?

答 임차인은 임대인의 동의 없이 그 권리를 양도하거나 임차물을 전대하지 못하지만(민법 제629조), 위 사안의 경우에는 임대인 丙의 동의를 얻었으므로 위 규정에 반하는 문제는 없습니다.

그런데 위 사안에서 甲과 乙의 위 영업양도계약에 포함된 점포에 관한 계약이 전대차계약이라면 甲으로서는 丙에게 직접 임차보증금반환청구를 할 수 없을 것이고, 그것이 임차권양도계약이라면 甲은 乙의 임차인으로서의 지위를 승계한 것이므로 丙에게 임차보증금반환청구를 할 수 있을 것입니다.

관련 판례를 살펴보면, "의류판매 대리점영업을 하던 점포임차인이 그 영업을 양도하면서 점포도 넘겨주기로 한 계약이 영업양도계약에 부수하여 이루어졌고, 임대차계약서 양식이 아니라 매매계약서 양식을 이용하여 위 계약을 체결하였으며, 양수인과 임차인이 함께 임대인을 찾아가 영업양수인과 새로운 임대차계약을 체결하여 줄 것을 요구하였고, 어느 쪽의 경제적 이해관계를 따져보더라도 영업을 양도한 이후 위 점포에 관한 임차권의 권리관계에서 임차인의 지위를 유지시켜야 할 이익을 인정할 수 없다면, 양수인과 임차인 사이에서 위 점포를 넘겨주기로 한 계약은 전대차계약이 아니라 임차권의 양도계약이다."라고 하였습니다(대법원 2001. 9. 28. 선고 2001다10960 판결).

따라서 위 사안에서 甲은 乙로부터 점포임차권을 양도받았고, 丙도 그러한 임차권양도에 동의한 것으로 볼 수 있을 듯하며, 甲으로서는 丙에 대하여 직접 임차보증금반환청구를 할 수 있을 듯합니다.

(관련판례 1)

임대차계약에 있어 임대인의 지위의 양도는 임대인의 의무의 이전을 수반하는 것이지만 임대인의 의무는 임대인이 누구인가에 의하여 이행방법이 특별히 달라지는 것은 아니고, 목적물의 소유자의 지위에서 거의 완전히 이행할 수 있으며, 임차인의 입장에서 보아도 신 소유자에게 그 의무의 승계를 인정하는 것이 오히려 임차인에게 훨씬 유리할 수도 있으므로 임대인과 신 소유자와의 계약만으로써 그 지위의 양도를 할 수 있다 할 것이나, 이 경우에 임차인이 원하지 아니하면 임대차의 승계를 임차인에게 강요할 수는 없는 것이어서 스스로 임대차를 종료시킬 수 있어야 한다는 공평의 원칙 및 신의성실의 원칙에 따라 임차인이 곧 이의를 제기함으로써 승계되는 임대차관계의 구속을 면할 수 있고, 임대인과의 임대차관계도 해지할 수 있다고 보아야 한다(대법원 1998. 9. 2. 자 98마100 결정).

(관련판례 2)

주택의 임차인이 제3자에 대한 대항력을 갖춘 후 임차주택의 소유권이 양도되어 그 양수인이 임대인의 지위를 승계하는 경우에는, 임대차보증금의 반환채무도 부동산의 소유권과 결합하여 일체로서 이전하는 것이므로 양도인의 임대인으로서의 지

5. 임차권의 양도 및 전대차

5-1. 전대차

① 임차인이 자기의 임차권에 기초하여 임차상가건물을 제3자에게 사용·수익할 수 있게 하는 계약을 하는 것을 전대차계약이라고 합니다.
② 상가건물의 전대차는 임대인의 동의가 있는 경우에만 허용됩니다.

5-2. 상가건물의 전대차

「상가건물의 전대차」란 임차상가건물을 제3자가 사용·수익할 수 있도록 임차인이 다시 재임대하는 것을 말합니다.

5-2-1. 계약당사자

① 계약당사자는 전대인(임차인)과 전차인(제3자)입니다.
② 따라서 전대차 계약을 하면, 전대인(임차인)과 전차인(제3자) 사이에는 별개의 새로운 임대차 관계가 생기나, 임차인(전대인)과 임대인의 관계는 그대로 존속하게 됩니다.

5-2-2. 임차권의 전대 금지

① 「민법」은 임차권의 전대를 원칙적으로 금지하고 있으므로, 임대인은 자신의 동의 없이 임차인이 임차상가건물을 전대한 때에는 임대차계약을 해지할 수 있습니다(제629조).

② 임차권의 전대제한 규정은 강행규정이 아니므로, 전대차는 임대인의 동의가 없더라도 임차인과의 사이에 채권·채무가 유효하게 성립합니다. 그러나 전차인이 임대인이나 그 밖의 제3자에게 임차권이 있음을 주장하기 위해서는 임대인의 동의가 필요합니다(민법 제629조 및 제652조).

③ 임대인의 동의는 전대차 계약이 체결되기 전이든 후이든 상관없이 있기만 하면 되고, 명시 또는 묵시 상관없이 가능합니다. 다만, 동의가 있었다는 사실은 임차인과 전차인이 입증해야 합니다.

5-3. 임대인의 동의가 있는 전대차의 효과
5-3-1. 전대인(임차인)과 전차인 사이의 관계

전대인과 전차인 사이의 관계는 전대차 계약의 내용에 따라 정해지고, 전대인은 전차인에 대해 임대인으로서의 권리의무를 가지게 됩니다.

5-3-2. 임대인과 임차인(전대인) 사이의 관계

임대인과 임차인의 관계는 전대차에 불구하고 아무런 영향을 받지 않습니다. 즉 임대인은 임차인에 대해 임대차계약에 따른 권리를 행사할 수 있습니다(민법 제630조제2항).

5-3-3. 임대인과 전차인 사이의 관계

① 임대인과 전차인 사이에는 직접적으로 아무런 관계가 없습니다. 그러나 「민법」은 임대인의 보호를 위해 전차인이 직접 임대인에 대해 의무를 부담하도록 하고 있습니다(민법 제630조제1항 전단).

② 즉, 전차인은 전대차 계약에 따라 전대인(임차인)에 대해 월세 등의 지

급의무를 지는데, 월세를 일정한 전제 하에 직접 임대인에게 지급하면 전대인(임차인)에게 지급하지 않아도 됩니다. 그러나 전차인은 전대인(임차인)에게 월세를 지급했다는 이유로 임대인에게 임차권을 주장할 수는 없습니다(민법 제630조제1항 후단).

(사례) 상가를 전대한 임차인도 우선변제권을 행사할 수 있는지요?

문 甲은 乙 소유의 상가 점포를 임대하여 사업자등록을 마쳤습니다. 그러나 여러 사정상 甲은 丙에게 점포를 전대하게 되었습니다. 이후 乙의 채권자들이 위 상가 점포에 대한 경매를 신청하여 경매 절차가 개시되었는데 이때 甲은 상가건물임대차보호법상의 대항력이 인정되어 우선변제권을 행사할 수 있는지요?

답 「상가건물임대차보호법」 제3조 제1항은 "임대차는 그 등기가 없는 경우에도 임차인이 건물의 인도와 부가가치세법 제8조, 소득세법 제168조 또는 법인세법 제111조의 규정에 의한 사업자등록을 신청하면 그 다음 날부터 제3자에 대하여 효력이 생긴다."라고 규정하고 있고, 같은 법 제5조 제2항은 "제3조제1항의 대항요건을 갖추고 관할 세무서장으로부터 임대차계약서상의 확정일자를 받은 임차인은 민사집행법에 따른 경매 또는 국세징수법에 의한 공매시 임차건물(임대인 소유의 대지를 포함한다)의 환가대금에서 후순위권리자나 그 밖의 채권자보다 우선하여 보증금을 변제 받을 권리가 있다."라고 규정하고 있습니다.

따라서 위 사안의 경우와 같이 甲이 점포를 전대한 경우 상가임대차의 공시방법으로 요구하는 '사업자등록'이라는 요건을 충족하는지가 문제됩니다.

이에 관하여 판례는 "상가건물의 임차인이 임대차보증금 반환채권에 대하여 상가건물 임대차보호법 제3조 제1항 소정의 대항력 또는 같은 법 제5조 제2항 소정의 우선변제권을 가지려면 임대차의 목적인 상가건물의 인도 및 부가가치세법 등에 의한 사업자등록을 구비하고, 관할세무서장으로부터 확정일자를 받아야 하며, 그 중 사업자등록은 대항력 또는 우선변제권의 취득요건일 뿐만 아니라 존속요건이기도 하므로, 배당요구의 종기까지 존속하고 있어야 한다."고 하면서 "부가가치세법 제5조 제4항, 제5항의 규정 취지에 비추어 보면, 상가건물을 임차하고 사업자등록을 마친 사업자가 임차 건물의 전대차 등으로 당해 사업을 개시하지 않거나 사실상 폐업한 경우에는 그 사업자등록은 부가가치세법 및 상가건물 임대차보호법이 상가임대차의 공시방법으로 요구하는 적법한 사업자등록이라고 볼 수 없고, 이 경우 임차인이 상가건물 임대차보호법상의 대항력 및 우선변제권을 유지하기 위해서는 건물을 직접 점유하면서 사업을 운영하는 전차인이 그 명의로 사업자등록을 하여야 한다."고 하였습니다(대법원 2006. 1. 13. 선고 2005다64002 판결).

따라서 甲이 사실상 폐업하고 그 점포를 丙에게 전대한 경우, 건물을 직접 점유하면서 사업을 운영하는 전차인 丙이 그 명의로 사업자등록을 적법하게 하였다면 임차인 甲이 「상가건물임대차보호법」상의 대항력과 우선변제권을 계속 유지하고 있다고 할 것이지만, 전차인 丙이 그 명의로 사업자등록을 하지 않은 경우라면 임차인인 甲의 대항력 및 우선변제권은 유지될 수 없을 것입니다.

5-3-4. 전차인의 보호

① 전대차는 임대차를 기초로 하므로, 임대인과 임차인의 임대차 관계가 기간만료 등으로 종료하면 자동적으로 임차인과 제3자간의 전대차 관계도 소멸합니다.

② 그러나 임대인과 임차인의 합의로 계약을 종료한 경우에는 전차인의 권리가 자동으로 소멸하지 않으므로, 전차인은 전대차의 존속을 임대인과 임

차인에게 주장할 수 있습니다(민법 제631조).

③ 임대차계약이 해지를 이유로 종료되더라도 상가건물이 적법하게 제3자에게 전대된 경우에는 전차인에게 그 사유를 통지하지 않으면 임차인은 임대차계약이 해지된 것을 이유로 전차인에게 대항하지 못합니다. 전차인이 해지의 통지를 받은 때에도 6개월이 지나야 해지의 효력이 생깁니다(민법 제638조).

④ 상가건물 사용을 편리하게 하기 위해 임대인의 동의를 얻어 전차인이 설치한 물건이나, 임대인으로부터 매수하였거나 임대인의 동의를 얻어 임차인으로부터 매수한 물건에 대해서는 전대차의 종료 시 전차인은 임대인에게 그 부속물의 매수를 청구할 수 있습니다(민법 제647조).

5-4. 임대인의 동의가 없는 전대차의 효과

5-4-1. 전대인(임차인)과 전차인 사이의 관계

① 전대차 계약은 계약 당사자 사이에서 유효하게 성립하고, 전차인은 전대인에게 상가건물을 사용·수익하게 해 줄 것을 내용으로 하는 채권을 취득하며, 전대인은 전차인에 대해 차임청구권을 가집니다.

② 전대인은 전차인을 위해 임대인의 동의를 받아 줄 의무를 지게 됩니다(대법원 1986. 2. 25. 선고 85다카1812 판결).

5-4-2. 임대인과 임차인(전대인) 사이의 관계

임차인이 전대를 하더라도 임대인과 임차인 사이의 임대차 관계는 그대로 존속합니다. 물론 임대인은 무단 전대를 이유로 임차인과의 계약을 해지할 수 있습니다(민법 제629조제2항).

5-4-3. 임대인과 전차인 사이의 관계

임대인의 동의 없이 상가건물을 전대한 경우에는 임대인에게 그 효력을 주장할 수 없으므로, 전차인이 상가건물을 점유하는 것은 임대인에게는 불법

점유가 됩니다. 따라서 임대인은 소유권에 기해 전차인에게 임차상가건물의 반환을 청구할 수 있습니다(민법 제213조 및 제214조).

(사례) 실제 소유자인 구분소유자와 임대차계약을 체결하지 못한 경우에는 상가건물임대차보호법의 적용을 받을 수 없는지요?

問 저는 2007년 7월 서울 소재 의류전문 대형쇼핑몰에 임차해 있는 상인입니다. 이 건물은 일반인들에게 각 점포가 분양되어 각 점포마다 구분소유자가 있는데, 저는 건물주인 구분소유권자가 아닌 甲상가운영위원회와 임대차계약을 맺으면서 임차보증금 5,000만원에 매달 30만원씩 지급하기로 하고 입점하였습니다. 그런데 甲상가운영위원회는 구분소유자들로부터 상가임대 및 운영일체에 대한 권한을 위임받는 조건으로 이 상가들을 임차하고, 매달 월세를 각 구분소유자들에게 지급하고 있습니다. 저는 실제 소유자인구분소유자와의 임대차계약을 체결하지 못한 관계로 「상가건물임대차보호법」의 적용을 받을 수 없는지요?

答 「상가건물임대차보호법」 제10조는 임차인의 계약갱신요구권을 인정하고 있는 반면, 예외적인 경우에 한하여 임차인 의 임대차 계약갱신요구권에 대한 임대인의 거부권을 인정하는데, 그 중 하나가 '임차인이 임대인의 동의 없이 목적건물의 전부 또는 일부를 전대한 경우'입니다.
단순히 이 규정으로 볼 때 귀하께서는 임대인과 계약을 체결하지 못했으므로 임대인이 임차인이나 전차인의 임대차계약갱신요구에 대해 거절하고 임차목적물에 대한 명도를 요구하면 동의를 받지 못한 전차인인 관계로 꼼짝없이 당할 수밖에 없다고 생각할 수도 있습니다.
그러나 대형쇼핑몰의 경우 단순히 임대수익을 목적으로 상가점포를 분양 받은 대부분의 구분소유자들은 스스로 임차인을 구하기

도 어려울 뿐 더러 상가의 활성화를 통한 임대수익의 극대화를
도모하기 위한 노하우(Know How)가 전혀 없는 상태이며 점포운
영보다는 임대수익에 더 관심이 있는지라 이에 대한 전문가일 수
있는 상가운영위원회(또는 상가전문운영회사)에 임대계약을 위임
하고 이를 위임받은 상가운영위원회로 하여금 임대차계약을 체결
하게 하거나, 아예 일정한 기간을 해당 상가운영위원회(또는 상가
전문운영회사)에 임대를 하고 임료를 상가운영위원회(또는 상가전
문운영회사)로부터 직접 받음으로써 그 목적을 달성하는 경우가
대부분인지라 상가운영위원회(또는 상가전문운영회사)에서 해당
점포에 적합한 업종을 운영할 수 있는 상인을 찾아 입점을 시키
고 있는 것이 관례입니다.

따라서 귀하도 위와 같이 상가의 구분소유자들로부터 일정한 임
대권한을 위임받은 상가운영위원회(또는 상가전문운영회사)와 전
대차계약을 체결한 전차인으로서 「상가임대차보호법」 제13조 제
2항의 임대인의 동의를 받고 전대차계약을 체결한 전차인에 해당
한다 할 것이므로 귀하께서는 임차인의 임대인에 대한 계약갱신
요구권 행사기간 범위 내에서 임차인을 대위하여 임대인에게 계
약갱신요구권을 행사할 수 있을 것으로 보입니다.

5-5. 상가건물의 일부 부분에 대한 전대차

5-5-1. 상가건물 일부 전대차의 예외

① 상가건물의 임차인이 그 상가건물의 일부분을 다른 사람에게 사용하게
할 경우 전대의 제한, 전대의 효과 및 전차인의 권리의 확정에 관한 규정
은 적용되지 않습니다(민법 제632조).

② 다만, 이 규정은 임의규정이므로 당사자간의 특약으로 상가건물의 일부
분이라도 다른 사람이 사용할 수 없도록 약정한다면 그 계약 내용에 따라
적용됩니다.

**(사례) 임대차 및 전대차의 기간 종료 후 전대인의 차임상당의 부당이
득의 반환을 청구할 수 있는지요?**

❓ 甲은 乙로부터 상가건물을 임차하였는데, 위 상가건물은 乙이 丙
으로부터 임차하여 다시 甲에게 전대차한 것이었고, 乙과 丙의
임대차기간이 만료되었으며, 乙과 甲의 전대차기간도 만료되었습
니다. 그런데 乙은 위와 같이 乙과 丙의 임대차기간이 만료된 후
에도 甲에게 기간종료 후 명도시까지의 차임상당의 부당이득의
반환을 청구하고 있습니다. 이 경우 乙이 甲에게 위와 같은 차임
상당을 청구할 수 있는지요?

❗ 임차인이 임차물을 전대하였다가 임대차 및 전대차가 모두 종료
된 경우, 전차인이 전대인에 대하여 전대기간 종료일 이후의 차임
상당의 부당이득금을 반환할 의무가 있는지에 관하여 판례는 "임
대인이 임대차목적물에 대한 소유권 기타 이를 임대할 권한이 없
다고 하더라도 임대차계약은 유효하게 성립하고, 따라서 임차인은
임대인이 임차인으로 하여금 그 목적물을 완전하게 사용·수익케
할 의무가 이행불능으로 되지 아니하는 한 그 사용·수익의 대가로
차임을 지급할 의무가 있으며, 그 임대차가 종료되면 임차목적물
을 임대인에게 반환하여야 할 계약상의 의무를 부담하고, 다만 이
러한 경우 진실한 소유자가 임차인에게 목적물의 인도를 요구하
여 이를 인도하였다면 임대인이 임차인에게 목적물을 사용·수익케
할 의무는 이행불능이 되었다고 할 것이며, 이러한 이행불능이 일
시적이라고 볼 만한 특별한 사정이 없다면 임대차는 당사자의 해
지의사표시를 기다릴 필요 없이 당연히 종료되었다고 볼 것이고
(대법원 1996. 3. 8. 선고 95다15087 판결, 1996. 9. 6. 선고 94다
54641 판결), 따라서 임차인이 임차물을 전대하여 그 임대차기간
및 전대차기간이 모두 만료되었다고 하더라도 전차인이 아직 임

대인에게 목적물을 반환하지 않고 있는 동안에는 임차인(전대인)이 전차인에게 목적물의 명도를 구할 수 있다고 할 것이다."라고 하였습니다.

또한 "임대차는 당사자 일방이 상대방에게 목적물을 사용·수익하게 할 것을 약정하고 상대방이 이에 대하여 차임을 지급할 것을 약정하면 되는 것으로서 나아가 임대인이 그 목적물에 대한 소유권 기타 이를 임대할 권한이 있을 것을 성립요건으로 하고 있지 아니하므로, 임대차가 종료된 경우 임대목적물이 타인 소유라고 하더라도 그 타인이 목적물의 반환청구나 임료 내지 그 해당액의 지급을 요구하는 등 특별한 사정이 없는 한 임차인은 임대인에게 그 부동산을 명도하고 임대차 종료일까지의 연체차임을 지급할 의무가 있음은 물론, 임대차 종료일 이후부터 부동산 명도 완료일까지 그 부동산을 점유·사용함에 따른 차임상당의 부당이득금을 반환할 의무도 있다고 할 것인바(대법원 1996. 9. 6. 선고 94다54641 판결, 2000. 11. 24. 선고 2000다37777, 37784 판결), 이와 같은 법리는 임차인이 임차물을 전대하였다가 임대차 및 전대차가 모두 종료된 경우의 전차인에 대하여도 특별한 사정이 없는 한 그대로 적용된다고 할 것이다."라고 하였습니다(대법원 2001. 6. 29. 선고 2000다68290 판결).

따라서 위 사안에 있어서도 乙은 丙과의 임대차계약기간이 종료되었다고 하여도 甲에 대하여 전차목적물의 명도와 함께 전대차계약기간 종료 후 명도시까지의 차임상당의 부당이득을 반환청구할 수 있다고 하여야 할 것입니다.

5-5-2. 전세권의 경우 – 전전세

① 전전세란

「전전세」란 전세권자가 그 전세권의 범위 내에서 전세 목적물의 일부 또는 전부을 제3자에게 다시 전세권을 설정해 주는 것을 말합니다.

② 전전세의 요건

　　가. 전세권자는 설정행위로 전전세가 금지되어 있지 않는 한, 그의 전세권의 존속기간 내에서 전전세할 수 있습니다(민법 제306조).

　　나. 전전세권은 원전세권자(전세를 얻은 사람)와 전전세권자(다시 전세를 얻은 사람) 사이에 전전세권설정의 합의와 등기에 의해 성립됩니다(민법 제186조).

　　다. 전전세권의 존속기간은 원전세권의 존속기간 내여야 합니다(민법 제306조).

　　라. 전전세의 경우에도 전세금을 지급해야 합니다. 전전세권은 원전세권을 기초로 하여 성립하는 것이므로, 전전세의 전세금은 원전세의 전세금을 초과할 수는 없습니다.

③ 전전세의 효과

　　가. 전전세권이 설정되더라도 원전세권은 그대로 유지되나, 원전세권자는 전전세권에 의해 제한되는 한도에서 스스로 그 목적 부동산을 사용·수익할 수 없게 됩니다.

　　나. 전전세권자는 그 목적 부동산을 점유하여 사용·수익할 수 있으며, 그 밖에 전세권자로서의 모든 권리를 가지게 됩니다. 다만, 원전세권설정자에 대해서는 아무런 권리의무를 가지지 않습니다.

　　다. 원전세권자는 전전세를 주지 않았다면 부담하지 않아도 될 불가항력으로 인한 손해에 대해서도 책임을 져야 합니다(민법 제308조).

　　라. 전전세권자는 전전세권이 소멸하면 전전세권 설정자에게 목적물을 인도하고, 전세권설정등기의 말소등기에 필요한 서류를 발급를 하는 동시에 전전세금의 반환을 청구할 수 있습니다(민법 제317조).

　　마. 전전세권자는 전전세권설정자가 전전세금을 반환하지 않고 지체하면 전전세권을 이유로 목적물의 경매를 청구할 수 있습니다(민법 제318조).

　　바. 이 경우 전전세권 목적물 전부에 대한 후순위권리자나 그 밖의 채권자보다도 전전세금을 우선변제 받을 수 있습니다(민법 제303조제1

항). 다만, 이 경매청구권은 원전세권도 소멸하고 원전세권설정자가 원전세권자에 대한 원전세금의 반환을 지체하고 있는 경우에만 행사할 수 있습니다.

(사례) 주인의 허락없이 가게의 일부를 다른 사람에게 세를 줘도 될까요?

문 상가건물을 임차하여 화장품 가게를 운영하던 중 가게의 작은 부분을 다른 사람에게 네일샵으로 운영할 수 있도록 세를 주려 합니다. 주인의 허락없이 가게의 일부를 다른 사람에게 세를 줘도 될까요?

답 가능합니다.

「민법」은 임차권의 전대를 원칙적으로 금지하고 있으므로, 임대인은 자신의 동의 없이 임차인이 임차 상가건물을 제3자에게 전대한 경우에는 임대차계약을 해지할 수 있습니다. 다만, 특별한 약정이 없는 한 그 임차상가건물의 작은 부분을 세를 주는 것은 주인의 허락 없이도 가능합니다. 따라서 질문과 같이 가게의 작은 부분을 임대인의 동의 없이 전대한 경우라 하더라도 임대인은 임대차계약을 해지할 수 없습니다.

(관련판례)

임대인의 동의를 받지 아니하고 임차권을 양도한 계약도 이로써 임대인에게 대항할 수 없을 뿐 임차인과 양수인 사이에는 유효한 것이고 이 경우 임차인은 양수인을 위하여 임대인의 동의를 받아 줄 의무가 있다(대법원 1986. 2. 25. 선고 85다카1812 판결).

제4절 임대차계약의 갱신

1. 합의 갱신

① 임대차계약의 합의 갱신은 임대차 만료기간에 즈음하여 당사자의 합의로 임대차를 존속시키기로 하는 내용의 계약입니다.
② 합의 갱신의 효과는 합의의 내용에 따라 정해집니다.

1-1. 합의 갱신의 의의
① 「상가건물 임대차계약의 합의 갱신」이란, 임대차 만료기간에 즈음하여 당사자의 합의로 임대차를 존속시키기로 하는 내용의 계약을 말합니다.
② 이 경우 임대인과 임차인은 임대차계약의 조건을 변경하거나, 그 기간을 변경하는 등 계약조건을 변경하여 합의 갱신하거나, 기존의 임대차와 동일한 계약조건으로 합의 갱신할 수 있습니다.
③ 합의 갱신을 하는 임대인과 임차인은 기존의 상가건물 임대차계약자의 동일성, 계약일자의 연속성 등이 나타나야 합니다.
④ 합의 갱신은 임대차관계가 완전히 끝난 후에 동일한 임대인과 임차인 간에 새로운 임대차관계를 설정하는 임대차의 재설정과 구별되고, 임대차기간 중에 미리 일정기간의 연장을 합의하는 기간연장의 합의와도 구별됩니다.

(사례) 상가건물임대차계약 시 임차인에게 불리한 약정은 어떤 효력이 있는지요?

📑 저는 1년 전 경기도 수원 소재 甲소유 상가건물 1층을 보증금 4,000만원에 월세 20만원으로 2년간 임차하여 입점 후, 제과점으로 사업자등록신청을 하면서 임대차계약서에 확정일자인까지 받아 대항력과 우선변제권을 확보해 두고 있습니다. 그런데 제가

생각했던 것보다 장사가 잘되어 계약기간이 끝나더라도 계속 영업을 하고 싶은데, 계약 당시 건물주 甲은 2년 후에는 자기도 정년퇴직을 하기 때문에 반드시 상가를 비워 주어야 한다면서 계약서에 '2년 뒤에는 이유불문하고 가게를 명도하기로 약정함'이라고 기재하게 하였습니다. 그 당시 저는 이 상가를 꼭 임차하고 싶은 생각에 그렇게 기재하는데 동의하였는데, 이 경우 제가 당초의 임대차계약기간인 2년이 만료되면 그 기간갱신을 주장할 수는 없는지요?

답 상가임차인의 계약갱신요구 등에 관하여 「상가건물임대차보호법」 제10조 제1항 및 제2항은 "①임대인은 임차인이 임대차기간 만료 전 6월부터 1월까지 사이에 행하는 계약갱신 요구에 대하여 정당한 사유 없이 이를 거절하지 못한다. 다만, 다음 각 호의 1의 경우에는 그러하지 아니하다

1. 임차인이 3기의 차임액에 달하도록 차임을 연체한 사실이 있는 경우
2. 임차인이 거짓 그 밖의 부정한 방법으로 임차한 경우
3. 쌍방 합의 하에 임대인이 임차인에게 상당한 보상을 제공한 경우
4. 임차인이 임대인의 동의 없이 목적 건물의 전부 또는 일부를 전대한 경우
5. 임차인이 임차한 건물의 전부 또는 일부를 고의 또는 중대한 과실로 파손한 경우
6. 임차한 건물의 전부 또는 일부가 멸실되어 임대차의 목적을 달성하지 못할 경우
7. 임대인이 목적 건물의 전부 또는 대부분을 철거하거나 재건축하기 위해 목적 건물의 점유 회복이 필요한 경우
8. 그 밖에 임차인이 임차인으로서의 의무를 현저히 위반하거

　　나 임대차를 계속하기 어려운 중대한 사유가 있는 경우
②임차인의 계약갱신요구권은 최초의 임대차 기간을 포함한 전체 임대차 기간이 5년을 초과하지 않는 범위 내에서만 행사할 수 있다.”라고 규정하고 있습니다.

그러므로 최소 1년의 임대차기간을 보장해 주고 있으며 임차인이 3기의 차임액에 달하도록 차임을 연체한 사실 등 위 각호에 해당하는 이유가 없는 이상 최초의 임대차기간을 포함한 전체 임대차기간이 5년을 초과하지 않는 범위 내에서 임대인은 임차인의 계약갱신요구를 거절할 수 없도록 하고 있습니다.

그리고 같은 법 제15조는 “이 법의 규정에 위반된 약정으로서 임차인에게 불리한 것은 그 효력이 없다.”라고 규정하고 있으므로 임대차계약서상 이 법을 위반하여 임차인에게 불리하게 정한 약정은 효력이 없다 하겠습니다.

따라서 위 사안의 경우 귀하는 입점 후 영업을 위한 사업자등록을 함으로써 「상가건물임대차보호법」 제3조 제1항에 의한 대항력을 갖추었으며 임차보증금액도 경기도 수원시의 같은 법 시행령(2008. 8. 21. 개정되기 전의 것) 적용한도인 1억9천만원을 넘지 않아(귀하의 기준보증금액은 4,000만원＋20만원×100＝6,000만원임) 같은 법에 의한 보호를 받는 상가임차인이라 할 것입니다. 또한, 귀하가 임대인 甲과 ‘2년 뒤에는 이유 불문하고 가게를 명도하기로 약정함’이라고 한 것은 귀하에게 일방적으로 불리하게 약정된 것으로서 위 법 제15조에 의해 효력이 없다고 할 것입니다.

참고로 2014년 1월 1일부터 시행되고 있는 개정 「상가건물임대차보호법 시행령」은 「상가건물임대차보호법」의 적용범위가 되는 보증금액을 ①서울특별시에서는 보증금액이 4억원 이하, ②「수도권정비계획법」에 따른 과밀억제권역(서울특별시는 제외한다): 3억원, ③광역시(「수도권정비계획법」에 따른 과밀억제권역에 포함된 지역과 군지역은 제외한다), 안산시, 용인시, 김포시 및 광주시: 2

억4천만원, ④그 밖의 지역에서는 보증금액이 1억8천만원 이하로 증액하였습니다. 다만, 이 영 시행 당시 존속 중인 상가건물임대차계약에 대하여는 종전 규정을 따르도록 하고 있습니다.

1-2. 합의 갱신의 효과

① 합의 갱신의 효과는 합의의 내용에 따라 정해집니다.

② 임대차계약의 조건을 변경하는 합의 갱신

임대차계약의 조건을 변경하는 합의 갱신의 경우에는 전 임대차에 대해 이해관계가 있는 제3자에게 대항할 수 없습니다. 따라서 임대차 보증금을 증액하는 경우에는 그 증액된 부분에 대해서는 증액을 합의한 때부터 후순위 권리자에 대해 대항력과 우선변제권을 취득하게 됩니다.

③ 「민법」에 따른 전세권의 경우 – 합의 갱신

전세권은 그 존속기간을 정한 경우는 물론, 그 기간을 정하지 않는 경우에도 당사자의 합의로 갱신할 수 있습니다. 어떠한 내용으로 갱신할 지는 자유지만, 그 존속기간은 갱신한 날로부터 10년을 넘지 못합니다(민법 제312조제3항). 전세권의 갱신은 권리의 변경으로서 그 등기를 해야 효력이 생깁니다(민법 제186조).

2. 묵시의 갱신

묵시의 갱신은 법률의 규정에 따라 계약갱신에 대한 의사표시가 없는 경우에 임대차계약이 갱신되도록 하는 것이며, 종전의 임대차와 동일한 조건으로 다시 임대차한 것으로 봅니다.

2-1. 묵시의 갱신의 의의

① 「묵시의 갱신」이란 임대차기간이 끝난 후 당사자 사이에 계약해지에 관한 특별한 의사표시가 없는 경우 임대차관계가 지속되는 것을 말합니다.

② 묵시의 갱신에는 「민법」에 따른 묵시의 갱신과 「상가건물 임대차보호법」
에 따른 묵시의 갱신이 있습니다.

2-2. 「상가건물 임대차보호법」상 묵시의 갱신

① 「상가건물 임대차보호법」은 임대차기간이 끝나기 전에 계약을 갱신하지
않겠다는 의사표시를 하지 않는 경우 임대차계약이 갱신되도록 하는 규정
을 두고 있습니다.

② 즉, 임대인이 임대차기간이 만료되기 6개월 전부터 1개월 전까지 임차인
에게 갱신을 하지 않겠다는 통지를 하지 않거나 계약조건을 변경하지 않으
면 갱신하지 않는다는 뜻의 통지를 하지 않는 경우 임대차기간이 끝나면
전 임대차와 동일한 조건으로 다시 임대차한 것으로 간주됩니다(상가건물
임대차보호법 제10조제4항).

(서식 예) 내용증명-최고서(상가임대차계약 갱신권 요구 주장)

최 고 서

수 신○○○ 님

○○도 ○○시 ○○○ ○○하이츠 ○○○-○○○

1. 최고인은 귀하로부터 2010. 9. 8.자 우체국 소인이 찍힌 내용증명
   에서 점포의 인도를 요구받았는바, 귀하의 주장사항에 대하여는
   아래 2항에서와 같이 답변하고, 아울러 귀하의 인도요구에 대한
   최고인의 입장을 아래 3항에 적은 바와 같이 답변하는 바입니다.
2. 가. 최고인인 귀하의 요구에 따라 기존 100만원이던 월세를 2008.
       10. 20.부터 월 110만원을 지급하여 인상해드린 바 있습니
       다.
   나. 화장실 시설의 개선은 법률적으로나 상도의적으로나 임대인인

귀하가 해야 할 사항이라 할 것입니다.

다. 현재 돌출간판은 2개이며 최고인이 더 설치한 것이 없습니다. 또한 귀하가 2008년경 건물을 보수하면서 기존 간판을 버려, 최고인의 비용으로 50만원을 들여 재설치한 바 있습니다.

라. 요금 경쟁 등은 자본주의의 기본이라 할 것임에도 이를 임대인인 귀하가 문제 삼는 건 참으로 이해할 수 없는 부분입니다.

3. 최고인은 2006. 11. 7. 귀하 소유인 ○○시 ○○동 171-17 소재 3층 건물 중 3층 전부에 대하여 계약기간을 2007. 11. 7.까지로 약정하고 당구장으로 임차하여 현재까지 묵시적으로 갱신된 계약에 의해 영업 중이며, 4년이 되는 시점은 올해 11. 7.경이라 할 것입니다. 귀하의 요구에 대하여 최고인은 상가건물임대차보호법 제10조의 규정에 따라 계약의 갱신을 요구하니 널리 이해해 주시기 바랍니다. 참고로 위 법에 따른 갱신요구권에 따라 최고인은 5년간은 영업을 계속할 수 있고, 갱신되는 임대차는 전 임대차와 동일한 조건으로 다시 계약된 것으로 보게 되어 있으므로 참고하시기 바랍니다.

20 . . .

최고인김 ○ ○ (서명)

○○시 ○○동 ○○○-○○

(해설)

1. 내용증명

① 내용증명은 우편법 시행규칙 제25조 ①항 4호 가목에 따라 등기취급을 전제로 우체국창구 또는 정보통신망을 통하여 발송인이 수취인에게 어떤 내용의 문서를 언제 발송하였다는 사실을 우체국이 증명하는 특수취급 제도입니다.

② 예컨대 채무이행의 기한이 없는 경우 채무자는 이행의 청구를 받은 때로부

터 지체책임을 지게 되며 이 경우 이행의 청구를 하였음을 증명하는 문서로 활용할 수 있습니다.

2. 내용증명의 활용

① 민법은 시효중단의 한 형태로「최고」를 규정하고 있으며「최고」후 6월 내에 재판상의 청구, 파산절차참가, 화해를 위한 소환, 임의출석, 압류 또는 가압류, 가처분을 하지 않는 경우 시효중단의 효력이 없는 것으로 규정하고 있습니다.

따라서 소멸시효가 임박한 경우「최고서」를 작성하여 내용증명우편으로 송부하고 소송 시「최고」를 하였음을 입증하는 자료로 사용할 수 있습니다.

② 계약의 해제(해지), 착오 등을 이유로 취소하는 경우 내용증명을 통하여 의사표시를 하는 것이 후일 분쟁을 미리 예방 할 수 있는 방법이 될 수 있습니다.

③ 민법 제450조는 지명채권의 양도는 양도인이 채무자에게 통지하거나 채무자의 승낙을 요하며, 통지나 승낙은 확정일자 있는 증서에 의하지 않으면 채무자 이외의 제3자에게 대항할 수 없도록 규정하고 있습니다.

따라서 채권의 양도통지를 할 경우 내용증명에 의하여 통지하면 제3자에게도 대항할 수 있게 됩니다.

3. 제출부수

3부를 작성하여 봉투와 함께 우체국에 제출

2-2-1. 묵시의 갱신의 요건

① 임대차기간이 끝났을 것

묵시의 갱신은 임대차기간을 정했거나(1년 또는 1년 미만으로 정한 경우), 기간을 정하지 않았거나를 불문하고 1년이 지나면 묵시적으로 갱신됩니다.

임대차기간을 1년 미만으로 정한 임대차의 경우, 임차인은 선택적으로 1년 미만의 약정기간을 주장할 수도, 또는 1년의 임대차기간을 주장할 수도 있습니다(상가건물 임대차보호법 제9조제1항).

② 갱신거절 또는 계약조건변경의 통지를 하지 않았을 것

임대인이 임대차기간이 끝나기 6개월 전부터 1개월 전이 될 때까지 임차인에게 갱신을 거절한다는 통지나 계약조건을 변경하지 않으면 갱신하지 않는다는 뜻의 통지를 하지 않는 경우에 묵시 갱신됩니다.

임대인이나 임차인 중 어느 한쪽이라도 갱신을 거절하거나 계약조건을 변경한다는 통지를 한 경우에는 그 임대차계약은 묵시적으로 갱신되지 않습니다.

계약조건 변경의 통지는, 임대차기간이 끝나면 임대차계약 내용을 변경하겠으며, 만일 상대방이 응하지 않으면 더 이상 임대차관계를 존속시키지 않겠다는 통지를 말하고, 이러한 통지에는 변경하려는 계약조건을 구체적으로 밝혀야 합니다.

2-2-2. 묵시의 갱신의 효과

① 상가건물임대차계약이 묵시적으로 갱신되면, 종전의 임대차와 동일한 조건으로 다시 임대차한 것으로 간주됩니다(상가건물 임대차보호법 제10조제4항 전단).

② 보증금 및 차임

묵시적으로 갱신되면, 보증금과 차임도 종전의 임대차와 동일한 조건으로 임대차한 것으로 됩니다.

③ 임대차기간

상가건물 임대차계약이 묵시적으로 갱신되면 임대차의 존속기간은 1년으로 봅니다(상가건물 임대차보호법 제10조제4항 후단).

전체 임대차기간을 5년으로 제한하는 「상가건물 임대차보호법」의 규정은 임차인의 계약갱신요구권에는 적용되지 않습니다(대법원 2010.6.10. 선고 2009다64307 판결).

2-2-3. 묵시적으로 갱신된 임대차계약의 해지

① 상가건물임대차계약이 묵시적으로 갱신된 경우, 임차인은 언제든지 갱신된 임대차계약을 해지할 수 있고, 1년의 임대차기간을 주장할 수도 있습니

다(상가건물 임대차보호법 제9조제1항 및 제10조제5항).

② 임차인이 임대차계약을 해지하는 경우에는 임대인이 통지를 받은 날부터 3개월이 지나면 그 효력이 발생합니다(상가건물 임대차보호법 제10조제5항).

2-3. 「민법」에 따른 묵시의 갱신

2-3-1. 「민법」에 따른 묵시의 갱신 규정의 적용 범위

「상가건물 임대차보호법」이 적용되지 않는 일정액 이상 보증금의 상가건물 임대차의 경우에는 「민법」의 묵시의 갱신 규정이 적용됩니다(상가건물 임대차보호법 제2조제1항 및 동법 시행령 제2조제1항).

2-3-2. 묵시의 갱신의 요건

① 임대차기간이 끝난 후에도 임차인은 상가건물을 계속 사용·수익하고 있어야 합니다(민법 제639조제1항).

② 임대인이 상당한 기간동안 임차인이 상가건물을 계속 사용·수익하는 것에 이의를 제기하지 않아야 합니다(민법 제639조제1항).

2-3-3. 묵시의 갱신의 효과

① 묵시의 갱신이 되면, 전의 임대차와 동일한 조건으로 다시 임대차한 것으로 봅니다(민법 제639조제1항).

② 전의 임대차에 대해 제3자가 제공한 담보는 기간의 만료로 소멸합니다(민법 제639조제2항).

③ 「민법」 제639조제1항의 묵시의 갱신은 임차인의 신뢰를 보호하기 위한 것이고, 「민법」 제639조제2항의 제3자가 제공한 담보는 소멸한다고 규정한 것은 담보를 제공한 자의 예상하지 못한 불이익을 방지하기 위한 것이라 할 것이므로, 「민법」 제639조제2항은 당사자들의 합의에 따른 임대차 기간연장에는 적용되지 않습니다(대법원 2005. 4. 14. 선고 2004다63293 판결).

2-3-4. 묵시적으로 갱신된 임대차계약의 해지

① 묵시적으로 갱신된 임대차계약의 경우 해지는 기간의 약정이 없는 임대차와 같습니다(민법 제639조제1항).

② 묵시적으로 갱신된 임대차계약은 당사자가 언제든지 계약의 해지를 통고할 수 있습니다(민법 제635조제1항).

③ 임대인이 임대차계약의 해지를 통고한 경우에는 임차인이 통고를 받은 날로부터 6개월이 지나면 해지의 효력이 생깁니다(민법 제635조제2항).

④ 임차인이 임대차계약의 해지를 통고한 경우에는 임대인이 통고를 받은 날로부터 1개월이 지나면 해지의 효력이 생깁니다(민법 제635조제2항).

2-3-5. 전세권의 경우 - 묵시의 갱신

① 전세권설정자가 전세권의 존속기간 만료 전 6개월부터 1개월까지 사이에 전세권자에게 갱신거절의 통지 또는 조건을 변경하지 않으면 갱신하지 않는다는 뜻의 통지를 하지 않은 경우에는, 그 기간이 만료된 때에 종전의 전세권과 동일한 조건으로 다시 전세권을 설정한 것으로 봅니다. 이 경우 전세권의 존속기간은 그 정함이 없는 것으로 봅니다(민법 제312조제4항).

② 묵시적 갱신이 된 전세권은 존속기간의 정함이 없는 전세권이므로, 언제든지 상대방에게 전세권의 소멸을 통고할 수 있고, 상대방이 이 통고를 받은 날부터 6개월이 지나면 전세권은 소멸하게 됩니다(민법 제313조).

③ 건물에 대한 전세권의 묵시적 갱신은 법률의 규정에 따른 전세권 존속기간의 변경이므로, 그 등기가 없어도 효력이 발생합니다. 그러나 전세권을 처분하려는 때에는 등기를 해야 합니다(민법 제187조, 대법원 1989.7.11. 선고 88다카21029 판결).

(사례) 계약기간 2년이 만료되었으나 서로 말이 없이 계약기간을 마쳤을 경우에 다시 2년으로 재계약이 되는지요?

🈷 서울에서 보증금 2억원의 상가에서 분식점을 2년째 운영하고 있

는데, 계약기간 2년이 만료되었습니다. 서로 말이 없이 계약기간을 마쳤는데, 이렇게 되면 다시 2년으로 재계약이 되는지요?

답 1년으로 재계약된 것으로 봅니다.

임대인이 임대차기간이 만료되기 6개월 전부터 1개월 전까지의 기간에 임차인에게 갱신거절의 통지를 하지 않거나 계약조건을 변경하지 않으면 갱신하지 않는다는 뜻의 통지를 하지 않는 경우에는 그 기간이 끝난 때에는 전 임대차와 동일한 조건으로 다시 임대차한 것으로 간주합니다. 다만, 묵시적으로 갱신되면 임대차의 존속기간은 1년으로 봅니다.

◇ **계약 자동 갱신**

임대인이 임대차기간이 만료되기 6개월 전부터 1개월 전까지의 기간에 임차인에게 갱신거절의 통지를 하지 않거나 계약조건을 변경하지 않으면 갱신하지 않는다는 뜻의 통지를 하지 않는 경우에는 그 임대차 기간이 끝나고 다시 전 임대차와 동일한 조건으로 임대차한 것으로 간주합니다.

◇ **자동 갱신의 효과**

이에 따라 상가건물 임대차계약이 자동 갱신되면 종전의 임대차와 동일한 조건으로 다시 임대차한 것으로 간주됩니다. 따라서, 보증금과 차임도 종전의 임대차와 동일한 조건으로 임대차한 것으로 됩니다. 다만, 임대차의 존속기간은 1년으로 봅니다.

◇ **자동 갱신된 임대차계약의 해지**

상가건물 임대차계약이 묵시적으로 자동 갱신된 경우 임차인은 언제든지 갱신된 임대차계약을 해지할 수 있습니다.

임차인이 임대차계약을 해지하는 경우에는 임대인이 통지를 받은 날부터 3개월이 지나면 그 효력이 발생합니다.

(관련판례 1)

구 상가건물 임대차보호법(2009. 1. 30. 법률 제9361호로 개정되기 전의 것) 제10조 제1항에서 정하는 임차인의 계약갱신요구권은 임차인이 임대차기간이 만료되기 6개월 전부터 1개월 전까지 사이에 계약의 갱신을 요구하면 그 단서에서 정하는 사유가 없는 한 임대인이 그 갱신을 거절할 수 없는 것을 내용으로 하여서 임차인의 주도로 임대차계약의 갱신을 달성하려는 것이다. 이에 비하여 같은 조 제4항은 임대인이 위와 같은 기간 내에 갱신거절의 통지 또는 조건변경의 통지를 하지 아니하면 임대차기간이 만료된 때에 임대차의 갱신을 의제하는 것으로서, 기간의 만료로 인한 임대차관계의 종료에 임대인의 적극적인 조치를 요구한다. 이와 같이 이들 두 법조항상의 각 임대차갱신제도는 그 취지와 내용을 서로 달리하는 것이므로, 임차인의 갱신요구권에 관하여 전체 임대차기간을 5년으로 제한하는 같은 조 제2항의 규정은 같은 조 제4항에서 정하는 법정갱신에 대하여는 적용되지 아니한다(대법원 2010.6.10. 선고 2009다64307 판결).

(관련판례 2)

민법 제639조 제1항의 묵시의 갱신은 임차인의 신뢰를 보호하기 위하여 인정되는 것이고, 이 경우 같은 조 제2항에 의하여 제3자가 제공한 담보는 소멸한다고 규정한 것은 담보를 제공한 자의 예상하지 못한 불이익을 방지하기 위한 것이라 할 것이므로, 민법 제639조 제2항은 당사자들의 합의에 따른 임대차 기간연장의 경우에는 적용되지 않는다(대법원 2005. 4. 14. 선고 2004다63293 판결).

3. 계약갱신 요구

① 임차인은 임대차기간 만료 전 6개월부터 1개월까지 사이에 계약갱신을 요구할 수 있습니다.

② 임차인의 계약갱신 요구는 최초의 임대차 기간을 포함한 전체 임대차 기간이 5년을 초과하지 않는 범위 내에서만 행사할 수 있습니다.

③ 「상가건물 임대차보호법」 제2조제1항 단서에 따라 지역별로 정해진 보증금의 일정 기준금액을 초과하는 임대차에 대해서는 차임과 보증금의 증감을 청구할 수 있습니다

④ 계약갱신 요구 및 계약갱신의 특례 규정은 「상가건물 임대차보호법」에 따라 지역별로 정해진 보증금의 일정 기준금액을 초과하는 임대차에 대해서도 적용합니다(제2조제3항).

3-1. 계약갱신 요구의 의의

① 임차인은 임대차기간 만료 전 6개월부터 1개월까지 사이에 임대인에게 계약갱신을 요구할 수 있습니다. 이 경우 임대인은 정당한 사유가 없는 한 이를 거절하지 못합니다(상가건물 임대차보호법 제10조제1항).

② 임차인이 상가건물의 임대차계약 갱신을 원하면 임대차 기간이 끝나기 전에 임대인에게 계약을 갱신해 줄 것을 표시해야 계약이 갱신됩니다.

③ 임차인에게 계약갱신의 요구를 인정하는 이유는 임대차계약을 통해 상가건물을 영업장으로 확보하고 영업을 시작하는 상인들의 경우 영업초기의 투자비용이나 시설비용이 과대함에도 불구하고 임대차기간의 만료로 영업장을 옮겨야 한다면 그 초기비용을 회수하지 못하는 손실을 입게 되므로, 상가건물 임차인에게 영업개시일로부터 최소한의 임차기간을 보장함으로써 위와 같은 비용회수를 용이하게 하고자 임차인의 계약갱신 요구를 인정하고 있습니다(부산지방법원 2005. 10. 24. 선고 2005가단40293 판결).

3-2. 계약갱신의 범위

① 임차인의 계약갱신 요구는 최초의 임대차 기간을 포함한 전체 임대차 기간이 5년을 초과하지 않는 범위 내에서만 행사할 수 있습니다(상가건물 임대차보호법 제10조제2항).

② 따라서, 임차인이 계약갱신을 요구하여 임대차계약이 갱신되면, 임차인은 최소한 5년간 상가임대차의 존속기간을 보장받을 수 있습니다.

③ 「최초의 임대차 기간」이란 임차인이 영업을 위해 최초로 그 상가건물을 임차한 계약을 의미하며, 「상가건물 임대차보호법」 시행 전에 체결된 상가건물 임대차계약이 시행일 이후 갱신된 경우라도 최초로 체결된 임대차계약의 기간을 의미 합니다(대법원 2006. 3. 23. 선고 2005다74320 판결).

3-3. 갱신된 임대차의 조건

① 갱신되는 임대차는 전 임대차와 동일한 조건으로 다시 계약된 것입니다(상가건물 임대차보호법 제10조제3항 본문).

② 다만, 차임 또는 보증금은 증감할 수 있으며, 증액의 경우에는 청구 당시 차임 또는 보증금의 9%의 금액을 초과할 수 없습니다(상가건물 임대차보호법 제10조제3항 단서 및 제11조제1항, 동법 시행령 제4조).

(사례) 점포임차인이 행방불명된 경우에 임대인은 임대차계약을 해지할 수 있는 방법이 없나요?

☒ 저는 甲에게 제 소유 상가건물의 1층에 소재한 점포 중 1칸을 보증금 없이 월세 30만원으로 정하여 임대하였으나, 甲은 처음 두 달간만 제때에 월세를 내다가 어느 날 점포문을 닫고 어디론가 잠적하였으며 지금까지 아무런 연락도 없습니다, 甲은 상품을 점포 안에 들여놓은 채 자물쇠로 문을 채워 버렸는데, 지금 제 심정은 월세를 받지 못해도 좋으니 점포를 비우게 하고 새로 세

를 놓고 싶습니다. 어떻게 해야 하는지요?

🅐 「상가건물임대차보호법」 제10조의 8은 "임차인의 차임연체액이 3기의 차임액에 달하는 때에는 임대인은 계약을 해지 할 수 있다."고 규정하여 임차인이 3기의 차임액에 해당하는 임차료를 내지 않은 이상 계약해지의 요건이 되며 임대인은 연체된 월세부분을 입증하여 건물명도청구소송을 제기할 수 있습니다. 그런데 임차인이 행방불명된 때에는 공시송달방법을 이용하여 임차인의 최후 주소지 또는 부동산 소재지의 관할법원에 건물명도청구소송을 제기하여야 하며, 공시송달의 효력은 공시송달사유가 법원게시판에 게시된 날로부터 2주일이 지나면 효력이 발생하게 됩니다(민사소송법 제194조 내지 제196조). 공시송달에 의하여 송달된 후 건물명도소송에서 승소하게 되면, 건물명도집행절차를 집행관에게 위임하여 임차인의 물품을 적당한 곳에 적재하여 선량한 관리자의 주의의무로 보관하고 있다가 상대방이 나타나면 보관비용을 청구하든가(민사집행법 제258조 제5항), 임차인소유의 물건을 공탁절차를 밟아 공탁소에 보관할 수도 있습니다(민법 제488조).

공탁방법을 이용하는 경우 임차인의 물건이 공탁에 적당하지 않거나 멸실·훼손될 염려가 있거나 공탁에 과다한 비용을 요하는 경우에는 법원의 허가를 얻어 그 물건을 경매하거나 시가로 방매하여 대금을 공탁할 수도 있습니다(민법 제490조).

임대차계약해지통지

수 신 인 임 대 인 ○ ○ ○
　　　　　　　주소 : ○○시 ○○구 ○○길 ○○
발 신 인 임 차 인 ○ ○ ○
　　　　　　　주소 : ○○시 ○○구 ○○길 ○○

목적물 : ○○시 ○○구 ○○길 ○○○번지 ○○호
　　　　　철근콘크리트 기와지붕 4층 건물중 3층 302호

제목 : 임대차계약해지

상기 물건지에 대해서 임대인과 임차인은 20○○년 ○월 ○일부터 20○○년 ○월 ○일까지 ○년간 임대차계약을 체결하였는 바, 20○○년 ○월 ○일에 계약이 종료되므로 이에 계약을 해지하고자 본 통지서를 보냅니다. 20○○년 ○월 ○일까지 건물을 비우겠사오니 이때에 맞추어 임대차보증금 전액을 반환해주시기를 부탁드립니다.

　　　　　　　　　　20○○년 ○월 ○
　　　　　　　　　　　임차인 ○ ○ ○ (서명)

임대차계약갱신청구서

20○○년 ○월 ○일자로 임대인 ○○○와 체결한 식목을 목적으로한 토지 임대차계약에 따라, 임차하고 있는 ○○시 ○○구 ○○동 소재 ○○○ 평방미터 토지에 대해 임차인의 임차권이 20○○년 ○월 ○일자로 존속 기간이 만료되어 소멸예정입니다. 그러나, 위 토지 상에는 본인이 식재한 수목이 현존하고 있으므로 계약의 갱신을 청구합니다.

20○○년 ○월 ○일

임차인 ○ ○ ○

○○시 ○○구 ○○길 ○○번지

임대인 ○ ○ ○   귀하

○○시 ○○구 ○○길 ○○번지

(해설)

1. 계약 자동 갱신

임대인이 임대차기간이 만료되기 6개월 전부터 1개월 전까지의 기간에 임차인에게 갱신거절의 통지를 하지 않거나 계약조건을 변경하지 않으면 갱신하지 않는다는 뜻의 통지를 하지 않는 경우에는 그 임대차 기간이 끝나고 다시 전 임대차와 동일한 조건으로 임대차한 것으로 간주합니다.

2. 자동 갱신의 효과

이에 따라 상가건물 임대차계약이 자동 갱신되면 종전의 임대차와 동일한 조건으로 다시 임대차한 것으로 간주됩니다. 따라서, 보증금과 차임도 종전의 임대차와 동일한 조건으로 임대차한 것으로 됩니다. 다만, 임대차의 존속기간은 1년으로 봅니다.

3. 자동 갱신된 임대차계약의 해지

① 상가건물 임대차계약이 묵시적으로 자동 갱신된 경우 임차인은 언제든지 갱신된 임대차계약을 해지할 수 있습니다.
② 임차인이 임대차계약을 해지하는 경우에는 임대인이 통지를 받은 날부터 3개월이 지나면 그 효력이 발생합니다.

(사례) 상가건물 임대차계약을 갱신요구는 언제까지 가능할까요?

문 저는 서울에서 조그만 분식점을 5년째 운영하고 있습니다. 계약기간 만료가 2달 앞으로 다가오자 다시 계약을 갱신하려고 합니다. 저는 「상가건물 임대차 보호법」에 따른 임차인의 계약갱신요구권을 행사할 수 있나요?

답 안 됩니다.
임차인의 계약갱신요구권은 최초의 임대차기간을 포함해 5년 동안만 행사할 수 있습니다(「상가건물 임대차 보호법」 제10조제2항). 5년째 분식점을 운영하고 있는 귀하의 계약갱신요구권은 더 이상 「상가건물 임대차 보호법」에 따른 보호를 받지 못하므로, 임대인은 이를 거절할 수 있습니다.

3-4. 계약갱신이 거절되는 경우

임대인은 다음의 경우 임차인의 계약갱신요구를 거절할 수 있습니다(상가건물 임대차보호법 제10조제1항 단서).
① 임차인이 3번 차임을 연체한 사실이 있는 경우
② 임차인이 거짓 그 밖의 부정한 방법으로 임차한 경우
③ 쌍방 합의하에 임대인이 임차인에게 상당한 보상을 제공한 경우
④ 임차인이 임대인의 동의 없이 목적 상가건물의 전부 또는 일부를 전대한 경우
⑤ 임차인이 임차한 상가건물의 전부 또는 일부를 고의 또는 중대한 과실

로 파손한 경우

⑥ 임차한 상가건물의 전부 또는 일부가 멸실되어 임대차의 목적을 달성하지 못할 경우

⑦ 임대인이 다음의 사유로 상가건물의 전부 또는 대부분을 철거하거나 재건축하기 위해 상가건물의 점유 회복이 필요한 경우

   1. 임대차계약 체결 당시 공사시기 및 소요기간 등을 포함한 철거 또는 재건축 계획을 임차인에게 구체적으로 고지하고 그 계획에 따르는 경우

   2. 건물이 노후·훼손 또는 일부 멸실되는 등 안전사고의 우려가 있는 경우

   3. 다른 법령에 따라 철거 또는 재건축이 이루어지는 경우

   4. 그 밖에 임차인이 임차인으로서의 의무를 현저히 위반하거나 임대차를 존속하기 어려운 중대한 사유가 있는 경우

(사례) 상가임대인이 임차인의 신규임차인 주선에 대해 거절할 수 있는지요?

문 임대인이 저는 임차인 甲과 상가 임대차 계약을 체결하였고 甲은 커피전문점을 운영하였습니다. 계약 기간이 종료되자 甲은 권리금 회수를 위하여 乙을 신규임차인으로 주선하였는데, 乙은 상가건물에서 유흥업소를 운영하겠다고 합니다. 저는 건물이 지저분해 지고 늦은 밤 취객이 생길 것을 우려하여 임차인이 유흥주점을 운영하는 것을 원하지 않는데, 이 경우 계약을 거절할 수 있나요?

답 「상가건물임대차보호법」 제10조의4 제2항에서는 임대인이 신규임차인과 계약 체결을 거절할 수 있는 정당한 사유 4가지를 예시하고 있습니다. 여기서 정당한 사유는 "① 임차인이 주선한 신규임차인이 되려는 자가 보증금 또는 차임을 지급할 자력이 없는 경우, ② 임차인이 주선한 신규임차인이 되려는 자가 임차인으로

서의 의무를 위반할 우려가 있거나 그 밖에 임대차를 유지하기 어려운 상당한 사유가 있는 경우, ③ 임대차 목적물인 상가건물을 1년 6개월 이상 영리목적으로 사용하지 아니한 경우, ④ 임대인이 선택한 신규임차인이 임차인과 권리금 계약을 체결하고 그 권리금을 지급한 경우"를 말하고, 임대인은 그 외에도 다른 '정당한 사유'가 있음을 들어 계약 체결을 거절할 수 있습니다.

여기서 '정당한 사유'가 있는지 여부는 구체적인 사정을 모두 고려하여 사안마다 개별적으로 결정되어야 할 문제로, 주위 상권이나 영업의 종류 등 제반 사정을 고려할 때 임대인이 신규임차인과의 계약 체결을 회피하기 위하여 계약 체결을 거절하는 등 합리적 범위를 벗어났다고 볼만한 특별한 사정이 없다면 동일업종의 신규임차인을 원하는 임대인의 계약거절은 '정당한 사유'가 인정될 수 있을 것으로 보입니다.

귀하의 경우 건물의 청결이나 늦은 밤 취객 등을 고려하여 신규임차인이 상가건물에서 유흥업소를 운영하는 것을 원하지 않는다면 신규임차인과의 계약체결을 거절할 수 있습니다. 이러한 경우 임차인은 커피전문점을 운영할 신규임차인을 귀하에게 주선하여 권리금을 회수할 수 있을 것입니다.

3-5. 계약갱신의 특례

「상가건물 임대차보호법」의 적용범위에 해당하는 보증금액(제2조제1항 단서)을 초과하는 임대차의 계약갱신의 경우에는 당사자는 상가건물에 관한 조세, 공과금, 주변 상가건물의 차임 및 보증금, 그 밖의 부담이나 경제사정의 변동 등을 고려하여 차임과 보증금의 증감을 청구할 수 있습니다(제10조의2).

(사례) 계약기간 만료가 2달 앞으로 다가왔을 경우에 계약을 다시 갱신하고 싶은데 가능할까요?

Q. 서울에서 보증금 2억원인 상가건물에서 조그만 분식점을 2년째 운영하고 있는데, 계약기간 만료가 2달 앞으로 다가왔습니다. 계약을 다시 갱신하고 싶은데 가능할까요?

답 가능합니다.

임차인은 임대차기간 만료 전 6개월부터 1개월까지 사이에 임대인에게 계약갱신을 요구할 수 있으며(전체 임대차 기간이 5년을 넘지 않아야 함), 이 경우 임대인은 정당한 사유가 없는 한 이를 거절할 수 없습니다.

◇ **계약갱신의 범위**

임차인의 계약갱신 요구는 최초의 임대차 기간을 포함한 전체 임대차 기간이 5년을 초과하지 않는 범위에서만 행사할 수 있습니다. 갱신되는 임대차는 전 임대차와 동일한 조건으로 다시 계약된 것입니다. 다만, 차임 또는 보증금은 증감할 수 있으며, 증액의 경우에는 청구 당시 차임 또는 보증금의 100분의 9의 금액을 초과할 수 없습니다.

◇ **계약갱신의 예외**

임대인은 다음의 어느 하나에 해당하는 경우에는 임차인의 계약갱신요구를 거절할 수 있습니다.

① 임차인이 3기의 차임액에 달하도록 차임을 연체한 사실이 있는 경우, ② 임차인이 거짓, 그 밖의 부정한 방법으로 임차한 경우, ③ 쌍방 합의하에 임대인이 임차인에게 상당한 보상을 제공한 경우, ④ 임차인이 임대인의 동의 없이 목적 상가건물의 전부 또는 일부를 전대(轉貸)한 경우, ⑤ 임차인이 임차한 상가건물의 전부 또는 일부를 고의 또는 중대한 과실로 파손한 경우, ⑥ 임차한 상가건물의 전부 또는 일부가 멸실되어

임대차의 목적을 달성하지 못할 경우, ⑦ 임대인이 목적 상가건물의 전부 또는 대부분을 철거하거나 재건축하기 위해 목적 상가건물의 점유 회복이 필요한 경우, ⑧ 그 밖에 임차인이 임차인으로서의 의무를 현저히 위반하거나 임대차를 존속하기 어려운 중대한 사유가 있는 경우

(관련판례 1)

상가건물 임대차보호법이 임차인에게 5년의 임차기간 범위 내에서 계약갱신 요구권을 부여하고 있는 제도의 취지는 임대차계약을 통하여 상가건물을 영업장으로 확보하고 영업을 시작하는 상인들의 경우 영업초기의 투자비용이나 시설비용이 과대함에도 불구하고 임대차기간의 만료로 인하여 영업장을 옮겨야 할 경우 그 초기비용을 회수하지 못하는 손실을 입게 되므로, 상가건물 임차인에게 영업개시일로부터 최소한의 임차기간을 보장함으로써 위와 같은 비용회수를 용이하게 하려는 데 있는 점에 비추어 보면, 상가건물 임대차보호법 시행일인 2002. 11. 1. 이전에 이미 체결 또는 갱신되었다가 시행일 이후 갱신된 상가건물 임대차의 경우 같은 법 제10조 제2항이 정하는 '최초의 임대차'라 함은, 상가건물 임차인이 영업을 위하여 최초로 그 상가건물을 임차한 계약을 의미한다고 해석할 수 있을 뿐, 같은 법 시행일 이후 최초로 갱신된 임대차라고 해석할 수는 없다(부산지방법원 2005. 10. 24. 선고 2005가단40293 판결).

(관련판례 2)

상가건물 임대차보호법 제10조 제2항은 '임차인의 계약갱신요구권은 최초의 임대차 기간을 포함한 전체 임대차 기간이 5년을 초과하지 않는 범위 내에서만 행사할 수 있다'라고 규정하

고 있는바, 위 법률규정의 문언 및 임차인의 계약갱신요구권을
전체 임대차 기간 5년의 범위 내에서 인정하게 된 입법 취지
에 비추어 볼 때 '최초의 임대차 기간'이라 함은 위 법 시행
이후에 체결된 임대차계약에 있어서나 위 법 시행 이전에 체
결되었다가 위 법 시행 이후에 갱신된 임대차계약에 있어서
모두 당해 상가건물에 관하여 최초로 체결된 임대차계약의 기
간을 의미한다고 할 것이다(대법원 2006. 3. 23. 선고 2005다
74320 판결).

제4장

임대차의 종료

제4장 임대차의 종료

제1절 상가건물 임대차의 종료 원인

1. 임대차 기간의 만료

① 임대차기간의 약정이 있는 임대차의 경우 계약기간이 종료하면 임대차는 종료됩니다.

② 기간의 약정이 있는 임대차의 경우 묵시의 갱신이 되는 등 특별한 사정이 없는 한 기간이 끝나면 사전 최고나 해지를 하지 않아도 임대차는 종료합니다(대법원 1969.1.28. 선고 68다1537 판결).

③ 예외적 경우

임대차계약의 당사자 일방 또는 쌍방이 계약기간 내에 계약을 해지할 권리를 행사하지 않고 보류한 경우 당사자는 언제든지 계약해지의 통고를 할 수 있습니다(「민법」 제636조).

예를 들어, 당사자가 임대차계약을 체결하면서 그 계약서에 "부득이한 사유가 생기면 임차인이 통보한 날부터 1개월 후에 계약이 해지된 것으로 본다."라는 해지권 유보의 특약을 한 경우에는 임대차 기간의 약정이 있더라도 그 부득이한 사유를 증명한 후 중도에 임대차계약을 해지할 수 있습니다(「민법」 제636조).

임차인이 파산선고를 받은 경우에는 임대인 또는 파산관재인은 언제든지 계약해지의 통고를 할 수 있습니다(민법 제637조제1항). 이 경우 각 당사자는 계약해지로 인해 생긴 손해배상을 상대방에게 청구할 수 없습니다(민법 제637조제2항).

2. 임대차기간의 약정이 없는 경우

임대차기간의 약정이 없는 경우 당사자는 언제든지 계약해지의 통고를 할 수 있습니다(민법 제635조제1항).

3. 임대차계약의 해지

3-1. 임대차계약의 중도 해지의 사유

① 임대차 기간의 약정이 있더라도 다음과 같은 사유가 있는 경우에는 임대차계약을 중도에 해지할 수 있습니다. 이 경우에는 해지의 의사표시가 상대방에게 도달한 때 임대차는 종료됩니다.

3-1-1. 임차인이 임대차계약을 해지할 수 있는 경우

① 임대인이 임차인의 의사에 반하여 보존행위를 하는 경우 임차인이 이로 인해 임대차의 목적을 달성할 수 없는 때(민법 제625조)

② 상가건물의 일부가 임차인의 과실 없어 멸실 그 밖의 사유로 사용·수익할 수 없는 경우 그 잔존부분으로 임차의 목적을 달성할 수 없는 때(민법 제627조)

3-1-2. 임대인이 해지할 수 있는 경우

① 임차인이 임대인의 동의 없이 임차권을 양도하거나 임차상가건물을 전대한 경우(민법 제629조제2항).

② 임차인의 3회에 걸쳐 차임을 연체한 경우(상가건물 임대차보호법 제10조의8)

차임연체 및 해지 규정은 지역별로 정해진 보증금의 일정 기준금액을 초과하는 임대차에 대해서도 적용합니다(상가건물 임대차보호법 제2조제3항).

③ 임차인이 상가건물을 계약 또는 그 상가건물의 성질에 따라 정하여진 용법으로 이를 사용·수익하지 않은 경우(민법 제654조에 따른 제610조제1항의 준용)

(사례) 상가 영구임대계약의 임차인이 계약을 해지할 수 있는지요?

問 甲은 乙회사로부터 상가의 영구임대분양을 받았습니다. 그런데 乙회사는 임차인들이 자유롭게 전대·양도할 수 있는 제한 없는 사용권을 주기로 하고, 임대조건을 영구임대라고 홍보한 다음 계약체결 시 임대기간을 공란으로 하여 임대차의 만료에 관하여 별도로 정하지 않았습니다. 이 경우 甲이 위 임대차계약을 해지할 수 있는지요?

答 계약의 해제, 해지권에 관하여 「민법」 제543조 제1항은 "계약 또는 법률의 규정에 의하여 당사자의 일방이나 쌍방이 해지 또는 해제의 권리가 있는 때에는 그 해지 또는 해제는 상대방에 대한 의사표시로 한다."라고 규정하고 있습니다. 즉, 계약을 해지하려면 계약 또는 법률의 규정에 의하여 해지권이 인정되어야만 가능합니다.

그러나 기간의 약정 없는 임대차의 해지에 관하여 같은 법 제635조는 "①임대차기간의 약정이 없는 때에는 당사자는 언제든지 계약해지의 통고를 할 수 있다. ②상대방이 전항의 통고를 받은 날로부터 다음 각 호의 기간이 경과하면 해지의 효력이 생긴다. 1. 토지, 건물 기타 공작물에 대하여는 임대인이 해지를 통고한 경우에는 6월, 임차인이 해지를 통고한 경우에는 1월 2. 동산에 대하여는 5일"이라고 규정하고 있습니다.

그런데 위 사안에서와 같이 임대기간을 영구로 하기로 하면서 임대차기간을 별도로 정하지 않은 경우에 임차인이 계약을 해지할 수 있을 것인지에 관하여 판례는 "임대인이 임차인들에게 자유롭게 전대·양도할 수 있는 제한 없는 사용권을 주기로 결정한 다음 광고나 상담을 통해 임대조건을 '영구임대'라고 홍보하고, 계약체결 때에도 임대기간을 공란으로 두어 임대차만료일에 대하여 따로 정하지 않은 임대차기간의 보장은 임대인에게는 '의무'가 되나 임차인들에게는 기간의 정함이 없는 임대차로써 '권리'의 성격을 가지므로 임차인들로서는 언제라도 그 권리를 포기할 수 있다."라고 하였습니다(대법원 2001. 6. 29. 선고 99다64438 판결).

따라서 위 상가분양광고 시 '영구임대'라고 하였고, 임대차계약서 작성 시 그 기간을 공란으로 해두었다고 하더라도, 이를 이유로 임차인에게 불리하게 적용되어서는 아니 될 것이므로 위 임차인 甲은 「민법」 제635조에 의한 계약해지의 통고를 한 후 1월이 지나면 임대보증금반환청구를 해 볼 수 있을 것으로 보입니다.

「상가건물임대차보호법」 제9조 제1항은 "기간의 정함이 없거나 기간을 1년 미만으로 정한 임대차는 그 기간을 1년으로 본다. 다만, 임차인은 1년 미만으로 정한 기간이 유효함을 주장할 수 있다."라고 규정하고 있어, 기간의 정함이 없는 경우 임차인은 임대인에 대하여 언제라도 계약해지를 통고할 수 있다고 할 것이고 그 효력발생 시기는 민법의 규정에 따른다고 할 것입니다.

또한 「상가건물임대차보호법」 제10조 제4항은 "임대인이 제1항의 기간(임대차기간 만료전 6월부터 1월까지 사이)이내에 임차인에 대하여 갱신거절의 통지 또는 조건의 변경에 대한 통지를 하지 아니한 경우에는 그 기간이 만료된 때에 다시 임대차한 것으로 본다. 이 경우에 임대차의 존속기간은 1년으로 본다."라고 규정하고 있고, 같은 조 제5항은 "제4항의 경우 임차인은 언제든지 임대인에 대하여 계약해지를 통고할 수 있고, 임대인이 그 통고를 받은 날부터 3월이 경과하면 그 효력이 발생한다."라고 규정하여 상가임대차계약이 묵시적으로 갱신된 경우의 임차인의 계약해지의 효력이 임대인이 통고를 받은 날로부터 3개월이 경과하면 효력이 발생한다고 정하고 있으나, 묵시적 갱신이 아닌 처음부터 계약기간을 정하지 않은 경우의 임차인의 임대인에 대한 해지통고의 효력발생 시기에 대하여는 「상가건물임대차보호법」에 따로 정한 바가 없으므로, 이 경우 「민법」 제635조의 규정에 따라 계약해지의 통고 후 1개월이 지나면 해지의 효력이 발생하는지, 「상가건물임대차보호법」 제10조 제4항의 규정에 따라 계약해지의 통고 후 3개월이 경과하면 효력이 발생하는지에 대하여는 논란이 있는바, 「민법」 규정에 따라 계약해지의 통고 후 1개월이 지나면 해지의 효력이 발생된다고 보는 것이 다수설입니다.

(서식 예) 건물인도청구의 소(임대차기간 2년만료, 상가)

소　　　장

원　　고　　○○○ (주민등록번호)

　　　　　　○○시 ○○구 ○○길 ○○(우편번호 ○○○-○○○)

　　　　　　전화·휴대폰번호:

　　　　　　팩스번호, 전자우편(e-mail)주소:

피　　고　　◇◇◇ (주민등록번호)

　　　　　　○○시 ○○구 ○○길 ○○(우편번호 ○○○-○○○)

　　　　　　전화·휴대폰번호:

　　　　　　팩스번호, 전자우편(e-mail)주소:

건물인도청구의 소

청　구　취　지

1. 피고는 원고에게 별지목록 기재 건물 1층 중 별지도면 표시 점 "마, 바, 자, 차, 마"의 각 점을 차례로 연결한 선내의 (ㄱ)부분 점포 26.4㎡를 인도하라.

2. 소송비용은 피고가 부담한다.

3. 위 제1항은 가집행 할 수 있다.

라는 판결을 구합니다.

청 구 원 인

1. 이 사건 별지목록 기재의 건물은 원고가 20○○. ○. ○. 소외 ◈◈◈로부터 매수하여 소유권이전등기를 마친 원고 소유의 건물입니다.

2. 원고는 20○○. ○. ○. 피고에게 별지목록 기재의 건물 1층 중 별지도면 표시 점 "마, 바, 자, 차, 마"의 각 점을 차례로 연결한 선내의 (ㄱ)부분 점포 26.4㎡를 임차보증금 20,000,000원, 월 임대료 금 500,000원, 기간은 2년으로 각각 약정하여 임대하였으며 피고는 이를 인도 받아 현재까지 점유·사용해오고 있습니다.

3. 그런데 피고가 점유·사용하는 별지목록 기재의 건물 1층의 위 점포에 대한 임대차계약은 20○○. ○. ○. 약정한 2년이 경과하였으므로 종료되었으며, 원고는 임대차기간 만료 3개월 전에 피고에게 재계약을 원하지 않는다는 취지의 임대차계약해지의 통지를 하였으며, 피고는 이전할 다른 점포를 물색하던 중이었으므로 위 임대차기간이 만료될 때까지 원고에게 계약갱신의 요구를 한 바가 없습니다.

4. 그러나 피고는 위 임대차기간이 만료된 후 2개월이 지난 후에서야 이전할 점포를 구하지 못하였다는 이유로 별지목록 기재의 건물 1층의 위 점포의 인도를 거부하고 있습니다.

5. 따라서 원고는 위 임대차기간의 만료를 이유로 피고로부터 별지목록 기재의 건물 1층 중 별지도면 표시 점 "마, 바, 자, 차, 마"의 각 점을 차례로 연결한 선내의 (ㄱ)부분 점포 26.4㎡를 인도 받기

위하여 이 사건 소송제기에 이른 것입니다.

입 증 방 법

1. 갑 제1호증   임대차계약서
1. 갑 제2호증   부동산등기사항증명서
1. 갑 제3호증   건축물대장등본
1 .갑 제4호증   임대차해지통고서

첨 부 서 류

1. 위 입증방법   각 1통
1. 건축물대장등본   1통
1. 토지대장등본   1통
1. 소장부본   1통
1. 송달료납부서   1통

                        20○○.   ○.   ○.

                        위 원고   ○○○   (서명 또는 날
인)

○○지방법원 ○○지원 귀중

[별 지]

부동산의 표시

○○시 ○○구 ○○동 ○○

[도로명주소] ○○시 ○○구 ○○길 ○○ 지상 철근콘크리트조 슬라브

지붕 3층

근린생활시설

  1층 132㎡

  2층 115.5㎡

  3층 99㎡. 끝.

[별지 도면] 생략

관할법원	※ 아래(1)참조	소멸시효	○○년(☞소멸시효일람표)
제출부수	소장원본 1부 및 피고 수만큼의 부본 제출		
비　　용	·인지액 : ○○○원(☞산정방법) ※ 아래(2)참조 ·송달료 : ○○○원(☞적용대상사건 및 송달료 예납기준표)		
불복절차 및 기 간	·항소(민사소송법 제390조) ·판결서가 송달된 날부터 2주 이내(민사소송법 제396조 제1항)		

※ (1) 관 할

1. 소(訴)는 피고의 보통재판적(普通裁判籍)이 있는 곳의 법원의 관할에 속하고, 사람의 보통재판적은 그의 주소에 따라 정하여지나, 대한민국에 주소가 없거나 주소를 알 수 없는 경우에는 거소에 따라 정하고, 거소가 일정하지 아니하거나 거소도 알 수 없으면 마지막 주소에 따라 정하여짐.

2. 부동산에 관한 소를 제기하는 경우에는 부동산이 있는 곳의 법원에 제기할 수 있음.

3. 따라서 위 사안에서 원고는 피고의 주소지를 관할하는 법원이나 부동산이 있는 곳의 관할 법원에 소를 제기할 수 있음.

※ (2) 인 지

1. 소장에는 소송목적의 값에 따라 민사소송등인지법 제2조 제1항 각 호에 따른 금액 상당의 인지를 붙여야 함. 다만, 대법원 규칙이 정하는 바에 의하여 인지의 첩부에 갈음하여 당해 인지액 상당의 금액을 현금이나 신용카드·직불카드 등으로 납부하게 할 수 있는바, 현행 규

정으로는 인지첩부액이 1만원 이상일 경우에는 현금으로 납부하여야
하고 또한 인지액 상당의 금액을 현금으로 납부할 수 있는 경우 이
를 수납은행 또는 인지납부대행기관의 인터넷 홈페이지에서 인지납부
대행기관을 통하여 신용카드 등으로도 납부할 수 있음(민사소송등인
지규칙 제27조 제1항 및 제28조의 2 제1항).

2. 청구를 병합한 경우의 소송목적의 값 : 하나의 소로 여러 개의 청구
   를 하는 때에는 그 여러 청구의 값을 모두 합산함(민사소송법 제27
   조 제1항). 따라서 건물명도청구의 소송목적의 값에 동산인도청구의
   소송목적의 값을 합산한 가액에 대하여 인지를 붙여야 함.

3-2. 전세권의 경우 – 전세권의 소멸사유

3-2-1. 일반적인 소멸사유

전세권은 물권의 일반적 소멸원인, 즉 존속기간의 만료, 혼동, 소멸시효, 전
세권에 우선하는 저당권의 실행에 의한 경매, 토지수용 등으로 소멸합니다.

3-2-2. 전세권에 특유한 소멸사유

① 전세권설정자의 소멸청구

전세권설정자는 전세권자가 전세권설정계약 또는 그 건물의 성질에 따라 정
해진 용법으로 이를 사용 수익하지 않은 경우에는 전세권의 소멸을 청구할
수 있습니다. 이 경우 전세권자에게 원상회복 또는 손해배상을 청구할 수
있습니다(민법 제311조).

② 전세권의 소멸통고

각 당사자는 전세권의 존속기간을 약정하지 아니한 때에는 언제든지 상대
방에 대해 전세권의 소멸을 통고할 수 있고, 상대방이 이 통고를 받은 날
로부터 6개월이 지나면 전세권은 소멸됩니다(민법 제313조).

③ 목적 부동산의 멸실

◎ 전세권의 목적물 전부가 불가항력으로 멸실된 때에는 전세권은 소멸
됩니다. 이 경우 전세권자는 전세권설정자에 대해 전세권의 소멸을
통고하고 전세금의 반환을 청구할 수 있습니다(민법 제314조).

◎ 전세권의 목적물 전부가 전세권자의 귀책사유로 멸실된 때에는 전세
권은 소멸하고, 전세권자는 손해를 배상할 책임을 지게 됩니다. 이
경우 전세권설정자는 전세금으로써 손해배상에 충당하고 남는 것이
있으면 반환해야 하며, 부족이 있으면 다시 청구할 수 있습니다(민법
제315조).

◎ 전세권의 목적물 일부가 불가항력으로 멸실된 때에는 그 멸실된 부분
의 전세권은 소멸됩니다. 이 경우 전세권자가 그 잔존부분으로 전세
권의 목적을 달성할 수 없는 때에는 전세권설정자에게 전세권의 소멸
을 통고하고 전세금의 반환을 청구할 수 있습니다(민법 제314조).

◎ 전세권 목적물의 일부가 전세권자의 귀책사유로 멸실된 때에는 전세
권설정자는 전세권자의 부동산 용법 위반을 이유로 전세권의 소멸을
청구할 수 있습니다(민법 제311조제1항). 이 경우 전세권설정자는 전
세권이 소멸한 후 전세금으로써 손해배상에 충당하고 남는 것이 있
으면 반환해야 하며, 부족이 있으면 다시 청구할 수 있습니다(민법
제315조).

④ 전세권의 포기

전세권자는 전세권의 존속기간을 약정하고 있더라도 자유로이 이를 포기할
수 있습니다. 그러나 전세권이 제3자의 권리의 목적이 된 때에는 제3자의
동의 없이는 포기할 수 없습니다(민법 제371조제2항).

전세권이 있는 가압류명령 등기부기입촉탁신청

사   건   20○○타기 ○○○호 보증금가압류

채 권 자   ○○○(주민등록번호 : ○○○○○○-○○○○○○○)
　　　　　　○○시 ○○구 ○○길 ○○(우편번호 ○○○-○○○)
　　　　　　전화·휴대폰번호:
　　　　　　팩스번호, 전자우편(e-mail)주소:

채 무 자   ◇◇◇
　　　　　　○○시 ○○구 ○○길 ○○(우편번호 ○○○-○○○)
　　　　　　전화·휴대폰번호:
　　　　　　팩스번호, 전자우편(e-mail)주소:

제3채무자 ◉◉◉
　　　　　　○○시 ○○구 ○○길 ○○(우편번호 ○○○-○○○)
　　　　　　전화·휴대폰번호:
　　　　　　팩스번호, 전자우편(e-mail)주소:

위 당사자 사이의 귀원 20○○카단○○○호 전세권이 있는 보증금가압류신청사건에 관하여, 20○○. ○. ○. 별지목록 기재의 부동산에 대한 전세권이 있는 보증금가압류명령이 있었는바, 채권자는 아래와 같이 위 전세권이 있는 채권가압류명령의 등기부기입촉탁을 신청합니다.

- 아   래 -

1. 부동산의 표시 : 별지목록 기재와 같음
2. 등기권리자 : ○○○(주민등록번호 :   )
            주소 : ○○시 ○○구 ○○길 ○○
3. 등기의무자 : ◇◇◇
            주소 : ○○시 ○○구 ○○길 ○○
4. 등기원인과 그 연월일 : 20○○. ○. ○. ○○지방법원의 전세권이 있는 보증금의 가압류
5. 등기목적 : ○○지방법원 20○○. ○. ○. 접수 제○○○호 전세권설정등기에 기초한 전세금반환채권의 가압류기입등기
6. 등록면허세 : 금 ○○○원, 지방교육세 : 금 ○○○원

첨 부 서 류

1. 부동산등기사항증명서   1통
1. 등록면허세·지방교육세영수필확인서, 영수필통지서   각 1통

                    20○○. ○. ○.

              위 채권자 ○○○ (서명 또는 날인)

○○지방법원   귀중

[별지]

목　　록

금 25,000,000원 및 위 금액에 대하여 20○○. ○. ○.부터 다 갚는 날까지 연 20%의 비율에 의한 지연손해금

단, 채무자가 제3채무자에 대하여 가지는 아래 표시 부동산에 관한 ○○지방법원 20○○. ○. ○. 접수 제○○○호 전세권설정등기에 기초한 전세금반환채권 금 300,000,000원 가운데 위 청구채권에 이르기까지의 금액.

부동산의 표시

1. ○○시 ○○구 ○○동 ○○ 대 229.8㎡
2. 위 지상

    철근콘크리트조 슬래브지붕 근린생활시설(공중목욕탕) 및 주택

    　1층 114.08㎡

    　2층 114.08㎡

    　3층 95.64㎡

    　지하층 75.64㎡. 끝.

제출 법원	집행법원	관련법규	민사집행법 제291조, 제228조 및 민사집행규칙 제167조
제출 부수	신청서 1부(목록 5부 첨부)		
비 용	· 인지액 : ○○○원(☞민사접수서류에 붙일 인지액) · 송달료 : ○○○원(☞적용대상사건 및 송달료 예납기준표) · 등록면허세 : ○○○원(채권금액의 2/1000 : 제28조 제1항 제1호) · 지방교육세 : ○○○원(등록면허세의 20/100 : 제151조 제1항 제2호)		
기 타	· 전세권이 있는 채권에 대한 가압류는 ①전세권이 종료된 뒤 발생한 전세금반환채권과 ②전세권이 존속하고 있는 경우 전세권에 기초하여 담보되는 전세금반환채권에 대하여 전세권의 종료를 조건부 또는 기한부로 한 경우에 이를 허용함. 가압류기입촉탁 등은 저당권이 있는 채권의 가압류절차가 준용될 수 있을 것임. · 가압류에 관한 규정에 의하여 차이가 나는 경우를 제외하고는 가압류의 집행에 대하여는 강제집행에 관한 규정을 준용함(민사집행법 제291조). · ① 저당권이 있는 채권을 압류할 경우 채권자는 채권압류사실을 등기부에 기입하여 줄 것을 법원사무관등에게 신청할 수 있음. 이 신청은 채무자의 승낙 없이 법원에 대한 압류명령의 신청과 함께 할 수 있음. 　② 법원사무관등은 의무를 지는 부동산 소유자에게 압류명령이 송달된 뒤에 제1항의 신청에 따른 등기를 촉탁하여야 함(민사집행법 제228조).		

3-3. 임대차 종료의 효과

3-3-1. 임대차관계의 소멸 및 손해배상

① 임대인 또는 임차인이 임대차계약을 해지하면 그 때부터 임대차계약은 종료됩니다(민법 제550조).

② 임대차계약이 해지되어도 상대방에게 잘못이 있으면 그에 따른 손해배상을 청구할 수 있습니다(민법 제551조). 다만, 임차인의 파산으로 임대차계약이 해지된 경우, 계약해지로 인한 손해는 청구하지 못합니다(민법 제637조).

3-3-2. 임차상가의 반환 및 임차보증금의 반환

① 임대차가 종료되면, 임대차계약의 내용에 따라 임차인은 임차상가건물을 반환할 의무 등을 지게 되고, 임대인은 보증금을 반환할 의무를 지게 됩니다.

② 따라서 임차인은 차임지급의무를 지는 한편 보증금을 반환받을 때까지 임차상가건물의 인도를 거절하는 동시이행항변권을 가지게 되고(대법원 1977. 9. 28. 선고 77다1241,1242 전원합의체 판결), 임대인은 차임지급청구권을 가지는 한편 임차상가건물을 인도받을 때까지 보증금의 지급을 거절하는 동시이행항변권을 가지게 됩니다.

(사례) 계약종료 후 목적물을 계속 점유할 때 월 임차료로 약정된 금액을 계속 지급해야 하는지요?

問 저는 甲으로부터 甲소유인 건물 중 점포 1칸을 계약기간2년, 임차보증금 3,000만원, 월 임차료 50만원으로 임차하여 계약기간이 만료되었기에, 甲에게 위 보증금의 반환을 청구하였으나 甲은 새로운 임차인이 나타나지 않는다는 이유로 보증금의 반환을 지체하고 있는바, 이러한 경우에도 제가 월 임차료로 약정된 50만원을 계속 지급하여야 하는지요?

임대차계약이 종료되면 임차인은 목적물을 반환하여야 하고 임대인은 밀린 임차료 및 손해를 공제한 보증금을 반환하여야 하며 면제특약이 없다면 필요비 및 유익비 등을 반환하여야 하고 이것은 동시에 이루어져야 합니다(민법 제536조, 618조).

판례도 "임대차계약의 종료에 의하여 발생된 임차인의 임차목적물반환의무와 임대인의 연체차임을 공제한 나머지 보증금의 반환의무는 동시이행의 관계에 있는 것이므로, 임대차계약 종료 후에도 임차인이 동시이행의 항변권을 행사하여 임차건물을 계속 점유하여 온 것이라면 임차인의 그 건물에 대한 점유는 불법점유라고 할 수는 없으나, 그로 인하여 이득이 있다면 이는 부당이득으로서 반환하여야 하는 것은 당연하다."라고 하였지만, "법률상의 원인 없이 이득 하였음을 이유로 한 부당이득의 반환에 있어서 '이득'이라 함은 '실질적인 이익'을 가리키는 것이므로 법률상 원인 없이 건물을 점유하고 있다 하여도 이를 사용·수익하지 않았다면 이익을 얻은 것이라고 볼 수 없는 것인바, 임차인이 임대차계약 종료 이후에도 동시이행의 항변권을 행사하는 방법으로 목적물의 반환을 거부하기 위하여 임차건물부분을 계속 점유하기는 하였으나 이를 본래의 임대차계약상의 목적에 따라 사용·수익하지 아니하여 실질적인 이득을 얻은 바 없는 경우에는 그로 인하여 임대인에게 손해가 발생하였다 하더라도 임차인의 부당이득반환의무는 성립되지 않는다."라고 하였습니다(대법원 2003. 4. 11. 선고 2002다59481 판결, 2008 4. 10. 선고 2007다76986판결).

그리고 원상회복과 관련하여 부당이득의 범위에 관하여는 "임차인이 임대차종료로 인한 원상회복의무를 지체한 경우 임대인의 손해는 이행지체일로부터 임대인이 실제로 자신의 비용으로 원상회복을 완료한 날까지의 임대료상당액이 아니라 임대인 스스로 원상회복할 수 있었던 기간까지의 임대료상당액이다."라고 하였습니다(대법원 1999. 12. 21. 선고 97다15104 판결, 2001. 10. 26.

선고 2001다47757 판결).

따라서 위 사안에 있어서 귀하가 계약기간이 만료되어 임차보증금의 반환을 청구하였으나 甲이 임차보증금을 반환하지 않아서 위 점포를 계속 점유하고 있으며 어쩔 수 없지만 영업을 계속한 경우에는 부당이득으로서 월 임차료 상당을(계약기간만료 후에는 월 임차료가 아님) 甲에게 지급할 수밖에 없으나 계약기간 만료 후 점포를 명도하지는 않았지만 영업을 하지 않아 이득을 취한 바가 없다면 부당이득을 취한 바가 없어 월 임차료 상당액을 지급할 의무가 없고 임차보증금에서 공제 당하지도 않을 것입니다.

또한, 귀하가 甲을 상대로 임차보증금반환청구소송을 제기할 경우에는 동시이행판결(상환판결) 즉, 임차목적물의 명도와 동시에 임차보증금을 지급하라는 판결이 될 것으로 보입니다(대법원 1976. 10. 26. 선고 76다1184 판결).

(사례) 보증금을 돌려받을 때까지 그 건물에서 계속 가게를 운영할 경우에는 월세를 안 내도 되나요?

🈷 임대차 계약 기간이 만료되어 건물 주인에게 보증금을 돌려달라고 하니, 새로운 세입자를 얻을 때까지 기다려 달라고 합니다, 보증금을 돌려받을 때까지 그 건물에서 계속 가게를 운영하면 월세는 안 내도 되나요?

🈳 월세를 내야 합니다.

임대차가 종료되더라도 임차인이 보증금을 돌려받을 때까지는 임대차관계가 존속하는 것으로 간주되므로, 임대인과 임차인은 임대차계약상의 권리의무를 그대로 가지게 됩니다. 따라서 보증금을 반환받을 때까지 계속 가게를 비우지 않고 영업할 수 있는 것은 당연하지만, 설사 이러한 경우에도 임차인은 그 건물에서 계속 영업함으로써 실질적인 이득을 얻은 이상 월세는 지급해야 합니다.

◇ **임차 상가건물의 반환 및 임차 보증금의 반환**

임대차가 종료되면, 임대차계약의 내용에 따라 임차인은 임차 상가건물을 반환할 의무 등을 지게 되고, 임대인은 보증금을 반환할 의무를 지게 됩니다.

임대차가 종료되더라도 임차인이 보증금을 돌려받을 때까지는 임대차관계가 존속하는 것으로 간주되므로, 임대인과 임차인은 임대차계약상의 권리의무를 그대로 가지게 됩니다.

(관련판례)

임대차계약의 기간이 만료된 경우에 임차인이 임차목적물을 명도할 의무와 임대인이 보증금중 연체차임등 당해 임대차에 관하여 명도시까지 생긴 모든 채무를 청산한 나머지를 반환할 의무는 동시이행의 관계가 있다(대법원 1977. 9. 28. 선고 77다1241,1242 전원합의체 판결).

제2절 보증금의 회수

1. 임차권등기명령제도의 개념

① 상가건물을 인도받고 사업자등록을 해야 대항력을 가지게 되고, 이를 유지해야 대항력이 존속하는데, 임차인이 임대차계약기간이 만료된 후 보증금을 돌려받지 못하고 이사를 가게 되면, 종전에 취득하였던 대항력 및 우선변제권이 상실되어 보증금을 돌려받기 어려워지게 됩니다.

② 임차권등기명령제도는 이러한 문제를 해결하기 위해 임차인에게 대항력 및 우선변제권을 유지하게 하면서 임차상가건물에서 자유롭게 이사할 수 있게 하는 제도입니다.

2. 임차권등기명령의 신청

2-1. 신청요건

임대차등기명령은 ① 임대차가 종료된 후 ② 보증금이 반환되지 않은 경우 임차인만이 이를 신청할 수 있습니다(상가건물 임대차보호법 제6조제1항).

2-2. 임대차가 종료될 것

임차인은 임대차가 종료되어야 임차권등기명령을 신청할 수 있습니다. 즉, 계약기간의 만료로 임대차가 종료된 경우는 물론, 해지통고에 따라 임대차가 종료되거나 합의 해지된 경우에도 임차권등기명령을 신청할 수 있습니다.

① 기간의 약정이 없는 임대차의 해지통고는 임대인이 해지통고한 날부터 6개월, 임차인이 해지통고한 날부터 1개월이 지난 경우(민법 제635조제2항 제1호)

② 기간의 약정은 있지만, 임대인이 임차인의 반대에도 임차상가건물에 대한 보존행위를 하여 임차인이 임차의 목적을 달성할 수 없어 해지통고를 하고 그 통고가 임대인에게 도달한 경우(민법 제625조)

③ 임차상가건물의 일부가 임차인의 과실 없이 멸실 그 밖의 사유로 사용·수익할 수 없게 되고, 그 잔존부분으로는 임대차의 목적을 달성할 수 없어 임차인이 해지통고를 하고, 그 통고가 임대인에게 도달한 경우(민법 제627조)

④ 묵시의 갱신이 이루어져 존속기간의 정함이 없는 것으로 간주되는 경우 임차인이 해지통고를 하고, 그 통고가 된 날부터 3개월이 경과한 경우(상가건물 임대차보호법 제10조제5항)

2-3. 임대차 보증금을 돌려받지 못한 경우일 것

임대차 보증금을 돌려받지 못한 경우란, 임대차 보증금의 전액을 돌려받지 못한 경우는 물론, 일부라도 돌려받지 못한 경우도 포함됩니다(임차권등기명령 절차에 관한 규칙 제2조제1항제5호).

(사례) 임차보증금을 받지 못할 경우 보증금만 확보해 둘 방법이 있다면 월세부담이라도 줄일 수 있으므로 건물을 비우고 싶은데 방법이 없는지요?

問 저는 甲소유 건물을 보증금 7,000만원에 월 100만원으로 임차하여 영업중에 있으나 2개월 후면 임대차계약기간이 만료될 예정입니다. 그런데 최근 임대인 甲의 경제 사정이 안 좋아 보이는바, 만일 임차기간 만료 시 임차보증금을 받지 못할 경우 임차보증금만 확보해 둘 방법이 있다면 월 세부담이라도 줄일 수 있으므로 건물을 비우고 싶은데 방법이 없는지요?

答 「상가건물임대차보호법」 제3조 제1항은 "임대차는 그 등기가 없는 경우에도 임차인이 건물의 인도와 부가가치세법 제8조, 소득세법 제168조 또는 법인세법 제111조의 규정에 의한 사업자등록을 신청한 때에는 그 다음 날부터 제3자에 대하여 효력이 생긴다."라고 규정하고 있고, 같은 법 제5조 제2항은 "제3조 제1항의 대항요건을 갖추고 관할 세무서장으로부터 임대차계약서상의 확정일자를 받은 임차인은 민사집행법에 의한 경매 또는 국세징수법에 의한 공매 시 임차건물(임대인 소유의 대지를 포함한다)의 환가대금에서 후순위권리자 그 밖의 채권자보다 우선하여 보증금을 변제받을 권리가 있다."라고 규정하고 있으며, 같은 법 제6조는 "①임대차가 종료된 후 보증금을 돌려받지 못한 임차인은 임차건물의 소재지를 관할하는 지방법원, 지방법원지원 또는 시·군법원에 임차권등기명령을 신청할 수 있다...(중략)...⑤임차권등기명령의 집행에 따른 임차권등기를 마치면 임차인은 제3조 제1항에

따른 대항력과 제5조 제2항에 따른 우선변제권을 취득한다. 다만, 임차인이 임차권등기 이전에 이미 대항력 또는 우선변제권을 취득한 경우에는 그 대항력 또는 우선변제권이 그대로 유지되며, 임차권등기 이후에는 제3조제1항의 대항요건을 상실하더라도 이미 취득한 대항력 또는 우선변제권을 상실하지 아니한다. ⑥임차권등기명령의 집행에 따른 임차권등기를 마친 건물(임대차의 목적이 건물의 일부분인 경우에는 그 부분으로 한정한다)을 그 이후에 임차한 임차인은 제14조에 따른 우선변제를 받을 권리가 없다.”라고 규정하고 있습니다.

그러므로 임대차계약이 종료되었으나 임대인의 사정으로 임차보증금을 돌려받지 못한 채 임차인이 사업장을 옮기는 등으로 건물을 비워주고자 할 사정이 있는 경우에는 상가건물임대차보호법상 임차권등기명령제도를 이용하여 임차보증금을 확보해 두는 방법이 있을 것입니다.

이와 같은 ‘임차권등기명령제도’란 임대차기간이 종료되었으나 임차보증금을 반환받지 못한 채 사업장을 이전하거나 폐업신고 등을 하는 경우 상가건물임차인이 당해 건물 소재지 관할법원에 임차권등기를 해 둠으로써 임차건물의 경매 시 이미 취득한 대항력이나 우선변제권의 효력을 주장할 수 있는 제도를 말하는 것으로써, 임차권등기명령의 신청은 임차건물 소재지 관할 지방법원이나 지방법원지원 또는 시·군법원에 할 수 있습니다.

상가임차인이 임차권등기 이전에 대항력 및 우선변제권을 이미 취득한 경우에는 임차인이 건물의 점유와 사업자등록의 대항요건을 상실하더라도 대항력이나 우선변제권은 소멸되지 않고 그대로 유지되며, 임차권등기가 경료된 상가건물에 다른 새로운 임차인이 입점할 경우에도 그 새로운 임차인의 대항력과 우선변제권은 인정되지 않는다 하겠습니다.

그리고 임차권등기명령신청을 기각하는 결정에 대하여 임차인은

항고할 수 있고, 임차권등기명령신청 및 그에 따른 임차권등기와
관련하여 소요된 비용을 임대인에게 청구할 수 있을 것입니다(같
은 법 제6조 제4항 및 제8항).

따라서 상가임차인인 귀하가 임대차계약기간이 만료되어 점포를
비워 주더라도 임대인의 사정으로 받지 못한 임차보증금에 대하
여는 「상가건물임대차보호법」상 임차권등기명령제도를 이용함으
로써, 위 임차건물이 경매될 경우에도 이미 확보해 둔 임차인의
우선변제권을 행사할 수 있을 것입니다.

(서식 예) 임대차계약 해지통지서

임대차계약해지통지

수 신 인 임 대 인 ○ ○ ○
　　　　　　　　　주소 : ○○시 ○○구 ○○길 ○○

발 신 인 임 차 인 ○ ○ ○
　　　　　　　　　주소 : ○○시 ○○구 ○○길 ○○

목적물 : ○○시 ○○구 ○○길 ○○○번지 ○○호 철근콘크리트 기
와지붕 4층 건물중 3층 302호

제목 : 임대차계약해지

상기 물건지에 대해서 임대인과 임차인은 20○○년 ○월 ○일부터 20
○○년 ○월 ○일까지 ○년간 임대차계약을 체결하였는 바, 20○○년

○월 ○일에 계약이 종료되므로 이에 계약을 해지하고자 본 통지서를 보냅니다. 20○○년 ○월 ○일까지 건물을 비우겠사오니 이때에 맞추어 임대차보증금 전액을 반환해주시기를 부탁드립니다.

20○○년 ○월 ○일

임차인 ○ ○ ○ (인)

2-4. 임차상가건물

① 임차상가건물은 원칙적으로 등기된 경우에만 임차권등기명령을 신청할 수 있습니다. 따라서 임차상가건물이 무허가 건물인 경우에는 임차권등기명령을 신청할 수 없습니다.

② 다만, 임차상가건물에 대해 사용승인을 받고 건축물관리대장이 작성되어 있어 즉시 임대인 명의로 소유권보존등기가 가능한 경우에는, 임대인을 대위하여 소유권보존등기를 마친 다음 임차권등기를 할 수 있으므로 예외적으로 임차권등기명령을 신청할 수 있습니다. 이 경우에는 임대인 명의로 소유권보존등기를 할 수 있음을 증명하는 서면을 첨부해야 합니다(임차권등기명령 절차에 관한 규칙 제3조제2호).

③ 상가건물의 일부분을 임차하는 경우에도 임차권등기명령을 신청할 수 있습니다. 이 경우에는 임대차의 목적인 부분을 표시한 도면을 첨부해야 합니다(상가건물 임대차보호법 제6조제2항제2호 및 임차권등기명령 절차에 관한 규칙 제2조제1항제4호).

④ 임차목적물의 일부를 영업용으로 사용하지 않는 경우에는 임대차계약체결시부터 임차권등기명령신청 당시까지 그 주된 부분을 영업용으로 사용하고 있음을 증명하는 서류를 첨부해야 합니다(임차권등기명령 절차에 관한 규칙 제3조제5호).

3. 임차권등기명령의 신청절차

3-1. 신청권자

① 임대차 종료 후 임대차 보증금이 반환되지 않은 경우 임차인은 임대인을 상대로 임차권등기명령을 신청할 수 있습니다(상가건물 임대차보호법 제6조제1항).

② 우선변제권을 승계한 금융기관 등은 임차인을 대위하여 임차권등기명령을 신청할 수 있습니다(상가건물 임대차보호법 제6조제9항).

3-2. 관할 법원

임차상거건물의 소재지를 관할하는 지방법원·지방법원지원 또는 시·군 법원이 임차권등기명령신청사건을 관할합니다(상가건물 임대차보호법 제6조제1항).

3-3. 임차권등기명령신청서의 기재사항

① 임차권등기명령신청서에는 아래의 사항을 기재하고 임차인 또는 대리인이 기명날인 또는 서명해야 합니다(상가건물 임대차보호법 제6조제2항 및 임차권등기명령 절차에 관한 규칙 제2조제1항).

1. 사건의 표시
2. 임차인과 임대인의 성명, 주소, 임차인의 주민등록번호(임차인이나 임대인이 법인 또는 법인 아닌 단체인 경우에는 법인명 또는 단체명, 대표자,법인등록번호, 본점·사업장소재지)
3. 대리인이 신청할 때는 그 성명과 주소
4. 임대차의 목적인 건물의 표시(임대차의 목적이 건물의 일부인 경우에는 그 목적인 부분을 표시한 도면을 첨부합니다)
5. 반환받지 못한 임대차 보증금액 및 차임(등기하지 않은 전세계약의 경우에는 전세금)
6. 신청의 취지와 이유

신청이유에는, 임대차계약의 체결사실 및 계약내용과 그 계약이 종료한 원인 사실을 기재하고, 임차인이 신청 당시 대항력을 취득한 경우에는 임차상가건물을 점유하기 시작한 날과 사업자등록을 신청한 날을, 우선변제권을 취득한 경우에는 임차상가건물을 점유하기 시작한 날, 사업자등록을 신청한 날과 임대차계약서상의 확정일자를 받은 날을 기재합니다(임차권등기명령 절차에 관한 규칙 제2조제2항).

7. 첨부서류의 표시

8. 연월일

9. 법원의 표시

② 임차권등기명령신청서 제출 시 첨부서류(임차권등기명령 절차에 관한 규칙 제3조).

1. 임대인 소유로 등기된 건물의 등기사항증명서

2. 임대인의 소유가 아닌 상가건물 또는 건물은 즉시 임대인의 명의로 소유권보존등기를 할 수 있음을 증명하는 서면(예를 들면, 건축물대장)

3. 임대차계약서

4. 신청당시 대항력을 취득한 임차인은 임차상가건물을 점유하기 시작한 날과 사업자등록을 신청한 날을 소명하는 서류

5. 신청당시 우선변제권을 취득한 임차인은 임차상가건물을 점유하기 시작한 날과 사업자등록을 신청한 날을 소명하는 서류 및 관할 세무서장의 확정일자가 찍혀있는 임대차계약서

6. 임대차목적물의 일부를 영업용으로 사용하지 않는 경우에는 임대차계약체결 시부터 현재까지 그 주된 부분을 영업용으로 사용하고 있음을 증명하는 서류

4. 임차권등기명령신청에 대한 재판

① 관할법원은 임차권등기명령신청의 신청에 대한 재판을 변론 없이 할 수

있고, 임차권등기명령에 대한 재판은 결정으로 임차권등기명령을 발하거나 기각합니다(상가건물 임대차보호법 제6조제3항, 민사집행법 제280조제1항·제281조제1항).

② 임차권등기명령은 판결에 의한 때에는 선고를 한 때, 결정에 의한 때에는 상당한 방법으로 임대인에게 고지한 때에 그 효력이 발생합니다(임차권등기명령 절차에 관한 규칙 제4조).

③ 임대인의 임차보증금 반환의무가 임차인의 임차권등기 말소의무보다 먼저 이행되어야 합니다.

④ 임차인은 임차권등기명령신청을 기각하는 결정에 대해 항고할 수 있습니다(상가건물 임대차보호법 제6조제4항).

⑤ 이 항고는, 제기기간에 제한이 없는 통상 항고로서 항고의 이익이 있는 한 보증금을 전부 돌려받을 때까지 언제든지 제기할 수 있습니다(임차권등기명령 절차에 관한 규칙 제8조).

5. 임차권등기의 효과

5-1. 대항력 및 우선변제권의 유지

① 임차인이 임차권등기명령 이전에 이미 대항력이나 우선변제권을 취득한 경우에, 그 대항력이나 우선변제권은 그대로 유지되며, 임차권등기 이후에 대항요건을 상실하더라도 이미 취득한 대항력이나 우선변제권을 상실하지 않습니다(상가건물 임대차보호법 제6조제5항 단서).

② 따라서, 임차인이 임차권등기 이후에 이사를 가더라도 여전히 종전의 임차상가건물에 대한 대항력과 우선변제권은 유지되므로 보증금을 우선하여 변제받을 수 있습니다.

5-2. 대항력 및 우선변제권의 취득

① 임차인이 임차권등기명령 이전에 대항력이나 우선변제권을 취득하지 못

한 경우에, 임차권등기가 마쳐지면 대항력과 우선변제권을 취득하게 됩니다 (상가건물 임대차보호법 제6조제5항 본문).

② 다만, 임차권등기를 마치면, 그 등기 시점을 기준으로 대항력과 우선변제권의 취득여부를 판단하기 때문에 임차권등기 이전에 임차상가건물에 대한 저당권 등의 담보권이 설정된 경우에는 담보권실행을 위한 경매절차에서 매각허가를 받은 매수인에게 대항하거나 그 담보권보다 우선하여 배당을 받을 수는 없게 됩니다.

(사례) 임대차등기를 할 수 없다면 임차보증금을 보호받을 수 있는 방법은 없는지요?

문 저는 甲소유 상가건물 중 2층의 10평 정도를 보증금 5,000만원에 월세 80만원으로 임차하여 입점하고 사업자등록을 갖춘 임차인입니다. 그런데 저는 임차기간 만료 시 임차보증금을 확실하게 돌려받기 위하여 임대인인 건물주 甲에게 임대차등기를 해 줄 것을 요구하였습니다. 건물주 甲은 임대차등기에 협조하지 않고 있는데 만일, 제가 임대차등기를 하지 않고 있던 중 위 상가건물이 경매된다면, 임차보증금 5,000만원은 되돌려 받기 어렵다고 들었습니다. 건물주인 甲의 협조를 얻어 임대차등기를 할 수 없다면 임차보증금을 보호받을 수 있는 방법은 없는지요?

답 상가임차인의 대항력이란, 임차인이 상가건물에 입점을 하고 사업자등록을 신청한 날 그 다음날부터 제3자에 대하여 대항할 수 있고 매매, 증여 등으로 임차건물의 소유자가 변경되는 경우에도 임차권은 새로운 소유자에게 승계되는 것이므로 임대차계약의 존속기간 동안은 임차건물에서 영업을 할 수 있는 권리를 말합니다.

이에 관하여 「상가건물임대차보호법」 제3조 제1항은 "임대차는 그 등기가 없는 경우에도 임차인이 건물의 인도와 부가가치세법 제8조, 소득세법 제168조 또는 법인세법 제111조에 따른 사업자등록을 신청하면 그 다음 날부터 제3자에 대하여 효력이 생긴다."
라고 규정하고 있고, 보증금의 회수에 관하여 같은 법 제5조 제1
항, 제2항 및 제3항은 "①임차인이 임차건물에 대하여 보증금반환
청구소송의 확정판결 그 밖에 이에 준하는 집행권원에 의하여 경
매를 신청하는 경우에는 민사집행법 제41조에도 불구하고 반대의
무의 이행이나 이행의 제공을 집행개시의 요건으로 하지 아니한
다. ②제3조 제1항의 대항요건을 갖추고 관할 세무서장으로부터
임대차계약서상의 확정일자를 받은 임차인은 민사집행법에 따른
경매 또는 국세징수법에 따른 공매 시 임차건물(임대인 소유의
대지를 포함한다)의 환가대금에서 후순위권리자나 그 밖의 채권
자보다 우선하여 보증금을 변제받을 권리가 있다. ③임차인은 임
차건물을 양수인에게 인도하지 아니하면 제2항에 따른 의한 보증
금을 받을 수 없다."라고 규정하고 있습니다.
그러므로 상가임차인이 건물의 인도와 사업자등록을 신청한 때에
는 임대인을 비롯한 그 이후의 제3자에 대하여 임대차기간동안
그 건물에서 영업을 계속할 수 있는 대항력을 취득하게 됩니다.
만일, 임차인이 건물인도와 사업자등록신청 전에 임차건물에 대하
여 저당권이나 가압류 등의 권리설정이 없었던 경우에는 임차보
증금의 전액을 반환받을 때까지 그 임차건물에서 퇴거당하지 않
을 권리가 있습니다. 반면에, 임차인이 건물인도(입점)와 사업자등
록을 하기 전에 당해 건물에 저당권이나 가등기, 가처분등기가 이
미 설정되어 있었고 그 후 건물이 경매로 소유자가 변경된 경우
그에 대하여는 대항력이 없어 임차권을 주장할 수 없으므로 임차
보증금을 받지 못하고 퇴거당할 수도 있을 것입니다.
또한, 상가임차인이 건물을 인도받고 사업자등록을 신청하고 관할
세무서장으로부터 임대차계약서상의 확정일자까지 받은 경우, 일
정한 요건 하에 일정한 금액을 한도로 하여 임차보증금에 대한
우선변제권이 있습니다.

5-3. 소액보증금의 최우선변제권 배제

① 임차권등기가 끝난 상가건물을 그 이후에 임차한 임차인은 소액보증금의 우선변제를 받을 수 없게 됩니다(상가건물 임대차보호법 제6조제6항).
② 이것은, 임차권등기 후의 소액임차인에 의한 최우선변제권의 행사로 임차권등기를 한 임차인이 입을지 모르는 예상하지 못한 손해를 방지하기 위한 취지입니다.

(사례) 새로운 세입자를 얻을 때까지 보증금을 기다려 달라고 하는데, 돈은 나중에 받더라도 바로 이사해도 될까요?

문 상가 임대차계약 기간의 만료와 함께 인근에 있는 새로운 가게로 이사하려고 합니다. 새로운 세입자를 얻을 때까지 보증금을 기다려 달라고 하는데, 돈은 나중에 받더라도 바로 이사해도 될까요?

답 임차권 등기를 한 후에 이사가세요.
임차인이 임대차가 종료되었음에도 보증금을 돌려받지 못하고 이사를 가게 되면 종전에 취득하였던 대항력 및 우선변제권이 상실되므로 보증금을 돌려받기 어려워지게 됩니다. 다만, 임차권 등기명령 제도를 이용하여 임차권등기를 하여 임차상가건물에서 이사하더라도 종전의 대항력과 우선변제권을 유지할 수 있습니다.

◇ **임차권 등기명령제도**
임차인은 임차권 등기명령의 집행에 따른 임차권등기를 마치면 대항력과 우선변제권을 취득하게 됩니다.

◇ **임차권등기의 효과**
임차인이 임차권 등기명령 이전에 이미 대항력이나 우선변제권을 취득한 경우에 그 대항력이나 우선변제권은 그대로 유지되며, 임차권등기 이후에 대항요건을 상실하더라도 이미 취득한 대항력이나 우선변제권을 상실하지 않습니다.

임차권등기가 끝난 상가건물을 그 이후에 임차한 다른 임차인은 소액보증금의 우선변제를 받을 수 없게 됩니다.

임대인의 임대차보증금의 반환의무가 임차인의 임차권등기 말소의무보다 먼저 이행되어야 합니다.

(관련판례)

주택임대차보호법 제3조의3 규정에 의한 임차권등기는 이미 임대차계약이 종료하였음에도 임대인이 그 보증금을 반환하지 않는 상태에서 경료되게 되므로, 이미 사실상 이행지체에 빠진 임대인의 임대차보증금의 반환의무와 그에 대응하는 임차인의 권리를 보전하기 위하여 새로이 경료하는 임차권등기에 대한 임차인의 말소의무를 동시이행관계에 있는 것으로 해석할 것은 아니고, 특히 위 임차권등기는 임차인으로 하여금 기왕의 대항력이나 우선변제권을 유지하도록 해 주는 담보적 기능만을 주목적으로 하는 점 등에 비추어 볼 때, 임대인의 임대차보증금의 반환의무가 임차인의 임차권등기 말소의무보다 먼저 이행되어야 할 의무이다(대법원 2005. 6. 9. 선고 2005다4529 판결).

6. 우선변제권의 행사

6-1. 임차인의 우선변제권 행사

임차인이 대항요건을 갖추고 임대차계약서에 확정일자를 받은 경우, 경매 또는 공매 절차에 따른 임차상가건물의 환가대금에서 후순위권리자 그 밖의 채권자보다 우선하여 보증금을 변제받을 수 있습니다(상가건물 임대차보호법 제5조제2항).

6-2. 소액임차인의 최우선변제권 행사

① 소액임차인은 임차상가건물에 대한 경매신청의 등기 전에 대항요건을 갖춘 경우에는 보증금 중 일정액을 다른 담보물권자보다 우선하여 변제받을 권리가 있습니다(상가건물 임대차보호법 제14조제1항).

② 그러나 아래의 경우에는 소액임차인이더라도 최우선변제권을 행사할 수 없습니다.

    1. 임차권등기명령의 집행에 따라 임차권등기가 경료된 상가건물을 그 이후에 임차한 임차인은 소액임차인에 해당되어도 우선변제권을 행사할 수 없습니다(상가건물 임대차보호법 제6조제6항).

    2. 처음 상가건물임대차계약을 체결할 때에는 소액임차인에 해당되었지만, 그 후 계약을 갱신하는 과정에서 보증금이 증액되어 소액임차인에 해당하지 않는 경우에는 우선변제권을 행사할 수 없습니다(대구지법 2004. 3. 31. 선고 2003가단134010 판결).

7. 소액임차인의 최우선변제

7-1. 요건

① 소액임차인의 범위에 속할 것

임차인의 보증금이 아래의 지역별 보증금액에 해당되어야 최우선변제 받을 수 있는 임차인이 됩니다(상가건물 임대차보호법 시행령 제6조).

    1. 서울특별시 : 6천500만원 이하

    2. 「수도권정비계획법」에 따른 과밀억제권역(서울특별시 제외) : 5천500만원 이하

    3. 광역시(「수도권정비계획법」에 따른 과밀억제권역에 포함된 지역과 군지역은 제외), 안산시, 용인시, 김포시 및 광주시 : 3천800만원 이하

    4. 그 밖의 지역 : 3천만원 이하

보증금 외에 차임이 있는 경우에는 월 단위의 차임액에 100을 곱하여 보증금과 합산한 금액이 보증금으로 됩니다(상가건물 임대차보호법 제2조제2항, 동법 시행령 제2조제2항·제3항 및 제6조). 예를 들면, 서울특별시에서 상가건물을 임차하면서, 보증금으로 1,000만원을 지급하고 매월 30만원의 차임을 지급하기로 약정한 상가건물 임대차에서 총 보증금은 4,000만원{(월차임 30만원×100) +1,000만원=4천만원}으로 소액임차인에 해당됩니다.

② 대항요건을 갖출 것

임차인은 임차상가건물에 대한 경매신청의 등기 전에 상가건물의 인도와 사업자등록을 신청해야 합니다(상가건물 임대차보호법 제3조제1항 및 제14조제1항 후단). 이러한 대항요건은 집행법원이 정한 배당요구의 종기인 경락기일까지 계속 존속되어야 합니다(대법원 2006. 1. 13. 선고 2005다64002 판결).

③ 임차상가건물이 경매 또는 공매 절차에 따라 매각될 것

소액임차인은 임차상가건물이 경매 또는 공매 절차에 따라 매각되는 경우 우선변제권을 행사할 수 있습니다. 경매나 공매에 의하지 않고 단순히 매매, 교환 등의 법률행위에 따라 임차상가건물이 양도되는 경우에는 대항력의 여부만 문제될 뿐이고, 우선변제권이 인정될 여지가 없기 때문입니다.

④ 배당 요구가 있을 것

임차인은 채권의 원인과 액수를 기재한 서면으로 집행법원에 배당요구를 신청하면 됩니다. 이 경우 신청서에는 집행력 있는 정본 또는 그 사본, 그 밖에 배당요구의 자격을 소명하는 서면을 붙여야 합니다(민사집행규칙 제48조).

7-2. 최우선변제의 범위

① 소액임차인이 최우선변제를 받을 수 있는 금액은, 그 보증금 중 다음의 어느 하나에 해당하는 금액 이하입니다. 이 경우 우선변제 금액이 상가건물가액의 2분의 1을 초과하는 경우에는 상가건물가액의 2분의 1에 해당하

는 금액에 한합니다(상가건물 임대차보호법 시행령 제7조제1항 및 제2항).

1. 서울특별시 : 2천200만원
2. 「수도권정비계획법」에 따른 과밀억제권역(서울특별시 제외) : 1천900만원
3. 광역시(「수도권정비계획법」에 따른 과밀억제권역에 포함된 지역과 군지역은 제외), 안산시, 용인시, 김포시 및 광주시 : 1천300만원
4. 그 밖의 지역 : 1천만원

② 하나의 상가건물에 임차인이 2명 이상이고, 그 각 보증금 중 일정액의 합산액이 상가건물 가액의 2분의 1을 초과하는 경우에는 그 각 보증금 중 일정액의 합산액에 대한 각 임차인의 보증금 중 일정액의 비율로 그 상가건물의 가액의 2분의 1에 해당하는 금액을 분할한 금액을 각 임차인의 보증금 중 일정액으로 봅니다(상가건물 임대차보호법 시행령 제7조3항).

(사례) 건물 공동임차 시 임차인을 공동임차인 중 1인으로 하기로 약정한 경우에 임차보증금을 누구에게 반환하여야 하는지요?

[문] 丙은 그의 소유인 점포를 甲과 乙에게 임대하였는데, 甲과 乙은 위 점포의 임차보증금 3,000만원에 대하여 甲이 2,000만원을 부담하고 乙이 1,000만원을 부담하되, 위 점포는 甲이 경영하기로 하였고, 임대차계약기간 종료 후 임차보증금 전액은 甲이 반환 받는다는 의미에서 임차인을 甲 단독의 명의로 한 임대차계약서를 丙과 작성하였습니다. 그럼에도 불구하고 乙은 임대차계약기간 종료 후 위 임차보증금 중 1,000만원을 자기에게 반환하여야 한다고 주장하고 있습니다. 이 경우 丙으로서는 위 임차보증금 중 1,000만원을 누구에게 반환하여야 하는지요?

[답] 「민법」 제278조는 "본절(민법 제3절 공동소유)의 규정은 소유권 이외의 재산권에 준용한다. 그러나 다른 법률에 특별한 규정이 있으면 그에 의한다."라고 규정하여 채권의 경우에도 준공동소유할 수 있음을 규정하고 있습니다.

그리고 지명채권양도의 대항요건에 관하여 「민법」 제450조 제1
항은 "지명채권의 양도는 양도인이 채무자에게 통지하거나 채무
자가 승낙하지 아니하면 채무자 기타 제3자에게 대항하지 못한
다."라고 규정하고 있습니다.

그런데 관련 판례를 보면, "甲과 乙이 임대차보증금 중 각 일부를
부담하기로 하되 甲이 乙로부터 지급 받아야 할 채권이 많았기
때문에 그 임대차기간 종료시 임대차보증금 전액을 甲이 반환 받
기로 하고, 이에 따라 甲과 乙, 임대인 丙 3자 합의에 의하여 임
대차계약서를 작성하면서 그 임대차보증금 전액을 甲이 반환 받
는다는 의미에서 임차인 명의를 甲 단독으로 한 경우, 그 임대차
계약서상의 임차인명의에 불구하고 甲과 乙이 공동임차인으로서
丙과 임대차계약을 체결한 것이고, 다만 乙이 丙에게 지급한 임대
차보증금의 반환채권을 甲의 乙에 대한 채권의 지급을 담보할 목
적으로 甲에게 양도하고 丙이 이를 승낙한 것으로 봄이 상당하
다."라고 하였습니다(대법원 1999. 8. 20. 선고 99다18039 판결).
따라서 위 사안에서도 丙은 위 임차보증금 3,000만원 전액을 甲
에게 지급함이 타당할 것으로 보입니다.

(사례) 소액임차인의 최우선변제권이란 무엇인가요?

☒ 서울특별시에서 상가건물을 임차하여 보증금 3000만원에 상가를
운영하고 있는 임차인 A는 임차건물이 경매에 넘어가게 되자, 보
증금을 돌려받고자 합니다. 그런데 임차한 상가건물에는 이미 다
른 담보물권자들이 우선해 있습니다. 임차인 A는 보증금을 하나
도 돌려받을 수 없나요?

☒ 소액임차인은 임차상가건물에 대해 「상가건물 임대차보호법」상의
요건(상가건물의 인도와 사업자등록, 확정일자 부여)을 갖춘 경우

보증금 중 일정액을 다른 담보물권자보다 우선하여 변제받을 수 있습니다. 소액임차인은 지역별로 보증금액이 달리 규정되어 있는데, 서울시의 경우 6천500만원 이하의 보증금이어야 소액임차인으로서 보호를 받을 수 있습니다(상가건물 임대차보호법 제14조 제1항, 동법 시행령 제6조 및 제7조).

임차인 A의 경우 지역별 보증금액에 의해 소액임차인에 해당합니다. 따라서 서울특별시에서 상가건물을 임차한 A가 돌려받을 수 있는 최우선변제 보증금액은 2천200만원 이하의 범위에서 결정됩니다(상가건물 임대차보호법 시행령 제7조제1항, 제2항).

(사례) 소액임차인의 최우선변제권의 범위 및 보장금액의 한도는 어디까지 인정되는지요?

問 甲은 2016년 2월 서울 소재 乙 소유 상가건물의 5층 일부를 보증금 6,000만원에 1년간 임차하기로 하는 상가임대차계약을 체결하고 출판 영업을 하고 있습니다. 甲은 입점 후 출판영업을 위한 사업자등록신청은 하였으나 확정일자를 미처 받지 못하였습니다. 만일, 위 임차건물의 선순위저당권자가 경매신청을 한다면 甲의 임차보증금 4,000만원은 보호받을 수 있는지요? 주변 사람들이 甲의 임차보증금액은 소액이라서 최우선변제권이 인정된다고 하는데 그것이 무슨 말인지요?

答 소액임차인의 최우선변제권이란 임차건물에 대한 경매신청 기입등기가 되기 전에 건물의 인도(입점)와 사업자등록을 신청하였고, 임차보증금이 「상가건물임대차보호법시행령」이정하는 소액인 경우에 해당된다면 임차건물이 경매되더라도 임차보증금을 건물 매각대금의 1/2 범위 내에서 순위와 관계없이 다른 담보물권자보다 우선하여 최우선적으로 배당받을 수 있는 권리를 말합니다.

이러한 소액임차인의 범위, 보증금 중 일정액의 범위와 기준은 당해 지역의 경제여건, 보증금 및 차임 등을 고려하여 「상가건물임대차보호법시행령」으로 규정하도록 하고 있습니다. 이와 관련하여 먼저, 「상가건물임대차보호법」 제3조 제1항은 "임대차는 그 등기가 없는 경우에도 임차인이 건물의 인도와 부가가치세법 제5조, 소득세법 제168조 또는 법인세법 제111조의 규정에 의한 사업자등록을 신청한 때에는 그 다음 날부터 제3자에 대하여 효력이 생긴다."라고 규정하고 있고, 보증금 중 일정액의 보호에 관하여 같은 법 제14조는 "①임차인은 보증금중 일정액을 다른 담보물권자보다 우선하여 변제받을 권리가 있다. 이 경우 임차인은 건물에 대한 경매신청의 등기 전에 제3조 제1항의 요건을 갖추어야 한다. ③제1항의 규정에 의하여 우선변제를 받을 임차인 및 보증금 중 일정액의 범위와 기준은 임대건물가액(임대인 소유의 대지가액을 포함한다)의 2분의 1의 범위안에서 당해 지역의 경제여건, 보증금 및 차임 등을 고려하여 대통령령으로 정한다."라고 규정하고 있습니다.

또한, 우선변제를 받을 임차인의 범위에 관하여 같은 법 시행령 제6조는 "법 제14조의 규정에 의하여 우선변제를 받을 임차인은 보증금과 차임이 있는 경우 법 제2조 제2항의 규정에 의하여 환산한 금액의 합계가 다음 각 호의 구분에 의한 금액 이하인 임차인으로 한다.

1. 서울특별시 : 6천500만원

2. 수도권정비계획법에 의한 수도권 중 과밀억제권역(서울특별시를 제외한다) : 5천500만원

3. 광역시(수도권정비계획법에 의한 과밀억제권역에 포함 된 지역과 군지역을 제외한다), 안산, 용인, 김포 및 광주 : 3천800만원

4. 그 밖의 지역 : 3천만원"이라고 규정하고 있고,
   우선변제를 받을 보증금의 범위 등에 관하여 같은 법 시행

령 제7조는 "①법 제14조의 규정에 의하여 우선변제를 받을 보증금중 일정액의 범위는 다음 각 호의 구분에 의한 금액 이하로 한다.

1. 서울특별시 : 2천200만원

2. 수도권정비계획법에 의한 수도권 중 과밀억제권역(서울특별시를 제외한다) : 1천900만원

3. 광역시(수도권정비계획법에 의한 과밀억제권역에 포함 된 지역과 군지역을 제외한다), 안산, 용인, 김포 및 광주 : 1천300만원

4. 그 밖의 지역 : 1천만원

②임차인의 보증금중 일정액이 상가건물의 가액의 2분의 1을 초과하는 경우에는 상가건물의 가액의 2분의 1에 해당하는 금액에 한하여 우선변제권이 있다.

③하나의 상가건물에 임차인이 2인 이상이고, 그 각 보증금중 일정액의 합산액이 상가건물의 가액의 2분의 1을 초과하는 경우에는 그 각 보증금중 일정액의 합산액에 대한 각 임차인의 보증금중 일정액의 비율로 그 상가건물의 가액의 2분의 1에 해당하는 금액을 분할한 금액을 각 임차인의 보증금중 일정액으로 본다."라고 규정하고 있습니다. 다만, 「상가건물임대차보호법」 시행일인 2002. 11. 1. 이전에 물권을 취득한 제3자에 대해서는 우선변제를 받을 수 없을 것입니다.

따라서 위 사안의 경우 위 임차건물이 경매된다면 귀하는 임차건물의 경매개시 전 대항력을 갖추고 있으면서 보증금이 6,500만원으로서 서울 소재 소액임차인에 해당되므로 임차보증금 중 2,200만원을 한도로 최우선변제권이 인정될 것으로 보입니다.

(사례) 임차한 상가건물에는 이미 다른 담보물권자들이 선순위로 있는데, 보증금을 돌려받을 수 있을까요?

문 서울에서 상가건물을 임차하여 보증금 3,000만원에 상가를 운영하고 있는데, 건물이 경매에 넘어가게 되었습니다. 그런데 임차한 상가건물에는 이미 다른 담보물권자들이 선순위로 있는데, 보증금을 돌려받을 수 있을까요?

답 최대 2,200만원까지는 우선변제받을 수 있습니다.

소액임차인은 임차상가건물에 대해 「상가건물 임대차보호법」에 따른 요건(상가건물의 인도와 사업자등록, 확정일자 부여)을 갖춘 경우 보증금 중 일정액을 다른 담보물권자보다 우선하여 변제받을 수 있습니다.

소액임차인은 지역별로 보증금액이 달리 규정되어 있는데, 서울시의 경우 6,500만원 이하의 보증금이어야 소액임차인으로서 보호를 받을 수 있습니다.

위 질문의 경우 임차인은 지역별 보증금액에 의해 소액임차인에 해당하고, 돌려받을 수 있는 최우선변제 보증금액은 2,200만원 이하의 범위에서 결정됩니다.

◇ **소액임차인의 범위**

다음의 구분에 따른 금액 이하인 임차인이 소액임차인에 해당됩니다.

구분	기준 금액
서울특별시	6,500만원
「수도권정비계획법」에 따른 수도권 중 과밀억제권역(서울시는 제외)	5,500만원
광역시(군지역과 인천광역시는 제외), 안산시, 용인시, 김포시, 광주시	3,800만원
그 밖의 지역	3,000만원

◇ **보증금 중 일정액의 보호**

소액임차인이 최우선변제를 받을 수 있는 금액은 그 보증금 중 다음의 어느 하나에 해당하는 금액 이하입니다. 이 경우 우선변제 금액이 상가건물가액의 2분의 1을 초과하는 경우에는 상가건물가액의 2분의 1에 해당하는 금액에 한합니다.

구분	기준 금액
서울특별시	2,200만원
「수도권정비계획법」에 따른 수도권 중 과밀억제권역(서울시는 제외)	1,900만원
광역시(군지역과 인천광역시는 제외), 안산시, 용인시, 김포시, 광주시	1,300만원
그 밖의 지역	1,000만원

(관련판례)

상가건물의 임차인이 임대차보증금 반환채권에 대하여 상가건물 임대차보호법 제3조 제1항 소정의 대항력 또는 같은 법 제5조 제2항 소정의 우선변제권을 가지려면 임대차의 목적인 상가건물의 인도 및 부가가치세법 등에 의한 사업자등록을 구비하고, 관할세무서장으로부터 확정일자를 받아야 하며, 그 중 사업자등록은 대항력 또는 우선변제권의 취득요건일 뿐만 아니라 존속요건이기도 하므로, 배당요구의 종기까지 존속하고 있어야 한다(대법원 2006. 1. 13. 선고 2005다64002 판결).

(사례) 상가임대차계약서와 다른 층을 임차하여 사용할 경우에 계약 만료 시 임차건물을 비워주면서 임차보증금을 받아낼 수 있는 방법이 있는지요?

문 저는 6개월 전 甲이 구분소유자로 된 7층짜리 대형상가건물의 1층 102호를 보증금 7,000만 원에 1년간 임차하기로 하여 입점 후 사업자등록을 마치고 현재까지 1층 102호에서 악세사리가게를 운영하고 있습니다. 그런데 사업자등록 시 확정일자를 받아 둔 임대차계약서상 임차건물로는 당시 1층 102호에 저당권이 설정되어 있었으므로 역시 그의 소유로 된 위 같은 건물의 2층 211호를 임대차하는 것으로 기재하였습니다. 그 후 6개월 된 시점에서 다른 사람이 2층 211호를 임차하여 현재 의류매장을 운영하고 있습니다. 그러나 최근 매상이 부진하여 1년의 임차기간이 만료되면 가게를 비우려고 하는데 건물주인 甲은 다른 임차인이 들어오면 보증금을 돌려주겠다고 합니다. 이 경우 제가 계약 만료 시 임차건물을 비워주면서 임차보증금을 받아낼 수 있는 방법이 있는지요?

답 「상가건물임대차보호법」에 의한 보호를 받으려면 우선, 상가점포를 인도받고 임대차계약서 등을 지참하여 관할 세무서에 사업자등록을 하여야 하며, 경매 또는 공매 시 임차건물(임대인 소유의 토지를 포함함)의 환가대금에서 후순위권리자 및 그 밖의 채권자보다 우선하여 변제받기 위해서는 임대차계약서에 확정일자인을 받아 두어야 합니다(상가건물임대차보호법 제3조 제1항 및 제5조 제2항).

그리고 건물의 일부분을 임차하는 경우 그 해당 도면을 첨부하게 되어 있기 때문에(상가건물임대차보호법 제3조, 부가가치세법 제8조 및 같은 법 시행령 제11조, 소득세법 제168조), 임대차계약서와 다른 곳을 임차하여 사용할 때는 「상가건물임대차보호법」에 의한 보호를 받지 못함이 원칙입니다.

그러므로 이 사안의 경우에는 임대차계약서상에는 2층이지만 당사자의 합의 내용이 원래 1층을 임대차하는 것이었고, 실제로도 1층을 사용하고 있으므로 1층이 임대차의 목적이 된다 할 것이므로 계약서 상의 상가건물 주소와 입점장소의 일치를 요하는 상가건물임대차보호법상의 보호를 받지는 못할 것으로 보입니다.

따라서 귀하는 계약기간이 만료된 후에도 보증금을 회수할 수 없다면, 부득이 임대인 소유의 위 102호와 211호 상가점포에 대한 보전처분을 한 다음, 임차보증금반환청구의 소를 제기하여 집행권원을 얻어 위 2개 상가점포에 대한 강제집행을 통해 임차보증금을 회수하여야 할 것이지만, 법원에서의 배당순위는 「상가건물임대차보호법」에 의해 보호되는 상가임차인으로서가 아닌, 일반 채권자로서 배당받게 될 것으로 보입니다.

8. 집행권원 확보

① 임대차기간이 만료되었는데도 임대인이 보증금을 반환하지 않는 경우, 임차인은 임차상가건물에 대해 보증금반환청구소송의 확정판결이나 그 밖에 이에 준하는 집행권원에 기한 경매를 신청하여 보증금을 회수할 수 있습니다(상가건물 임대차보호법 제5조제1항).

② 「집행권원」이란, 국가의 강제력에 의해 실현될 청구권의 존재와 범위를 표시하고 집행력이 부여된 공정증서를 말하는 것으로서, 확정판결에 준하는 효력이 있는 집행권원에는 화해조서, 조정조서, 확정된 조정에 갈음하는 결정, 화해권고결정, 집행증서, 확정된 지급명령 그 밖에 판결과 같은 효력이 있는 일체의 집행권원을 포함합니다.

8-1. 집행권원 확보 전 준비사항

8-1-1. 내용증명우편의 발송

① 임대인이 임대차가 종료되었음에도 보증금을 돌려주지 않는 경우에는 임차인은 임대차계약 사실, 임대차의 종료됨에 따라 반환받아야 할 보증금의 액수 등을 적은 내용증명우편을 발송하여 보증금의 반환을 독촉합니다.
② 그럼에도 불구하고 보증금을 돌려주지 않을 경우에는 민사조정, 지급명령 등의 재판 외의 민사분쟁 해결 제도나 보증금반환청구소송을 제기하는 등 법적 절차를 취할 수 있습니다.

8-1-2. 가압류 신청

① 임대인이 재산을 은닉하거나 빼돌릴 가능성이 있으면, 임차인은 보증금반환청구소송을 제기하기 전에 동산 또는 부동산에 대한 강제집행을 보전하기 위해 임대인의 재산에 가압류를 해 둘 필요가 있습니다.
② 가압류란, 금전이나 금전으로 환산할 수 있는 청구권을 그대로 두면 장래 강제집행이 불가능하게 되거나 곤란하게 될 경우에 미리 일반담보가 되는 채무자의 재산을 압류하여 현상을 보전하고, 그 변경을 금지하여 장래의 강제집행을 보전하는 절차를 말합니다(민사집행법 제276조제1항 참조).

(서식 예) 부동산가압류신청서(임차보증금반환채권)

부동산가압류신청

채 권 자 ○○○
       ○○시 ○○구 ○○길 ○○(우편번호 ○○○-○○○)
      전화·휴대폰번호:

　　　　　팩스번호, 전자우편(e-mail)주소:

채 무 자 ◇◇◇

　　　　　○○시 ○○구 ○○길 ○○(우편번호 ○○○-○○○)

　　　　　전화·휴대폰번호:

　　　　　팩스번호, 전자우편(e-mail)주소:

청구채권의 표시

금 ○○○원

○○시 ○○구 ○○길 ○○에 있는 점포에 대하여 임대차기간 종료에 의한
임차보증금반환채권

가압류하여야 할 부동산의 표시

별지 제1목록 기재와 같습니다.

신 청 취 지

　채권자의 채무자에 대한 위 청구채권을 보전하기 위하여 채무자 소
유 별지 제1목록 기재 부동산을 가압류한다.
라는 재판을 구합니다.

신 청 이 유

1. 채권자는 채무자와 20○○. ○. ○. 채무자 소유의 ○○시 ○○구
　　○○길 ○○에 있는 점포 66㎡를 임차보증금 ○○○원에 임대기
　　간을 ○○개월로 하여 임차한 사실이 있습니다.

2. 채무자는 기간이 만료되었음에도 불구하고 임대차보증금을 반환하지 아니하고 채권자에게 전세를 놓아서 나가라고만 하고 기일만 연기할 뿐만 아니라, 근래에 와서 별지 1목록 기재 부동산을 매매하려고 하고 있으므로, 만약 별지 1목록 기재 부동산을 다른 사람에게 매도하면 채무자는 재산이 전혀 없어지는 상태입니다.

3. 그리고 담보제공은 공탁보증보험증권(◙◙보증보험주식회사 증권번호 제○○호)을 제출하는 방법으로 할 수 있도록 허가하여 주시기 바랍니다.

첨 부 서 류

1. 부동산임대차계약서	1통
1. 부동산등기사항전부증명서	1통
1. 가압류신청진술서	1통
1. 송달료납부서	1통

20○○. ○. ○.

위 채권자 ○○○ (서명 또는 날인)

○○지방법원 ○○지원 귀중

[별 지 1]

부동산의 표시

1. ○○시 ○○구 ○○동 ○○-○○

   대 157.4㎡

1.위 지상

   벽돌조 평슬래브지붕 2층주택

   1층 74.82㎡

   2층 74.82㎡

   지층 97.89㎡. 끝.

[별 지 2]

가압류신청 진술서

채권자는 가압류 신청과 관련하여 다음 사실을 진술합니다. 다음의 진술과 관련하여 고의로 누락하거나 허위로 진술한 내용이 발견된 경우에는, 그로 인하여 보정명령 없이 신청이 기각되거나 가압류이의절차에서 불이익을 받을 것임을 잘 알고 있습니다.

20 . . .

채권자(소송대리인) _____________________ (날인 또는 서명)

※ 채무자가 여럿인 경우에는 각 채무자별로 따로 작성하여야 합니다.

◇ 다 음 ◇

1. 피보전권리(청구채권)와 관련하여

가. 채무자가 신청서에 기재한 청구채권을 인정하고 있습니까?

　□ 예

　□ 아니오 → 채무자 주장의 요지 :

　□ 기타 :

나. 채무자의 의사를 언제, 어떠한 방법으로 확인하였습니까? (소명자료 첨부)

다. 채권자가 신청서에 기재한 청구금액은 본안소송에서 승소할 수 있는 금액으로 적정하게 산출된 것입니까? (과도한 가압류로 인해 채무자가 손해를 입으면 배상하여야 함)

　□ 예

　□ 아니오

2. 보전의 필요성과 관련하여

가. 채권자가 채무자의 재산에 대하여 가압류하지 않으면 향후 강제집행이 불가능하거나 매우 곤란해질 사유의 내용은 무엇입니까?

나. 채권자는 신청서에 기재한 청구채권과 관련하여 공정증서 또는 제소
   전화해조서가 있습니까?

다. 채권자는 신청서에 기재한 청구채권과 관련하여 취득한 담보가 있습
   니까? 있다면 이 사건 가압류를 신청한 이유는 무엇입니까?

라. [채무자가 (연대)보증인인 경우] 채권자는 주채무자에 대하여 어떠한
   보전조치를 취하였습니까?

마. [다수의 부동산에 대한 가압류신청인 경우] 각 부동산의 가액은 얼
   마입니까? (소명자료 첨부)

바. [유체동산 또는 채권 가압류신청인 경우] 채무자에게는 가압류할 부
   동산이 있습니까?
   □ 예
   □ 아니오 → 채무자의 주소지 소재 부동산등기부등본 첨부

사. ["예"로 대답한 경우] 가압류할 부동산이 있다면, 부동산이 아닌 유
   체동산 또는 채권 가압류신청을 하는 이유는 무엇입니까?
   □ 이미 부동산상의 선순위 담보 등이 부동산가액을 초과함 →
     부동산등기부등본 및 가액소명자료 첨부
   □ 기타 사유 → 내용 :

아. [유체동산가압류 신청인 경우]
   ① 가압류할 유체동산의 품목, 가액은?
   ② 채무자의 다른 재산에 대하여 어떠한 보전조치를 취하였습니까?
   그 결과는?

3. 본안소송과 관련하여

가. 채권자는 신청서에 기재한 청구채권과 관련하여 채무자를 상대로 본
   안소송을 제기한 사실이 있습니까?
   □ 예
   □ 아니오

나. ["예"로 대답한 경우]
   ①본안소송을 제기한 법원·사건번호·사건명은?
   ②현재 진행상황 또는 소송결과는?

다. ["아니오"로 대답한 경우] 채권자는 본안소송을 제기할 예정입니까?
　　　□ 예 → 본안소송 제기 예정일 :
　　　□ 아니오 → 사유 :

4. 중복가압류와 관련하여

가. 채권자는 신청서에 기재한 청구채권(금액 불문)을 원인으로, 이 신청
　　외에 채무자를 상대로 하여 가압류를 신청한 사실이 있습니까? (과
　　거 및 현재 포함)
　　　□ 예
　　　□ 아니오

나. ["예"로 대답한 경우]
　　①가압류를 신청한 법원·사건번호·사건명은?
　　②현재 진행상황 또는 결과(취하/각하/인용/기각 등)는? (소명자료 첨
　　부)

다. [다른 가압류가 인용된 경우] 추가로 이 사건 가압류를 신청하는 이
　　유는 무엇입니까? (소명자료 첨부)

(서식 예) 부동산가압류해제신청서(합의에 의하여)

부동산가압류해제신청

채 권 자 ○○○

　　　　○○시 ○○구 ○○길 ○○(우편번호 ○○○-○○○)

　　　전화·휴대폰번호:

　　　팩스번호, 전자우편(e-mail)주소:

채 무 자 ◇◇◇

　　　　○○시 ○○구 ○○길 ○○(우편번호 ○○○-○○○)

　　　전화·휴대폰번호:

팩스번호, 전자우편(e-mail)주소:

　위 당사자 사이의 ○○지방법원 20○○카단○○○호 부동산가압류신청사건에 관하여 같은 법원에서 20○○. ○. ○. 결정한 가압류결정에 기초하여 채무자 소유의 별지목록 기재 부동산에 대하여 20○○. ○. ○○. ○○지방법원 ○○등기소 등기접수 제○○호로서 가압류집행을 하였으나, 위 당사자 사이에 원만한 합의가 성립되었으므로 위 가압류를 해제하여 주시기 바랍니다.

20○○. ○. ○.

위 채권자 ○○○ (서명 또는 날인)

○○지방법원　귀중

[별　지]

가압류부동산의 표시

1. ○○시 ○○구 ○○동 ○○-○○
　대 157.4㎡

1. 위 지상
　벽돌조 평슬래브지붕 2층주택
　　　1층 74.82㎡
　　　2층 74.82㎡
　　　지층 97.89㎡. 끝.

8-2. 지급명령 신청

8-2-1. 지급명령의 개념

① 지급명령이란, 금전 그 밖의 대체물(代替物) 또는 유가증권의 일정수량의 지급을 목적으로 하는 청구에 관하여 채권자의 일방적 신청이 있으면 채무자를 신문하지 않고 채무자에게 그 지급을 명하는 재판을 말합니다(민사소송법 제462조).

② 이와 같은 지급명령은 채권자가 법정에 나가지 않고도 적은 소송비용으로 신속하게 민사분쟁을 해결할 수 있는 장점이 있는 제도이나, 상대방이 지급명령에 대해 이의신청을 하면 결국 통상의 소송절차로 이행되는 잠정적인 분쟁의 해결절차입니다.

③ 따라서 임차인이 보증금반환의무가 있다는 사실을 인정하고, 임차인의 채권의 존재자체를 다투지 않을 것으로 예상되는 경우에는 지급명령 절차를 이용하는 것이 편리합니다.

8-2-2. 지급명령의 신청

① 지급명령을 신청하려는 임차인은 임대인의 주소지를 관할하는 법원에 가서 다음의 사항을 기재한 지급명령신청서를 작성하여 제출해야 합니다(민사소송법 제463조, 제464조 및 제468조).

1. 임대인과 임차인의 성명
2. 지급명령 정본을 송달하는데 필요한 주소 및 연락처
3. 청구금액
4. 그 금액을 청구할 수 있는 취지 및 원인

(서식 예) 지급명령신청서(임차보증금반환청구의 독촉사건)

지 급 명 령 신 청

채권자 ○○○(주민등록번호)

　　　　○○시 ○○구 ○○길 ○○(우편번호 ○○○-○○○)

　　　　전화·휴대폰번호:

　　　　팩스번호, 전자우편(e-mail)주소:

채무자 ◇◇◇(주민등록번호)

　　　　○○시 ○○구 ○○길 ○○(우편번호 ○○○-○○○)

　　　　전화·휴대폰번호:

　　　　팩스번호, 전자우편(e-mail)주소:

임차보증금반환청구의 독촉사건

청구금액 : 금 35,000,000원

신 청 취 지

채무자는 채권자에게 금 35,000,000원 및 이에 대한 20○○. ○○. ○○.부터 이 사건 지급명령정본을 송달 받는 날까지는 연 5%, 그 다음날부터 다 갚는 날까지는 연 15%의 각 비율에 의한 금액 및 아래 독촉절차비용을 합한 금액을 지급하라는 지급명령을 구합니다.

아　　　　래

금　　원　　　　　독촉절차비용

내　　　　역

금　　원　　　인　지　대

금　　원　　　송　달　료

1. 채권자와 채무자는 20○○. ○. ○. 피고 소유 ○○시 ○○구 ○○길 ○○ 소재 목조기와지붕 평가건물 단층주택 47,36㎡ 중 방 1칸 및 부엌에 대하여 임차보증금 35,000,000원, 임대차기간은 2년으로 하는 임대차계약을 체결하고 점유·사용하여 오다가 20○○. ○○. ○. 임대차계약기간의 만료로 인하여 임대인인 채무자에게 건물을 명도 하였습니다.

2. 그렇다면 채무자는 채권자에게 위 임차보증금을 지급할 의무가 있음에도 불구하고 지급하지 아니하여 채권자는 채무자에게 임차보증금을 반환하여 줄 것을 여러 차례에 걸쳐 독촉하였음에도 채무자는 지금까지 위 임차보증금을 반환하지 않고 있습니다.

3. 따라서 채권자는 채무자로부터 위 임차보증금 35,000,000원 및 이에 대한 20○○. ○○. ○○.부터 이 사건 지급명령결정정본을 송달 받는 날까지는 민법에서는 연 5%, 그 다음날부터 다 갚는 날까지는 소송촉진등에관한특례법에서 정한 연 15%의 각 비율에 의한 지연손해금 및 독촉절차비용을 합한 금액의 지급을 받기 위하여 이 사건 신청을 하기에 이르게 된 것입니다.

첨 부 서 류

1. 부동산임대차계약서	1통
1. 부동산등기사항증명서	1통
1. 송달료납부서	1통

20○○. ○○. ○○.

위 채권자 ○○○ (서명 또는 날인)

○○지방법원 귀중

관할법원	※ 아래(1)참조	소멸시효기간	○○년(☞소멸시효일람표)
제출부수	신청서 1부 및 상대방 수만큼의 부본 제출	관 련 법 규	민사소송법 제462조 내지 제474조

불복절차 및 기간	{신청인(채권자)} ·신청각하결정에 대하여는 불복하지 못함(민사소송법 제465조 제2항). {피신청인(채무자)} ·지급명령에 대하여 이의신청(민사소송법 제470조) ·지급명령이 송달된 날부터 2주 이내(민사소송법 제470조)

비 용	·인지액 : ○○○원(☞산정방법) ※ 아래(2)참조 ·송달료 : ○○○원(☞적용대상사건 및 송달료 예납기준표)

의 의	금전, 그밖에 대체물(代替物)이나 유가증권의 일정한 수량의 지급을 목적으로 하는 청구에 대하여 법원은 채권자의 신청에 따라 지급명령을 할 수 있음. 다만, 대한민국에서 공시송달 외의 방법으로 송달할 수 있는 경우에 한함(민사소송법 제462조).

지급명령과 집행(민사집행법 제58조)	①확정된 지급명령에 기한 강제집행은 집행문을 부여받을 필요 없이 지급명령 정본에 의하여 행한다. 다만, 다음 각 호 가운데 어느 하나에 해당하는 경우에는 그러하지 아니하다. 1. 지급명령의 집행에 조건을 붙인 경우 2. 당사자의 승계인을 위하여 강제집행을 하는 경우 3. 당사자의 승계인에 대하여 강제집행을 하는 경우 ②채권자가 여러 통의 지급명령 정본을 신청하거나, 전에 내어준 지급명령 정본을 돌려주지 아니하고 다시 지급명령 정본을 신청한 때에는 법원사무관등이 이를 부여한다. 이 경우 그 사유를 원본과 정본에 적어야 한다. ③청구에 관한 이의의 주장에 대하여는 제44조제2항의 규정을 적용하지 아니한다. ④집행문부여의 소, 청구에 관한 이의의 소 또는 집행문부여에 대한 이의의 소는 지급명령을 내린 지방법원이 관할한다. ⑤제4항의 경우에 그 청구가 합의사건인 때에는 그 법원이 있는 곳을 관할하는 지방법원의 합의부에서 재판한다.

※ (1)관할법원(민사소송법 제463조, 제7조 내지 제9조, 제12조, 제18조)
　　가. 채무자의 보통재판적이 있는 곳의 지방법원
　　나. 사무소 또는 영업소에 계속하여 근무하는 사람에 대하여 소를 제기하는 경우에는 그 사무소 또는 영업소가 있는 곳을 관할하는 법원
　　다. 재산권에 관한 소를 제기하는 경우에는 거소지 또는 의무이행지의 법원
　　라. 어음·수표에 관한 소를 제기하는 경우에는 지급지의 법원
　　마. 사무소 또는 영업소가 있는 사람에 대하여 그 사무소 또는 영업소의 업무와 관련이 있는 소를 제기하는 경우에는 그 사무소 또는 영업소가 있는 곳의 법원
　　바. 불법행위에 관한 소를 제기하는 경우에는 행위지의 법원. 선박 또는 항공기의 충돌이나 그 밖의 사고로 말미암은 손해배상에 관한 소를 제기하는 경우에는 사고선박 또는 항공기가 맨 처음 도착한 곳의 법원.
　(2) 인지액
　지급명령신청서에는 민사소송등인지법 제2조의 규정액의 10분의 1의 인지를 붙여야 함(민사소송등인지법 제7조 제2항).

8-3. 지급명령의 심리

① 지급명령의 신청을 받은 법원은 임대인을 심문하지 않고, 임차인이 제출한 서류 등을 참고하여 서면심리를 하여 지급명령을 결정합니다(민사소송법 제467조).

② 지급명령 결정에 따라 임대인에게 지급명령 정본을 송달하게 됩니다(민사소송법 제469조제1항).

③ 임차인이 지급명령신청서에 기재한 임대인의 주소가 실제로는 임대인이 거주하지 않아 지급명령 정본이 송달될 수 없는 경우, 법원은 임차인에게 일정 보정기간 내에 송달할 수 있는 임대인의 주소를 보정하도록 하거나 주소의 보정이 어려울 경우에는 소 제기 신청을 할 수 있습니다(민사소송법 제466조제1항).

④ 이 경우 임차인이 주소를 보정하면 보정한 주소로 지급명령 정본이 다

시 송달되고, 보정기한 내에 임차인이 주소를 보정하지 않은 채 보정기한
이 지난 경우에는 지급명령 신청이 각하됩니다.

(서식 예) 주소보정서

주 소 보 정 서

사건번호   20 가 (차)   담당재판부 : 제   (단독)부]
원고(채권자)
피고(채무자)
위 사건에 관하여 아래와 같이 피고(채무자)   의 주소를
보정합니다.

　[주소보정요령]

1. 상대방의 주소가 변동되지 않은 경우에는 주소변동 없음란의 □에
   "✔" 표시를 하고, 송달이 가능한 새로운 주소가 확인되는 경우에는
   주소변동 있음란의 □에 "✔" 표시와 함께 새로운 주소를 적은 후
   이 서면을 주민등록등본 등 소명자료와 함께 법원에 제출하시기 바랍
   니다.
2. 상대방이 종전에 적어 낸 주소에 그대로 거주하고 있으면 재송달신청
   란의 □에 "✔" 표시를 하여 이 서면을 주민등록등본 등 소명자료와
   함께 법원에 제출하시기 바랍니다.
3. 수취인부재, 폐문부재 등으로 송달되지 않는 경우에 특별송달(집행관
   송달 또는 법원경위송달)을 희망하는 때에는 특별송달신청란의 □에
   "✔" 표시를 하고, 주간송달·야간송달·휴일송달 중 희망하는 란의 □
   에도 "✔" 표시를 한 후, 이 서면을 주민등록등본 등의 소명자료와
   함께 법원에 제출하시기 바랍니다(특별송달료는 지역에 따라 차이가
   있을 수 있으므로 재판부 또는 접수계에 문의바랍니다).
4. 공시송달을 신청하는 때에는 공시송달신청란의 □에 "✔" 표시를 한

후 주민등록말소자등본 기타 공시송달요건을 소명하는 자료를 첨부하
여 제출하시기 바랍니다.
5. 지급명령신청사건의 경우에는 사건번호의 '(차)', '채권자', '채무자'
표시에 ○표를 하시기 바랍니다.
6. 소송목적의 수행을 위해서는 읍·면사무소 또는 동주민센터 등에 주
소보정명령서 또는 주소보정권고 등 상대방의 주소를 알기 위해
법원에서 발행한 문서를 제출하여 상대방의 주민등록표 초본 등의
교부를 신청할 수 있습니다(주민등록법 제29조 제2항 제2호, 동법
시행령 제47조 제5항 참조).

8-4. 지급명령에 대한 이의신청

① 임대인이 지급명령을 송달받은 날부터 2주 이내에 이의신청을 한 때에
는 지급명령은 그 범위 안에서 효력을 잃습니다(민사소송법 제470조제1항).

② 임대인이 지급명령 정본을 송달받고도 2주일 이내에 이의신청을 하지
않은 채 그 기간이 지나면 지급명령은 확정되고, 임차인은 확정된 지급명령
에 기한 강제집행을 신청할 수 있습니다.

③ 임대인이 이의신청을 하였으나, 그 이의신청이 부적법하다고 결정되는
경우에는 법원은 이의신청을 각하합니다. 이 경우 임대인은 각하결정에 대
해 즉시항고할 수 있습니다(민사소송법 제471조).

④ 임대인의 이의신청이 적법한 경우에는 이의신청에 따라 그 지급명령은
효력은 상실되고, 지급명령을 신청한 때에 이의신청된 청구목적의 값에 관
하여 소가 제기된 것으로 봅니다(민사소송법 제472조제2항).

지급명령에 대한 이의신청서

사　건　　　20　　차

채권자　(이　름)

채무자　(이　름)

　　　　　(주　소)

위 독촉사건에 관하여 채무자는 20　.　.　. 지급명령정본을 송달받았으나 이에 불복하여 이의신청을 합니다.

20　.　.　.

이의신청인(채무자)　　　　(날인 또는 서명)

(연락처　　　　　　　　)

○○지방법원 귀중

◇ 유 의 사 항 ◇

1. 채무자는 연락처란에 언제든지 연락 가능한 전화번호나 휴대전화번호(팩스번호, 이메일 주소 등도 포함)를 기재하기 바랍니다.

2. 채무자는 지급명령 정본을 송달받은 날로부터 2주 이내에 이의신청서를 제출하는 것과 별도로 지급명령의 신청원인에 대한 구체적인 진술을 적은 답변서를 함께 제출하거나 늦어도 지급명령 정본을 송달받은 날부터 30일 이내에 제출하여야 합니다.

8-5. 소송절차로의 이행

① 임대인이 적법한 이의신청을 하거나 임차인이 소 제기 신청을 한 경우 또는 법원이 직권으로 소송절차에 부치는 결정을 한 경우에는 지급명령을 신청한 때에 소가 제기된 것으로 처리됩니다(민사소송법 제472조제1항).

② 이 경우 임차인은 지급명령 신청서에 붙인 수수료를 공제한 소장의 인

지액을 추가 납부해야 합니다. 임차인이 기간 내에 추가 인지액을 납부하지 않는 경우에는 지급명령신청서를 각하 결정하며, 이 결정에 대해서는 즉시항고할 수 있습니다(민사소송법 제473조제1항 및 제2항).

8-6. 지급명령의 효력

지급명령에 대하여 임대인의 이의신청이 없거나, 이의신청을 취하하거나, 부적법한 이의신청의 각하 결정이 확정된 경우에는 지급명령은 확정판결과 같은 효력이 생깁니다(민사소송법 제474조).

9. 민사조정 신청

9-1. 민사조정제도의 개념

① 민사조정제도는 판결에 의하지 않고, 조정담당판사, 상임 조정위원 또는 조정위원회가 분쟁 당사자로부터 주장을 듣고 여러 사정을 참작하여 조정안을 제시하고 서로 양보와 타협을 통하여 합의에 이르게 함으로써 분쟁을 평화적이고, 간이·신속하게 해결하는 제도입니다(민사조정법 제1조 참조).

② 임대차기간이 만료되었는데도 임대인이 보증금을 반환하지 않는 경우에는 보증금을 회수하는 방법으로 정식 소송을 제기하기 전에 간이한 민사소송절차인 민사조정제도를 이용할 수 있습니다.

9-2. 민사조정의 절차

9-2-1. 조정신청서의 접수

① 임차인은 민사조정신청서를 작성하여 임대인의 주소지를 관할하는 법원에 제출하면 됩니다. 구술로도 신청이 가능하나, 구술로 신청하는 때에는 법원서기관 등 의 면전에서 진술하여야 합니다(민사조정법 제3조, 제5조제1항 및 제2항).

② 조정신청서에는 당사자, 대리인, 신청의 취지와 분쟁의 내용을 명확히 기재하여야 하며, 증거서류가 있는 경우에는 신청과 동시에 이를 제출해야 합니다. 이 경우 피신청인 수에 상응하는 부본을 제출해야 합니다(민사조정규칙 제2조).

9-2-2. 조정 기일에 출석

① 조정신청서를 제출하면 얼마 후에 법원으로부터 신청인과 상대방에게 조정기일이 통지됩니다(민사조정법 제15조제1항).

② 조정 기일에는 본인이 출석하는 것이 원칙이며, 조정담당판사의 허가가 있으면 친족이나 피용인 등을 보조인이나 대리인으로 출석하게 할 수 있습니다(민사조정규칙 제6조제1항 및 제2항).

③ 신청인이 조정 기일에 두 번 출석하지 않으면 조정 신청은 취하된 것으로 봅니다. 다만, 상대방이 출석하지 않으면 조정담당판사가 상당한 이유가 없는 한 직권으로 조정에 갈음하는 결정을 하게 됩니다(민사조정법 제31조 및 제32조).

9-2-3. 조정의 심리

① 조정기일에 출석한 신청인과 상대방은 조정담당판사, 상임 조정위원 또는 조정위원회로부터 신청한 조정사건에 대해 심리를 받습니다(민사조정규칙 제8조 참조).

② 신청인과 상대방은 각자 의견을 진술하며, 의견을 청취한 조정담당판사, 상임 조정위원 또는 조정위원회로부터 합의를 권고 받는 등의 심리를 받습니다.

9-2-4. 조정의 성립

① 조정 기일에 당사자가 합의하면 조정이 성립됩니다. 조정의 성립되면 그 합의내용을 조서에 기재하게 됩니다(민사조정법 제28조).

② 조정조서의 내용은 재판상 화해와 같은 효력이 있습니다(민사조정법 제29조).

③ 재판상 화해와 동일한 효력이 있다는 것은, 동일한 내용의 판결이 있는 경우, 그 판결과 같은 법적 효력이 부여되는 것을 의미하며, 만일 상대방이 조정 조항에서 정한 의무를 성실하게 이행하지 않는 경우에는 조정조서에 기하여 강제집행을 할 수 있습니다.

9-2-5. 조정에 갈음하는 결정

① 조정담당판사는 합의가 성립되지 않은 사건 또는 당사자 사이에 성립된 합의의 내용이 상당하지 않다고 인정한 사건에 관해 상당한 이유가 없는 한 직권으로 당사자의 이익 그 밖의 모든 사정을 참작하여 신청인의 신청 취지에 반하지 않는 한도 내에서 사건의 공평한 해결을 위해 조정에 갈음하는 결정을 내립니다(민사조정법 제30조).

② 당사자는 조정에 갈음하는 결정에 대해 조서정본이 송달된 날부터 2주일 이내에 이의를 신청할 수 있으며, 그 기간 내에 이의신청이 있으면 그 결정은 효력을 상실하고 사건은 자동으로 소송으로 이행되며, 이의신청이 없으면 그 결정은 재판상 화해와 같은 효력이 생기게 됩니다(민사조정법 제34조 및 제36조제1항).

9-2-6. 조정을 하지 않는 결정

조정담당판사는 사건이 성질상 조정을 함에 적당하지 않다고 인정하거나 당사자가 부당한 목적으로 조정의 신청을 한 것임을 인정하는 때에는 조정을 하지 않는 결정으로 사건을 종결시킬 수 있습니다(민사조정법 제26조제1항).

9-2-7. 조정의 불성립

조정담당판사는 당사자 사이에 합의가 성립되지 않거나 성립된 합의의 내용이 상당하지 않다고 인정하는 경우에 조정에 갈음하는 결정을 하지 아니할 때에는 조정이 성립되지 아니한 것으로 사건을 종결합니다(민사조정법 제27조).

9-2-8. 소송절차로의 이행

① 신청인이 조정을 신청하였으나, 조정을 하지 않는 결정, 조정의 불성립, 조정에 갈음하는 결정에 이의 신청을 한 경우에는 조정을 신청한 때에 소송이 제기된 것으로 처리되어, 당사자가 별도의 신청을 하지 않더라도 그 사건을 자동적으로 소송절차에서 심리됩니다(민사조정법 제36조제1항).

② 이 경우 신청인은 처음부터 소송을 제기하였다면 소장에 첨부하여야 할 인지액에서 조정을 신청할 때 납부한 수수료를 공제한 차액을 추가로 납부해야 합니다(민사조정법 제36조제2항).

10. 보증금반환청구소송 제기

10-1. 보증금반환청구의 소

① 임대차기간이 만료되었는데도 임대인이 보증금을 반환하지 않는 경우 임차인은 임차상가건물에 대해 보증금반환청구소송의 확정판결에 기한 경매를 신청하여 보증금을 회수할 수 있습니다(상가건물 임대차보호법 제5조제1항).

② 지급명령 등 재판 외의 간이절차에서 보증금을 돌려받지 못하는 경우에는 최후의 수단으로 소송을 통해 보증금을 돌려받을 수밖에 없습니다.

10-2. 보증금반환청구의 소의 제기

임차인은 임대인 또는 본인의 주소지를 관할하는 법원에 임차상가건물에 대한 보증금반환청구의 소를 제기할 수 있습니다. 이 경우 임대인과 임차인이 합의로 관할법원을 정할 수 있으므로 합의로 정한 법원에 소장을 제출할 수도 있습니다(민사소송법 제29조).

(서식 예) 임차보증금반환청구의 소(상가건물임대차)

소　　　　　장

원　　고　　○○○ (주민등록번호)
　　　　　○○시 ○○구 ○○길 ○○(우편번호)
　　　　전화·휴대폰번호:
　　　　팩스번호, 전자우편(e-mail)주소:
피　　고　　◇◇◇ (주민등록번호)
　　　　　○○시 ○○구 ○○길 ○○(우편번호)
　　　　전화·휴대폰번호:
　　　　팩스번호, 전자우편(e-mail)주소:

임차보증금반환청구의 소

청 구 취 지

1. 피고는 원고에게 금 70,000,000원 및 이에 대한 이 사건 소장부본 송달 다음날부터 다 갚는 날까지 연 15%의 비율에 의한 돈을 지급하라.
2. 소송비용은 피고의 부담으로 한다.
3. 위 제1항은 가집행 할 수 있다.
라는 판결을 구합니다.

청 구 원 인

1. 원고는 피고와 20○○. ○. ○. 피고 소유의 건물인 ○○시 ○○구 ○○길 ○○ 소재 2층 점포 약 66㎡를 전세보증금 70,000,000원에 1년간 임차하는 계약을 체결하고 계약 당일 계약금으로 금 ○○○만원을 지급하고 중도금 ○○○만원은 같은 해 ○. ○.에, 잔금 ○○○만원은 입주일인 같은 해 ○. ○.에 각 지급하였습니다.

2. 원고는 전세보증금의 잔금지급과 동시에 입점하여 1년의 계약기간이 지났으나 당사자간 별다른 말이 없고, 그 이후로도 영업을 해오다가 영업이 부진하여 계약의 해지 및 전세보증금의 반환을 요구하였으나, 피고는 원고의 계약해지의 통고를 받은 뒤 3개월이 지난 지금까지도 위 전세보증금을 반환하지 않고 있습니다.

3. 따라서 원고는 피고로부터 위 전세보증금 70,000,000원 및 이에 대한 이 사건 소장부본 송달 다음날부터 다 갚는 날까지 소송촉진등에관한특례법에서 정한 연 15%의 비율에 의한 지연손해금을 지급 받고자 이 사건 청구에 이른 것입니다.

입 증 방 법

1. 갑 제1호증	부동산등기사항증명서(건물)
1. 갑 제2호증	임대차계약서

첨 부 서 류

1. 위 입증방법	각1통
1. 소장부본	1통
1. 송달료납부서	1통

20○○.   ○.   ○.

위 원고   ○○○   (서명 또는 날인)

○○지방법원   귀중

관할법원	※ 아래(1)참조	소멸시효	○○년(☞소멸시효일람표)
제출부수	소장원본 1부 및 피고 수만큼의 부본 제출		
비　　용	· 인지액 : ○○○원(☞산정방법) ※ 아래(2)참조 · 송달료 : ○○○원(☞적용대상사건 및 송달료 예납기준표)		
불복절차 및 기 간	· 항소(민사소송법 제390조) · 판결서가 송달된 날부터 2주 이내(민사소송법 제396조 제1항)		
기　　타	· 임대인이 임대차기간 만료 전 6월부터 1월까지 사이에 임차인에 대하여 갱신거절의 통지 또는 조건의 변경에 대한 통지를 하지 아니한 경우에는 그 기간이 만료된 때에 전임대차와 동일한 조건으로 다시 임대차 한 것으로 보며, 이 경우에 임대차의 존속기간은 정함이 없는 것으로 보는데, 이 경우 임차인은 언제든지 임대인에 대하여 계약해지의 통고를 할 수 있고, 임대인이 그 통고를 받은 날부터 3월이 경과하면 그 효력이 발생함(상가건물임대차보호법 제10조 제4항, 제5항. 다만 이 규정은 2002. 11. 1. 이후 체결되거나 갱신된 상가건물임대차부터 적용됨).		

※ (1) 관　할

1. 소(訴)는 피고의 보통재판적(普通裁判籍)이 있는 곳의 법원의 관할에 속하고, 사람의 보통재판적은 그의 주소에 따라 정하여지나, 대한민국에 주소가 없거나 주소를 알 수 없는 경우에는 거소에 따라 정하고, 거소가 일정하지 아니하거나 거소도 알 수 없으면 마지막 주소에 따라 정하여짐.
2. 재산권에 관한 소를 제기하는 경우에는 거소지 또는 의무이행지의 법원에 제기할 수 있음.
3. 따라서 사안에서 원고는 피고의 주소지를 관할하는 법원이나 의무이행지(특정물의 인도는 채권성립당시에 그 물건이 있던 장소에서 하여야 하지만, 그 밖의 채무변제는 채권자의 현주소에서 하여야 하므로 당사자간에 특별한 약정이 없는 한 채권자는 자기의 주소지를 관할하는 법원에 소를 제기할 수 있음 : 민법 제467조 제1항, 제2항)관할 법원에 소를 제기할 수 있음.

※ (2) 인 지

소장에는 소송목적의 값에 따라 민사소송등인지법 제2조 제1항 각 호에
따른 금액 상당의 인지를 붙여야 함. 다만, 대법원 규칙이 정하는 바
에 의하여 인지의 첩부에 갈음하여 당해 인지액 상당의 금액을 현금
이나 신용카드·직불카드 등으로 납부하게 할 수 있는바, 현행 규정으
로는 인지첩부액이 1만원 이상일 경우에는 현금으로 납부하여야 하고
또한 인지액 상당의 금액을 현금으로 납부할 수 있는 경우 이를 수
납은행 또는 인지납부대행기관의 인터넷 홈페이지에서 인지납부대행기
관을 통하여 신용카드 등으로도 납부할 수 있음(민사소송등인지규칙
제27조 제1항 및 제28조의 2 제1항).

10-3. 보증금반환청구소송의 특례

① 일반 민사소송은 제1회 변론기일까지 상당한 기간이 지나야 되고, 증거
조사도 엄격하게 진행되어 소제기 후 판결에 이르기까지 상당한 시간이 필
요하게 됩니다.

② 그런데, 임차상가건물에 대한 보증금반환청구소송에서는 보증금이
3,000만원을 초과하는 경우에도 「소액사건심판법」에 따라 소송절차를 신속
하게 진행할 수 있습니다(상가건물 임대차보호법 제18조, 소액사건심판법
제6조, 제7조, 제10조 및 제11조의2).

10-3-1. 소장의 송달

임차인이 보증금반환청구의 소장을 법원에 접수하면, 법원은 지체 없이 소
장 부본을 임대인에게 송달합니다(소액사건심판법 제6조).

10-3-2. 기일의 지정

판사는 보증금반환청구의 소가 제기되면 바로 변론기일을 정하여, 되도록
제1회의 변론기일로 심리를 종결합니다. 이를 위해 판사는 변론기일 전이라
도 당사자에게 증거신청을 하게 하는 등의 필요한 조치를 취할 수 있습니

다(소액사건심판법 제7조).

10-3-3. 증거조사에 관한 특칙

① 판사는 필요한 때에는 직권으로 증거조사를 할 수 있으나, 그 증거조사의 결과에 관하여는 당사자의 의견을 들어야 합니다(소액사건심판법 제10조제1항).

② 판사가 증인을 신문하지만, 임차인과 임대인도 판사에게 알린 후에는 증인신문을 할 수 있습니다(소액사건심판법 제10조제2항).

③ 판사가 상당하다고 인정하는 때에는 증인신문 없이 증언할 내용을 기재한 서면을 제출하게 할 수 있습니다(소액사건심판법 제10조제3항 및 소액사건심판규칙 제6조).

10-3-4. 판결에 관한 특례

판결의 선고는 변론종결 후 즉시 할 수 있으며, 이 경우 주문을 낭독하고 주문이 정당함을 인정할 수 있는 범위 안에서 그 이유의 요지를 구술로 설명해야 하며, 판결서에는 이유가 기재되지 않을 수 있습니다(소액사건심판법 제11조의2).

10-4. 보증금반환청구소송의 확정판결의 효과
10-4-1. 반대의무의 이행 또는 이행의 제공의 불요

① 임대인이 보증금반환청구소송의 판결문에 기재된 대로 의무이행을 하지 않는 때에는 임차인은 확정판결에 기한 강제경매를 신청하는 경우 반대의무의 이행 또는 이행의 제공을 집행개시의 요건으로 하지 않습니다(상가건물 임대차보호법 제5조제1항).

② 따라서 임대인에게 보증금반환의 최고는 물론 임차상가건물의 인도 또는 인도의 제공을 하지 않고도 바로 강제경매신청을 할 수 있고, 임차인은 대항력과 우선변제권을 유지할 수 있습니다.

10-4-2. 우선변제권의 행사

대항요건과 임대차계약증서 상의 확정일자를 갖춘 임차인은 경매 또는 공매를 할 때에 임차상가건물(임대인 소유의 대지를 포함)의 환가대금에서 후순위권리자나 그 밖의 채권자보다 우선하여 보증금을 변제받을 권리가 있고, 소액임차인의 경우에는 최우선변제권을 행사할 수 있습니다(상가건물 임대차보호법 제5조제2항 및 제14조).

10-4-3. 배당금의 수령

임차인은 임차상가건물의 환가대금에서 배당금을 수령하기 위해서는 임차상가건물을 양수인에게 인도해야 합니다(상가건물 임대차보호법 제5조제3항). 왜냐하면, 반대의무의 이행 또는 이행의 제공을 요하지 않는 것은 집행개시의 경우에만 한정되기 때문입니다.

11. 강제경매

① 강제경매란 법원에서 채무자의 부동산을 압류·매각하여 그 대금으로 채권자의 금전채권의 만족에 충당시키는 절차입니다.
② 임차인은 임차상가건물에 대해 보증금반환청구소송의 확정판결이나 그 밖에 이에 준하는 집행권원에 기한 경매를 신청하여 보증금의 우선변제를 받을 수 있습니다.

11-1. 강제경매의 개념

① 「강제경매」란 부동산에 대한 강제집행 방법의 하나로서 법원에서 채무자의 부동산을 압류·매각하여 그 대금으로 채권자의 금전채권의 만족에 충당시키는 절차입니다(민사집행법 제78조).

② 강제집행이란, 채권자의 신청에 따라 집행권원에 표시된 사법상의 이행청구권을 국가권력에 의해 강제적으로 실현하는 법적 절차를 말합니다.

③ 강제집행을 신청하려면 집행권원과 집행문이 있어야 합니다. 집행권원은 실체법상의 청구권의 존재와 범위를 표시하고 법률상 집행력을 인정한 공문서로서, 주로 이용되는 것은 확정판결, 가집행선고부 판결, 화해조서, 인낙조서, 조정조서, 확정된 지급명령, 공정증서 등이 있습니다.

④ 집행문은 집행권원에 집행력이 있다는 것과 누가 집행당사자인가를 집행권원 끝에 덧붙여 적는 공증문서입니다. 예컨대 "이 판결 정본은 피고 아무개에 대한 강제집행을 실시하기 위해 원고 아무개에게 준다."라고 기재하고, 법원사무관 등이 기명·날인한 후 내어 줍니다.

11-2. 강제경매의 신청

부동산에 대한 강제경매는 ① 강제경매의 신청, ② 강제경매개시의 결정, ③ 배당요구의 종기 결정 및 공고, ④ 매각의 준비, ⑤ 매각의 실시, ⑥ 매각결정 절차, ⑦ 매각대금의 납부, ⑧ 배당절차, ⑨ 소유권이전등기와 인도의 순서에 따라 진행됩니다.

11-2-1. 강제경매의 신청

① 임차인은 다음의 사항을 적은 강제경매신청서를 부동산이 있는 곳의 지방법원에 제출하면 됩니다(민사집행법 제79조제1항 및 제80조).

　1. 채권자·채무자와 법원의 표시

　2. 부동산의 표시

　3. 경매의 이유가 된 일정한 채권과 집행할 수 있는 일정한 집행권원

② 강제경매신청서에는 집행력 있는 집행권원의 정본과 채무자의 소유로 등기된 부동산의 등기사항증명서를 첨부해야 합니다(민사집행법 제81조제1항).

③ 민사집행의 신청을 하는 때에는 채권자는 민사집행에 필요한 비용으로서 법원이 정하는 금액을 미리 내야 합니다(민사집행법 제18조제1항).

(사례) 경매절차의 매수인이 상가건물을 비워달라고 할 경우에 상가임 차인은 경매절차의 매수인에게 대항할 수 없는지요?

문 저는 대전 소재 甲소유의 상가를 보증금 3,000만원에 기간은 2 년으로 하여 2005년 11월 15일 임대차계약을 체결하고, 며칠 뒤 사업자등록을 마친 후 정육점을 운영하고 있었습니다. 그런데 그 후 위 상가건물에 대하여 7,000만원의 근저당권이 설정되더니 급기야는 저당권자가 경매를 신청하였습니다. 저는 확정일자를 받 지 않아 소액임차인으로서 최우선변제금 900만원을 받았을 뿐인 데, 경매절차의 매수인은 저에게 위 상가건물을 비워달라고 합니 다. 이 경우 저는 경매절차의 매수인에게 대항할 수 없는지요?

답 위 사안에서 귀하는 상가건물에 대한 근저당권 등 제3자의 권리 관계가 성립되기 전에 입점 및 사업자등록을 함으로써 「상가건물 임대차보호법」상의 대항력을 취득하였고, 임차보증금이 대전광역 시 소재에서 3천만원이므로 소액임차인에 해당됩니다.

그리고 「상가건물임대차보호법」 제8조는 "임차권은 임차건물에 대하여 민사집행법에 따른 경매가 실시된 경우에는 그 임차건물 이 매각되면 소멸한다. 다만, 보증금이 전액 변제되지 아니한 대 항력이 있는 임차권은 그러하지 아니하다."라고 규정하고 있으므 로, 임차한 상가건물의 경매시 귀하는 확정일자를 받아두지 않았 으므로 확정일자에 의한 우선변제권은 주장할 수 없을 것이나, 경 매절차의 매수인 등 제3자에 대한 대항력과 소액임차인으로서의 최우선변제권을 주장할 수 있다고 하겠습니다.

그런데 위 사안과 같이 상가임차인이 두 가지 권리를 겸유하여 어느 하나를 먼저 주장하였으나 권리의 전액 만족을 받지 못한 경우가 문제될 수 있습니다.

이와 관련하여 「상가건물임대차보호법」과 체계가 비슷한 「주택임대차보호법」에 관한 판례를 보면, "주택임대차보호법상의 대항력과 우선변제권의 두 가지 권리를 인정하고 있는 취지가 보증금을 반환받을 수 있도록 보장하기 위한 데에 있는 점, 경매절차의 안정성, 경매절차의 이해관계인들의 예측가능성 등을 아울러 고려하여 볼 때, 두 가지 권리를 겸유(兼有)하고 있는 임차인이 먼저 우선변제권을 선택하여 임차주택에 대하여 진행되고 있는 경매절차에서 보증금전액에 대하여 배당요구를 하였다고 하더라도, 그 순위에 따른 배당이 실시될 경우 보증금전액을 배당 받을 수 없었던 때에는 보증금 중 경매절차에서 배당받을 수 있었던 금액을 공제한 잔액에 관하여 경락인에게 대항하여 이를 반환 받을 때까지 임대차관계의 존속을 주장할 수 있다고 봄이 상당하며, 이 경우 임차인의 배당요구에 의하여 임대차는 해지되어 종료되고, 다만 주택임대차보호법 제4조 제2항에 의하여 임차인이 보증금의 잔액을 반환 받을 때까지 임대차관계가 존속하는 것으로 의제될 뿐이므로, 경락인은 주택임대차보호법 제3조 제2항(현행 주택임대차보호법 제3조 제3항)에 의하여 임대차가 종료된 상태에서의 임대인의 지위를 승계한다."라고 하였습니다(대법원 1997. 8. 22. 선고 96다53628 판결).

따라서 이 사안의 경우 귀하는 「상가건물임대차보호법」상 소액임차인으로서 우선변제금액인 900만원을 배당 받았다 하더라도 대항력에 기하여 경매절차의 매수인에게 나머지 임차보증금 2,100만원을 반환 받을 때까지 임대차관계의 존속을 주장할 수 있을 것으로 보이고, 다만, 이러한 경우 귀하가 귀하의 배당요구로 임대차계약이 해지되어 종료된 다음에도 임차부분 전부를 사용·수익하고 있어 그로 인한 실질적 이익을 얻고 있다면 그 임차부분의 적정한 임료 상당액 중 임대차관계가 존속되는 것으로 보는 배당 받지 못한 금액에 해당하는 부분을 제외한 나머지 보증금에 해당하는 부분에 대하여는 부당이득을 얻고 있다고 할 것이어서 경매

절차의 매수인이 요구하면 이를 반환하여야 할 것으로 보입니다
(대법원 1998.6.26. 선고 98다2754 판결, 1998.7.10.선고 98다
15545 판결, 서울지법 1999.1. 13. 선고 98나18178 판결).

(서식 예) 부동산강제경매신청서(집행력 있는 판결정본에 기초한 경우)

부동산강제경매신청

채 권 자 ○○○(주민등록번호)
　　　　　　○○시 ○○구 ○○길 ○○(우편번호)
　　　　　전화·휴대폰번호:
　　　　　팩스번호, 전자우편(e-mail)주소:

채 무 자 ◇◇◇(주민등록번호)
　　　　　　○○시 ○○구 ○○길 ○○(우편번호)
　　　　　전화·휴대폰번호:
　　　　　팩스번호, 전자우편(e-mail)주소:

청 구 금 액

금 ○○○원 및 이에 대한 20○○. ○. ○.부터 다 갚는 날까지 연
○○%의 비율에 의한 이자 및 지연손해금

집행권원의 표시

채권자의 채무자에 대한 ○○지방법원 20○○. ○. ○. 선고 20○○
가단○○○ 임대보증금 청구사건의 집행력 있는 판결정본

경매할 부동산의 표시

별지목록 기재와 같음.

신 청 취 지

1. 채권자의 채무자에 대한 위 청구금액의 변제에 충당하기 위하여 별지
   목록 기재 부동산에 대한 강제경매절차를 개시한다.
2. 채권자를 위하여 별지목록 기재 부동산을 압류한다.
라는 재판을 구합니다.

신 청 이 유

1. 채권자는 채무자에 대하여 위 집행권원의 집행력 있는 판결정본에
   의한 금 ○○○원 및 이에 대한 이에 대한 20○○. ○. ○.부터
   다 갚는 날까지 연 ○○%의 비율에 의한 이자 및 지연손해금채
   권을 가지고 있습니다.
2. 그런데 채무자는 위 채무를 지금까지 이행하지 않고 있습니다.
3. 따라서 채권자는 위 채권의 변제에 충당하기 위하여 채무자소유의
   별지목록 기재 부동산에 대하여 강제경매를 신청합니다.

첨 부 서 류

1. 집행력 있는 판결정본   1통
1. 판결정본송달증명원   1통
1. 부동산등기사항증명서   1통
1. 건축물대장등본   1통
1. 토지대장등본   1통
1. 주민등록표등본(채권자의 것)   1통
1. 등록세·지방교육세영수필확인서, 영수필통지서   각 1통
1. 집행비용예납서   1통

1. 이해관계인목록   2통
1. 부동산목록   30통
1. 송달료납부서   1통

20○○.   ○.   ○.

위 채권자   ○○○ (서명 또는 날인)

○○지방법원   귀중

[별 지1]

경매할 부동산의 표시

1. ○○시 ○○구 ○○동 ○○○-○○ 대 168㎡
2. 위 지상건물
   시멘트벽돌조 슬래브지붕 소매점 및 2층 단독주택
   1층 주택 96.44㎡
   (내소매점 17.37㎡)

[별 지2]

이해관계인의 표시

1. 1번근저당권자   ◉◉은행
                  ○○시 ○○구 ○○길 ○○(우편번호)
                  대표자 은행장 ◉◉◉(소관 ◉◉지점)
                  전화·휴대폰번호:
                  팩스번호, 전자우편(e-mail)주소:
2. 2번근저당권자   ◈◈◈
                  ○○시 ○○구 ○○길 ○○(우편번호)
                  전화·휴대폰번호:
                  팩스번호, 전자우편(e-mail)주소:
3. 3번근저당권자   ■■■
                  ○○시 ○○구 ○○길 ○○(우편번호)
                  전화·휴대폰번호:
                  팩스번호, 전자우편(e-mail)주소:

제 출 법 원	경대할 부동산이 있는 곳의 지방법원(민사집행법 제79조 제1항, 제268조)	관 련 법 규	민사집행법 제80조
제 출 부 수	신청서 1부(부동산목록 : 30통 제출)		
불 복 절 차 및 기 간	(신청인) 신청기각·각하결정에 대한 즉시항고(민사집행법 제83조제5항) 재판을 고지 받은 날부터 1주의 불변기간 이내(민사집행법 제15조제2항) (이해관계인) · 이해관계인은 매각대금이 모두 지급될 때까지 법원에 경매개시결정에 대한 이의신청을 할 수 있음(민사집행법 제86조제1항).		
비 용	인지액 : 5,000원(☞민사접수서류에 붙일 인지액) 송달료 : (이해관계인 수+3)×3,700원(우편료)×10회분 등록면허세 및 지방교육세 : 채권금액의 1,000분의 2에 해당하는 등록면허세(지방세법 제28조 제1항 제1호 라목 1)) 및 등록면허세액의 100분의 20에 해당하는 지방교육세(지방세법 제151조제1항 제2호) 납부 감정료, 신문공고료, 부동산현황조사료, 매각수수료를 예납하여야 함.		
기 타	강제경매에 있어서 채권의 일부청구를 한 경우에 그 경매절차 개시를 한 후에는 청구금액의 확장은 허용되지 않고 그후에 청구금액을 확장하여 잔액의 청구를 하였다 하여도 민사집행법 제88조에 의한 배당요구의 효력밖에는 없음(대법원 1983. 10. 15.자 83마393 결정). 경매신청서에 청구금액으로서 원리금의 기재가 있는데, 경매개시결정에는 원금만이 기재되어 있는 경우라도 채권자는 매각대금에서 원리금의 변제를 받을 수 있음(대법원 1968. 6. 3.자 68마378 결정). 경매신청서에 원금 이외에 이자채권이 포함되어 있는 경우에는 경매신청시에 이자채권에 관하여 표시가 없었다 하더라도 배당요구의 종기까지 채권계산서에 기재하면 그 부분에 관하여 배당요구의 효력이 있으므로 배당받을 수 있음.		

11-2-2. 강제경매개시의 결정

① 법원은 강제경매신청서의 기재사항과 첨부서류에 따라 강제집행의 요건, 집행개시 요건 등에 관한 심사결과 그 신청이 적법하다고 인정되면 강제경매개시결정을 하는 동시에 그 부동산의 압류를 명하게 됩니다(민사집행법 제83조제1항).

② 법원이 경매개시결정을 하면, 법원사무관 등은 즉시 그 사유를 등기부에 기입하도록 등기관에게 촉탁하고, 등기관은 경매개시결정사유를 등기부에 기입하게 됩니다(민사집행법 제94조).

③ 압류의 효력은 채무자에게 그 결정이 송달된 때 또는 경매개시결정의 기입등기가 된 때 중 먼저 된 때에 그 효력이 생깁니다(민사집행법 제83조제4항).

11-2-3. 배당요구의 종기 결정 및 공고

① 경매개시결정에 따른 압류의 효력이 생긴 때에는 집행법원은 절차에 필요한 기간을 감안하여 배당요구를 할 수 있는 종기를 첫 매각기일 이전으로 정하고 압류의 효력이 생긴 때부터 1주 이내에 공고합니다(민사집행법 제84조제1항 ~ 제3항).

② 배당요구를 하지 않아도 배당을 받을 수 있는 채권자(첫 경매개시결정등기 전에 이미 등기를 마친 담보권자, 임차권등기권자, 체납처분에 의한 압류등기권자, 가압류권자, 배당요구종기까지 한 경매신청에 의하여 2중 개시결정이 된 경우 뒤의 압류채권자)가 아니면 배당요구의 종기까지 배당요구를 해야 배당을 받을 수 있습니다(민사집행법 제148조 및 민사집행규칙 제91조제1항 참조).

③ 배당요구의 종기까지 배당요구를 해야 하는 사람은 집행력 있는 정본을 가진 채권자, 「상가건물 임대차보호법」에 의한 소액임차인, 확정일자부 임차인입니다(민사집행법 제88조제1항 참조).

④ 종기일까지 배당요구를 하지 않은 경우에는 선순위 채권자라도 경매절차에서 배당을 받을 수 없게 될 뿐만 아니라, 자기보다 후순위 채권자로서

배당을 받은 자를 상대로 부당이득반환청구를 하는 것도 허용되지 않습니다(대법원 1997. 2. 25. 선고 96다10263 판결).

11-2-4. 매각의 준비

① 경매개시결정이 있게 되면, 집행법원은 경매 목적물의 환가(입찰의 방법으로 매각하여 매각대금을 조성함)를 위한 준비를 하게 됩니다.

② 법원은 경매개시결정일로부터 3일 내에 등기부에 기입된 부동산의 권리자 등에 대하여 채권의 원금, 이자, 비용 그 밖의 부대채권에 관한 계산서를 배당요구 종기일까지 제출할 것을 통지합니다(민사집행법 제84조제4항).

③ 법원은 경매개시결정을 한 후 집행관에게 부동산의 현상, 점유관계, 차임 또는 임차보증금의 액수 그 밖의 현황에 관하여 조사할 것을 명하게 됩니다(민사집행법 제85조제1항).

④ 현황조사 결과 알게 된 임차인에 대하여 즉시 배당요구의 종기일까지 법원에 그 권리신고 및 배당요구를 할 것을 통지합니다.

⑤ 집행법원은 감정인에게 경매부동산을 평가하게 하고, 그 평가액을 참작하여 최저매각가격을 정합니다(민사집행법 제97조).

⑥ 최저매각가격은 매각을 허가하는 최저의 가격으로 그 액에 미달하는 응찰에 대하여는 매각이 허가되지 않습니다(대법원 1967. 9. 26. 자 67마796 결정).

⑦ 법원은 다음의 사항이 기재된 매각물건명세서를 작성해야 합니다(민사집행법 제105조제1항).

  1. 부동산의 표시
  2. 부동산의 점유자와 점유의 권원, 점유할 수 있는 기간, 차임 또는 보증금에 관한 관계인의 진술
  3. 등기된 부동산에 관한 권리 또는 가처분으로서 매각에 의하여 그 효력이 소멸하지 않는 것
  4. 매각에 의하여 설정된 것으로 보게 되는 지상권의 개요

⑧ 매각물건명세서·현황조사보고서 및 감정평가서의 사본을 법원에 비치하여 누구든지 볼 수 있도록 합니다(민사집행법 제105조제2항).

11-2-5. 매각기일 및 매각결정기일 등의 지정·공고·통지

① 집행법원은 경매절차를 취소할 사유가 없는 경우에는 매각명령을 하고, 직권으로 매각기일을 지정하여 공고합니다(민사집행법 제104조 및 제106조).

② 매각기일은 2주 전까지 공고해야 합니다(민사집행법 제104조제1항 및 민사집행규칙 제56조 본문).

③ 매각이 실시되어 최고가매수신고인이 있을 때 법원이 출석한 이해관계인의 진술을 듣고 매각절차의 적법여부를 심사하여 매각허가 또는 불허가의 결정을 선고하는 매각결정기일은 매각기일로부터 1주일 이내로 정하여, 공고됩니다(민사집행법 제109조제1항).

④ 법원이 매각기일과 매각결정기일(기일입찰), 입찰기간 및 매각기일(기간입찰)을 지정하면 이를 이해관계인에게 통지합니다(민사집행법 제104조제2항).

⑤ 통지는 집행기록에 표시된 이해관계인의 주소에 등기우편으로 발송하여 할 수 있으며, 발송한 때 송달된 것으로 간주됩니다(민사집행법 제104조제3항 및 민사집행규칙 제9조).

11-2-6. 매각의 실시

① 부동산의 매각은 매각기일에 하는 호가경매, 매각기일에 입찰 및 개찰하게 하는 기일입찰, 입찰기간 내에 입찰하게 하여 매각기일에 개찰하는 기간입찰의 세 가지 방법으로 합니다(민사집행법 제103조제2항).

② 집행관이 매각기일에 매각을 개시한다는 취지를 선언함에 따라 매각이 개시됩니다.

③ 집행관은 기일입찰 또는 호가경매의 방법에 의한 매각기일에는 매각물건명세서·현황조사보고서 및 평가서의 사본을 볼 수 있도록 하고, 특별한 매각조건이 있는 때에는 고지하여 매수가격을 신고하도록 알립니다(민사집

행법 제112조).

④ 호가경매는 호가경매기일에 매수신청의 액을 서로 올려가는 방법으로, 매수신청을 한 사람은 더 높은 액의 매수신청이 있을 때까지 신청액에 구속됩니다(민사집행규칙 제72조제1항 및 제2항).

⑤ 기일입찰은 입찰표에 사건번호와 부동산의 표시, 입찰자의 이름과 주소, 대리인을 통하여 입찰을 하는 때에는 대리인의 이름과 주소, 입찰가격을 기재하여 입찰표를 집행관에게 제출합니다(민사집행규칙 제62조제1항 및 제2항).

⑥ 기일입찰의 입찰을 취소·변경 또는 교환할 수 없습니다(민사집행규칙 제62조제6항).

⑦ 기간입찰은 입찰기간은 1주 이상 1개월 이하의 범위 안에서 정하고, 매각기일은 입찰기간이 끝난 후 1주 안의 날로 정해지며, 입찰표를 넣고 봉함을 한 봉투의 겉면에 매각기일을 적어 집행관에게 제출하거나 그 봉투를 등기우편으로 부치는 방법으로 입찰합니다(민사집행규칙 제68조 및 제69조).

⑧ 매수신청인은 집행법원이 정하는 금액과 방법에 맞는 보증금을 집행관에게 제공해야 합니다(민사집행법 제113조).

⑨ 호가경매와 기간입찰 및 기일입찰은 최저매각가격의 10분의 1에 해당하는 보증금액을 제공해야 하지만, 법원이 다르게 정할 수 있습니다(민사집행규칙 제63조, 제71조 및 제72조제4항).

⑩ 집행관이 입찰을 알리는 때에는 입찰마감 시각과 개찰 시각을 고지해야 합니다(민사집행규칙 제65조제1항 본문). 다만, 입찰표의 제출을 최고한 후 1시간이 지나지 않으면 입찰을 마감하지 못합니다(민사집행규칙 제65조제1항 단서).

집행관은 입찰표를 개봉할 때에 입찰을 한 사람을 참여시키고, 입찰목적물, 입찰자의 이름 및 입찰가격을 불러야 합니다(민사집행규칙 제65조제2항·제3항 및 제71조).

⑪ 집행관은 개찰을 시작하면서 최고가 매수신고인 및 다음 순위의 매수신고인을 결정합니다(민사집행규칙 제66조 및 제71조). 호가경매는 최고가 매

수신고인 결정방식이 기일입찰 또는 기간입찰과는 다릅니다.

집행관이 매수신청의 액 가운데 최고의 것을 3회 부른 후 그 신청을 한 사람을 최고가 매수신고인으로 정하여, 그 이름과 매수신청의 액을 고지합니다(민사집행규칙 제72조제3항).

⑫ 최고가 매수신고인 및 다음 순위의 매수신고인이 결정되면 집행관은 입찰의 종결을 고지합니다(민사집행규칙 제76조 참조). 입찰자가 없는 때에는 입찰불능으로 처리하여 종결을 고지합니다.

⑬ 입찰종결 후 최고가 매수신고인 및 다음 순위의 매수신고인 이외의 입찰자들에게 매수보증금을 반환합니다(민사집행법 제115조제3항).

11-2-7. 매각결정 절차

① 법원은 입찰기일의 종료 후 매각결정기일을 열어 매각의 허가에 관하여 이해관계인의 진술을 듣고 직권으로 법이 정한 이의사유가 있는지 여부를 조사한 다음, 매각의 허가 또는 불허가 결정을 선고합니다(민사집행법 제120조 및 제123조).

② 이해관계인이 매각허가 또는 불허가의 결정에 의하여 손해를 받는 때에는 즉시항고할 수 있고, 또 매각허가의 이유가 없거나 허가결정에 기재한 이외의 조건으로 허가할 것임을 주장하는 매수인 또는 매각허가를 주장하는 매수인도 즉시항고할 수 있습니다(민사집행법 제129조 및 제130조).

11-2-8. 매각대금의 납부

① 법원은 매각허가결정이 확정되면 지체 없이 대금지급기한을 지정하게 되며, 낙찰자는 대금지급기일에 낙찰대금을 납부해야 합니다(민사집행법 제142조제1항 및 제2항).

② 매각대금은 지정된 기한 내에 법원에서 발급하는 납부명령서와 함께 은행에 납부해야 합니다.

③ 납부할 금액은 매각대금에서 입찰보증금으로 제공한 금액(현금 또는

자기앞수표)을 제외한 금액입니다(민사집행법 제142조제3항).

11-2-9. 배당절차

① 매각대금이 지급되면 법원은 배당절차를 밟게 됩니다. 매각대금으로 배당에 참가한 모든 채권자를 만족하게 할 수 없는 때에는 법원은 「민법」, 「상법」, 그 밖의 법률에 의한 우선순위에 따라 배당합니다(민사집행법 제145조).

② 배당받을 채권자는 다음 어느 하나의 사람이 됩니다(민사집행법 제148조).

  1. 배당요구의 종기까지 경매신청을 한 압류채권자

  2. 배당요구의 종기까지 배당요구를 한 채권자

  3. 첫 경매개시결정 등기 전에 등기된 가압류채권자

  4. 저당권·전세권, 그 밖의 우선변제청구권으로서 첫 경매개시 결정 등기 전에 등기되었고 매각으로 소멸하는 것을 가진 채권자

③ 배당기일이 정하여진 때에는 각 채권자는 채권의 원금·배당기일까지의 이자, 그 밖의 부대채권 및 집행비용을 적은 계산서를 1주일 안에 법원에 제출해야 합니다(민사집행규칙 제81조).

④ 집행법원은 미리 작성한 배당표 원안을 배당기일에 출석한 이해관계인과 배당요구채권자에게 열람시켜 그들의 의견을 듣고, 즉시 조사할 수 있는 서증을 조사한 다음, 이에 기하여 배당표 원안에 추가·정정할 것이 있으면 추가·정정하여 배당표를 완성·확정합니다(민사집행법 제149조 및 제150조).

⑤ 배당기일에 이의가 없는 때에는 배당표에 따라 배당을 합니다. 이의가 있더라도 이의를 정당하다고 인정하거나 다른 방법으로 합의한 때에는 이에 따라 배당표를 경정하여 배당을 실시하고, 이의가 완결되지 않은 때에는 이의가 없는 부분에 한하여 배당을 실시하게 됩니다(민사집행법 제152조).

(사례) 임차인이 보증금액을 실제보다 적게 신고한 경우 우선변제권의 범위는 어떻게 되는지요?

問 저는 2005년 7월 甲소유 상가건물을 임차하면서 실제로는 보증금 8,000만원을 지급하면서 임대차계약을 체결하였으나, 임대인이 세금을 절감할 목적으로 부탁하여 보증금을 5,000만원이라고 신고하면서 사업자등록신고 후 확정일자인까지 받아두었습니다. 그런데 그 후 건물주 甲이 건물을 담보로 은행에 1억원을 대출받았으나 변제를 하지 못하자, 은행은 위 임차건물을 경매 신청하여 乙에게 1억 5천만원에 매각처분이 되었습니다. 이 경우 매각된 건물의 상가임차인인 저는 실제로 지급한 임차보증금 8,000만원을 은행에 우선하여 배당받을 수 있는지요?

答 「상가건물임대차보호법」 제3조 제1항은 "①임대차는 그 등기가 없는 경우에도 임차인이 건물의 인도와 부가가치세법 제5조, 소득세법 제168조 또는 법인세법 제111조의 규정에 의한 사업자등록을 신청한 때에는 그 다음 날부터 제3자에 대하여 효력이 생긴다."라고 규정하고 있고, 같은 법 제5조 제2항은 "제3조 제1항의 대항요건을 갖추고 관할 세무서장으로부터 임대차계약서상의 확정일자를 받은 임차인은 민사집행법에 의한 경매 또는 국세징수법에 의한 공매 시 임차건물(임대인 소유의 대지를 포함한다)의 환가대금에서 후순위권리자 그 밖의 채권자보다 우선하여 보증금을 변제받을 권리가 있다."라고 규정하고 있습니다.

이와 같이, 「상가건물임대차보호법」은 영세한 상인들을 보호하기 위하여 확정일자제도를 두고 있으므로, 상가건물임차인이 건물의 인도와 사업자등록신고라는 대항요건을 갖추고, 임대차계약서상에 확정일자를 받아 둔 경우에는 경매 또는 공매 시 후순위 저당권자와 일반채권자보다 우선하여 보증금을 배당받을 수 있을 것이며, 이 경우 우선변제권을 입증할 수 있는 근거서류로써 확정일자를 받은 임대차계약서를 제출하여야 할 것입니다.

그러므로 실제 지급한 임차보증금액을 기재한 것이 아니라 세금을 절감할 목적으로 실제보다 적은 금액이 기재된 계약서에 확정일자를 받았다면 낮게 표기된 보증금액을 기준으로 경매 또는 공매절차상 배당을 받을 수 있을 것입니다.

그렇게 되면 실제로 지급한 보증금과 경매, 또는 공매절차에서 배당받을 금액에 대하여 차액이 발생될 것이며 이는 임차인에게 불이익한 결과가 될 것입니다.

따라서 위 사안의 경우 귀하가 실제 지급한 8,000만원으로 사업자등록신고를 하고 그 금액을 기재한 임대차계약서에 확정일자를 받아 두었다면, 법원에서는 상가임차인인 귀하에게 8,000만원을 먼저 배당을 한 후, 후순위인 은행에 7,000만원을 배당하게 될 것이나, 귀하가 임대인과 임의로 합의하여 5,000만원으로 줄여서 신고를 하였고, 이 금액을 기재한 임대차계약서에 확정일자를 받았다고 한다면 귀하는 5,000만원만 우선 배당받게 될 것으로 보입니다.

11-2-10. 소유권이전등기 등의 촉탁·부동산 인도명령

① 매수인은 매각대금을 다 낸 때에 매각의 목적인 권리를 취득하게 됩니다(민사집행법 제135조). 이 경우 집행법원은 매수인 명의의 소유권이전등기, 매수인이 인수하지 않은 부동산 상의 부담의 말소등기를 등기관에게 촉탁하게 됩니다.

② 매수인이 매각대금 전액을 납부한 후에는 채무자에 대하여 직접 자기에게 매각부동산을 인도할 것을 구할 수 있으나, 채무자가 임의로 인도하지 않은 때에는 대금완납 후 6개월 이내에 집행법원에 대하여 집행관으로 하여금 매각부동산을 강제로 매수인에게 인도케 하는 내용의 인도명령을 신청하여 그 명령에 의하여 부동산을 인도받을 수 있습니다(민사집행법 제136조).

부동산가압류취소결정에 의한 등기부기입촉탁신청

사   건   20○○카단 ○○○ 가압류취소

신 청 인   ○○○ (주민등록번호)

　　　　　　○○시 ○○구 ○○길 ○○(우편번호)

　　　　　　전화·휴대폰번호:

　　　　　　팩스번호, 전자우편(e-mail)주소:

피신청인   ○○○ (주민등록번호)

　　　　　　○○시 ○○구 ○○길 ○○(우편번호)

　　　　　　전화·휴대폰번호:

　　　　　　팩스번호, 전자우편(e-mail)주소:

　신청인은 2015. 6. 4. 귀원 20○○카단 ○○○호로 "○○시 ○○구 ○○길 ○○"에 대한 가압류명령(20○○카단 ○○○)의 취소결정을 받았는바, 위 가압류취소결정을 부동산등기사항증명서에 기입하도록 관할 등기소에 촉탁하여 주실 것을 신청합니다.

첨 부 서 류

1. 가압류취소결정　　　　　　　　　　　　　　1통
1. 부동산등기사항증명서　　　　　　　　　　　1통
1. 등록면허세·지방교육세납부필증　　　　　　1통

20○○. ○. ○.

위 채권자　○○○　(서명 또는 날인)

○○지방법원　귀중

제출법원	집행법원		관련법규	민사집행법 제293조
제출부수	신청서 1부(별지목록 5부정도 첨부)			
비　　용	송달료 : 2회분(우표로 납부) 등록면허세 및 지방교육세 : 등록면허세 필지당 6,000원(지방세법 제28조제1항제1호마목), 지방교육세는 등록면허세액의 100분의20(지방세법 제151조제1항제2호) 등기신청수수료 : ○○○원(☞부동산등기신청수수료액)			

제3절 투하 비용의 회수

1. 유익비상환청구

1-1. 임차인의 유익비상환청구권

① 유익비상환청구권이란 임차인이 임대차관계로 임차상가건물을 사용·수익하던 중 그 객관적 가치를 증가시키기 위해 투입한 비용이 있는 경우에는 임대차 종료 시에 그 가액의 증가가 현존한 때에 한해 임대인에게 임대인의 선택에 따라 임차인이 지출한 금액이나 그 증가액의 상환을 청구할 수 있는 것을 말합니다(민법 제626조제2항, 대법원 1991. 8. 27. 선고 91다15591, 15607 반소판결).

② 따라서, 유익비의 상환은 임차인이 임차기간 중에 지출한 유익비에 한하여 인정되고, 임차인이 유익비를 지출하여 증가된 가액이 임대차 종료 시에 현존해야 청구할 수 있습니다.

③ 유익비상환청구의 범위는 임차인이 유익비로 지출한 비용과 현존하는 증가액 중 임대인이 선택한 것을 상환받으면 됩니다(민법 제626조제2항 전단).

④ 따라서 유익비상환의무자인 임대인의 선택권을 위해 유익비는 실제로 지출한 비용과 현존하는 증가액을 모두 산정해야 합니다(대법원 2002. 11. 22. 선고 2001다40381 판결).

⑤ 유익비는 임차인이 임차물의 객관적 가치를 증가시키기 위하여 투입한 비용이어야 합니다.

⑥ 임차인이 주관적 취미나 특수한 목적을 위하여 지출한 비용은 유익비에 포함되지 않습니다. 즉, 임차인이 임차건물을 건물용도나 임차목적과 달리 자신의 사업을 경영하기 위하여 시설개수비용이나 부착한 물건의 비용을 지출한 경우 등은 유익비에 해당하지 않습니다.

1-2. 유익비상환청구 시기 및 기간

① 임차인이 유익비를 지출한 경우에는 필요비를 지출한 경우와는 달리 즉시 그 상환을 청구할 수는 없으며, 임대차가 종료하여야 비로소 청구할 수 있습니다(민법 제626조제2항).

② 임차인이 유익비의 상환을 청구하면, 임대인은 이에 응하여야 하나, 과다한 유익비의 일시적인 상환의무로 곤경에 처할 수도 있기 때문에 법원은 임대인의 청구에 따라 상당기간 상환의 유예를 허여할 수 있습니다(민법 제626조제2항 후단).

③ 유익비의 상환청구는 임대인이 임차상가건물을 반환을 받은 날부터 6개월 내에 해야 합니다(민법 제654조에 따른 제617조의 준용). 다만 법원이 상당기간 상환의 유예를 허락한 경우에는 그 기간이 경과한 때로부터 6개월의 기간을 기산하면 됩니다.

1-3. 유익비상환청구권의 포기

① 임차인의 유익비상환청구권은 강행규정이 아니므로 당사자 사이의 특약으로 유익비의 상환청구를 포기하거나 제한하는 것이 가능합니다(민법 제652조).

② 따라서 임차인이 임대차계약을 체결할 때 임차주택(상가건물)을 임대인에게 명도할 때에 일체 비용을 부담하여 원상복구를 하기로 약정한 경우에는 유익비의 상환을 청구할 수 없습니다(대법원 2002. 11. 22. 선고 2001다40381 판결).

1-4. 유익비상환청구의 효과
① 임차인은 임차상가건물에 대한 유익비의 상환을 받을 때까지 그 상가건물을 점유할 권리가 있습니다(민법 제320조제1항).
② 따라서 임차인은 종전과 같이 임차상가건물을 점유하면서 사용·수익할 수 있습니다. 다만, 이때의 점유기간 동안의 차임상당액은 부당이득으로 임대인에게 반환해야 합니다.

(사례) 식당으로 운영하기 위해 보일러, 온돌방, 방문틀, 주방 등을 설치하고 페인트칠을 했을 경우에 이사갈 때 이런 비용을 건물주에게 청구할 수 있을까요?

문 초기에 상가건물을 임차하면서 본래 사무실이었던 것을 식당으로 운영하기 위해 보일러, 온돌방, 방문틀, 주방 등을 설치하고 페인트칠을 했습니다, 가게를 닫고 이사가려 하는데, 위 비용을 건물주에게 청구할 수 있을까요?

답 청구할 수 없습니다.
위 질문의 경우는 임차인 자신의 사업을 경영하기 위한 비용으로 유익비에 해당하지 않으므로 건물주에게 이를 청구할 수 없습니다.
「유익비상환청구권」이란 임차인이 임대차관계로 임차상가건물을 사용·수익하던 중 그 객관적 가치를 증가시키기 위해 투입한 비용이 있는 경우, 임대차 종료 시에 그 가액의 증가가 현존하는 때에 한해 임대인에게 임대인의 선택에 따라 임차인이 지출한 금액이나 그 증가액의 상환을 청구할 수 있는 것을 말합니다.

유익비는 임차인이 임차물의 객관적 가치를 증가시키기 위하여 투입한 비용이어야 합니다. 따라서 임차인이 주관적 취미나 특수한 목적을 위하여 지출한 비용은 유익비에 포함되지 않습니다. 즉, 임차인이 임차건물을 건물용도나 임차목적과 달리 자신의 사업을 경영하기 위하여 시설개수비용이나 부착한 물건의 비용을 지출한 경우 등은 유익비에 해당하지 않습니다. 예를 들어 3층 건물 중 사무실로 사용하던 2층 부분을 임차한 후 삼계탕집을 하기 위해 보일러, 온돌방, 방문틀, 주방, 가스시설, 전등 등을 설치하고 페인트칠을 한 경우, 임차인이 음식점을 하기 위해 부착시킨 간판 등 특수한 목적에 사용하기 위한 시설개수비용은 유익비에 해당되지 않습니다.

(관련판례 1)

유익비상환청구에 관하여 민법 제203조 제2항은 점유자가 점유물을 개량하기 위하여 지출한 금액 기타 유익비에 관하여는 그 가액의 증가가 현존한 경우에 한하여 회복자의 선택에 좇아 그 지출금액이나 증가액의 상환을 청구할 수 있다고 규정하고 있고, 민법 제626조 제2항은 임차인이 유익비를 지출한 경우에는 임대인은 임대차종료시에 그 가액의 증가가 현존한 때에 한하여 임차인의 지출한 금액이나 그 증가액을 상환하여야 한다고 규정하고 있으므로, 유익비의 상환범위는 점유자 또는 임차인이 유익비로 지출한 비용과 현존하는 증가액 중 회복자 또는 임대인이 선택하는 바에 따라 정하여진다고 할 것이고, 따라서 유익비 상환의무자인 회복자 또는 임대인의 선택권을 위하여 그 유익비는 실제로 지출한 비용과 현존하는 증가액을 모두 산정하여야 할 것이다(대법원 2002. 11. 22. 선고 2001다40381 판결).

(사례) 상가임차인의 임차건물에 대한 시설투자비 등을 회수할 수 있는 방법이 있는지요?

Q. 저는 3년 전부터 경기도 소재 甲 소유 상가 점포를 보증금 2,000만원에 월세 30만으로 임차하여 해마다 재계약을 하면서 슈퍼마켓을 운영해 오고 있습니다. 그런데 최근 임대인 甲은 오는 10월 재계약기간이 만료되면 슈퍼마켓을 직접 운영하겠다며 비워 줄 것을 요구하고 있습니다. 그러나 저는 이 가게에 시설비와 권리금으로 5,000만원 정도 투자한 상태이므로 그만 둘 수 없는 처지에 있습니다. 그래서 임차료 인상조건으로 계약갱신을 요청하고 있으나, 甲은 갖은 횡포와 협박으로 재계약을 거부하고 있습니다. 이 경우 제가 재계약을 체결하지 못하면 시설비 등 5,000만원의 투자비용을 회수할 수 있는 방법이 있는지요?

답 권리금에 관하여 판례는 "영업용 건물의 임대차에 수반되어 행하여지는 권리금의 지급은 임대차계약의 내용을 이루는 것은 아니고 권리금 자체는 거기의 영업시설·비품 등 유형물이나 거래처, 신용, 영업상의 노하우(know-how) 혹은 점포 위치에 따른 영업상의 이점 등 무형의 재산적 가치의 양도 또는 일정 기간 동안의 이용대가라고 볼 것인바, 권리금이 그 수수 후 일정한 기간 이상으로 그 임대차를 존속시키기로 하는 임차권 보장의 약정하에 임차인으로부터 임대인에게 지급된 경우에는, 보장기간 동안의 이용이 유효하게 이루어진 이상 임대인은 그 권리금의 반환의무를 지지 아니하며, 다만 임차인은 당초의 임대차에서 반대되는 약정이 없는 한 임차권의 양도 또는 전대차 기회에 부수하여 자신도 일정 기간 이용할 수 있는 권리를 다른 사람에게 양도하거나 또는 다른 사람으로 하여금 일정기간 이용케 함으로써 권리금 상당액을 회수할 수 있을 것이지만, 반면 임대인의 사정으로 임대차계약이 중도 해지됨으로써 당초 보장된 기간 동안의 이용이 불가능하였다는 등의 특별한 사정이 있을 때에는 임대인은 임차인에 대하여 그 권리금의 반환의무를 진다고 할 것이고, 그 경우 임대인이 반환의무를 부담하는 권리금의 범위는, 지급된 권리금을 경과기간과 잔존기간에 대응하는 것으로 나누어, 임대인은 임차인으로부터 수령한 권리금 중 임대차계약이 종료될 때까지의 기간에 대응하는 부분을 공제한 잔존기간에 대응하는 부분만을 반환할 의무를 부담한다고 봄이 공평의 원칙에 합치된다.”라고 하였습니다(대법원 2001. 11. 13. 선고 2001다20394 판결, 2002. 7. 26. 선고 2002다 2501 판결).

위 판례에 의하면 권리금이 그 수수 후 일정한 기간 이상으로 그 임대차를 존속시키기로 하는 임차권 보장의 약정하에 임차인으로부터 임대인에게 지급된 경우에는, 보장기간 동안의 이용이 유효하게 이루어진 이상 임대인으로부터 권리금을 반환받기는 힘들 것으로 보입니다.

그러나 2015. 5. 13. 신설된 「상가건물임대차보호법」 제10조의 4는 “① 임대인은 임대차기간이 끝나기 3개월 전부터 임대차 종료 시까지 다음 각 호의 어느 하나에 해당하는 행위를 함으로써 권리금 계약에 따라 임차인이 주선한 신규임차인이 되려는 자로부터 권리금을 지급받는 것을 방해하여서는 아니 된다. 다만, 제10조제1항 각 호의 어느 하나에 해당하는 사유가 있는 경우에는 그러하지 아니하다.

1. 임차인이 주선한 신규임차인이 되려는 자에게 권리금을 요구하거나 임차인이 주선한 신규임차인이 되려는 자로부터 권리금을 수수하는 행위

2. 임차인이 주선한 신규임차인이 되려는 자로 하여금 임차인에게 권리금을 지급하지 못하게 하는 행위

3. 임차인이 주선한 신규임차인이 되려는 자에게 상가건물에 관한 조세, 공과금, 주변 상가건물의 차임 및 보증금, 그 밖의 부담에 따른 금액에 비추어 현저히 고액의 차임과 보증금을 요구하는 행위

4. 그 밖에 정당한 사유 없이 임대인이 임차인이 주선한 신규임차인이 되려는 자와 임대차계약의 체결을 거절하는 행위

③ 임대인이 제1항을 위반하여 임차인에게 손해를 발생하게 한 때에는 그 손해를 배상할 책임이 있다. 이 경우 그 손해배상액은 신규임차인이 임차인에게 지급하기로 한 권리금과 임대차 종료 당시의 권리금 중 낮은 금액을 넘지 못한다."고 규정하여 임차인의 권리금 회수 기회를 보호하고 있습니다.

따라서 위 사안의 경우 신규임차인을 주선하여 신규임차인으로부터 권리금을 지급받거나, 임대인이 정당한 사유 없이 임차인이 주선한 신규임차인이 되려는 자와 임대차계약의 체결을 거절하는 경우 임대인으로부터 손해배상을 받아 권리금을 회수할 수 있을 것으로 보입니다.

한편, 「상가건물임대차보호법」 제9조는 "①기간의 정함이 없거나 기간을 1년 미만으로 정한 임대차는 그 기간을 1년으로 본다. 다만, 임차인은 1년 미만으로 정한 기간이 유효함을 주장할 수 있다. ②임대차가 종료한 경우에도 임차인이 보증금을 반환받을 때까지는 임대차 관계는 존속하는 것으로 본다."라고 규정하고 있고, 같은 법 제10조는 "①임대인은 임차인이 임대차기간 만료 전 6월부터 1월까지 사이에 행하는 계약갱신 요구에 대하여 정당한

사유 없이 이를 거절하지 못한다. 다만, 다음 각호의 1의 경우에는 그러하지 아니하다…(중략)…②임차인의 계약갱신요구권은 최초의 임대차 기간을 포함한 전체 임대차 기간이 5년을 초과하지 않는 범위 내에서만 행사할 수 있다."라고 규정하고 있어, 최소 1년의 임대차기간을 보장해 주고 있으며 임차인이 3기의 차임액에 달하도록 차임을 연체한 사실 등의 이유가 없는 이상 최초의 임대차기간을 포함한 전체 임대차기간이 5년을 초과하지 않는 범위 내에서 임대인은 임차인의 계약갱신요구를 거절할 수 없도록 하고 있습니다.

따라서 상가임차인의 계약갱신요구권을 잘 활용하여 시설비 회수 등에 충분한 일정한 기간으로 갱신요구 함으로써, 임차인은 계속적인 영업활동을 통해 시설비 등을 실질적으로 회수할 수도 있을 것입니다.

(관련판례 1)

임대차계약 체결시 임차인이 임대인의 승인하에 임차목적물인 건물부분을 개축 또는 변조할 수 있으나 임차목적물을 임대인에게 명도할 때에는 임차인이 일체 비용을 부담하여 원상복구를 하기로 약정하였다면, 이는 임차인이 임차목적물에 지출한 각종 유익비의 상환청구권을 미리 포기하기로 한 취지의 특약이라고 봄이 상당하다(대법원 1994. 9. 30. 선고 94다20389, 20396 판결).

(관련판례 2)

건물의 임차인이 임대차관계 종료시에는 건물을 원상으로 복구하여 임대인에게 명도하기로 약정한 것은 건물에 지출한 각종 유익비 또는 필요비의 상환청구권을 미리 포기하기로 한 취지의 특약이라고 볼 수 있어 임차인은 유치권을 주장을 할 수 없다(대법원 1975. 4. 22. 선고 73다2010 판결).

(관련판례 3)

점포의 최초 임차인이 임대인 측의 묵시적 동의하에 유리 출입문, 새시 등 영업에 필요한 시설을 부속시킨 후, 그 점포의 소유권이 임차보증금 반환채무와 함께 현 임대인에게 이전되고 점포의 임차권도 임대인과의 사이에 시설비 지급 여부 또는 임차인의 원상회복 의무에 관한 아무런 논의 없이 현 임차인에게 전전승계되어 왔다면, 그 시설 대금이 이미 임차인측에 지급되었다거나 임차인의 지위가 승계될 당시 유리 출입문 등의 시설은 양도대상에서 특히 제외하기로 약정하였다는 등의 특별한 사정이 인정되지 않는 한, 종전 임차인의 지위를 승계한 현 임차인으로서는 임차기간의 만료로 임대차가 종료됨에 있어 임대인에 대하여 부속물매수청구권을 행사할 수 있다(대법원 1995. 6. 30. 선고 95다12927 판결).

(관련판례 4)

민법 제646조가 규정하는 매수청구의 대상이 되는 부속물이란 건물에 부속된 물건으로서 임차인의 소유에 속하고, 건물의 구성부분으로는 되지 아니한 것으로서 건물의 사용에 객관적인 편익을 가져오게 하는 물건이라고 할 것이므로, 부속된 물건이 오로지 임차인의 특수목적에 사용하기 위하여 부속된 것일 때에는 이에 해당하지 않으며, 당해 건물의 객관적인 사용목적은 그 건물 자체의 구조와 임대차계약 당시 당사자 사이에 합의된 사용목적, 기타 건물의 위치, 주위환경 등 제반 사정을 참작하여 정하여지는 것이다(대법원 1993. 10. 8. 선고 93다25738, 93다25745 판결).

2. 부속물매수청구권

2-1. 임차인의 부속물매수청구권

상가건물의 임차인이 임차상가건물의 사용의 편익을 위하여 임대인의 동의를 얻어 그 상가건물에 부속한 물건이 있거나 임대인으로부터 매수한 부속물이 있는 때에는 임대차의 종료 시에 임대인에게 그 부속물의 매수를 청구할 수 있습니다(민법 제646조).

(서식 예) 부속물매수청구서

부 속 물 매 수 청 구 서

본인이 20○○년 ○월 ○일 귀하와 체결한 귀하 소유의 ○○시 ○○구 ○○동 ○○번지 상가건물에 관한 임대차계약이 20○○년 ○월 ○일의 경과로서 기간 만료 되었습니다. 또한 본인은 20○○년 ○월 ○일 귀하에게 계약의 갱신을 청구하였으나, 귀하로부터 이에 대한 거절의 통지를 받았습니다. 이에 본인은 귀하에게 위 상가 건물상에 존재하는 본인 소유의 별지 기재 물건 및 본인이 권원에 의하여 위 상가건물에 있는 부속물을 시가로 매수하여 주실 것을 청구합니다.

20○○년 ○월 ○일

임 차 인　○ ○ ○ (인)

임대인(건물소유자)　○ ○ ○ 귀 하

○○시 ○○구 ○○길 ○○

(별지 목록) 생략

2-2. 전차인의 부속물매수청구권

① 임차인이 임차상가건물을 적법하게 전대한 경우, 전차인이 그 사용의 편익을 위하여 임대인의 동의를 얻어 이에 부속한 물건이 있는 때에는 전대차의 종료 시에 임대인에게 그 부속물의 매수를 청구할 수 있으며, 임대인으로부터 매수하였거나 그 동의를 얻어 임차인으로부터 매수한 부속물에 대해서도 매수를 청구할 수 있습니다(민법 제647조).

② 부속물의 해당 여부

부속물이란 건물에 부속된 물건으로 임차인의 소유에 속하고, 건물의 구성부분으로는 되지 않은 것으로서 건물의 사용에 객관적인 편익을 가져오게 하는 물건입니다. 따라서 부속된 물건이 오로지 건물임차인의 특수한 목적에 사용하기 위하여 부속된 것일 때에는 부속물매수청구권의 대상이 되는 물건이라 할 수 없습니다(대법원 1991. 10. 8. 선고 91다8029 판결).

(관련판례 1)

점포의 최초 임차인이 임대인 측의 묵시적 동의하에 유리 출입문, 새시등 영업에 필요한 시설을 부속시킨 후, 그 점포의 소유권이 임차보증금 반환채무와 함께 현 임대인에게 이전되고 점포의 임차권도 임대인과의 사이에 시설비 지급 여부 또는 임차인의 원상회복 의무에 관한 아무런 논의 없이 현 임차인에게 전전승계되어 왔다면, 그 시설 대금이 이미 임차인측에 지급되었다거나 임차인의 지위가 승계될 당시 유리 출입문 등의 시설은 양도대상에서 특히 제외하기로 약정하였다는 등의 특별한 사정이 인정되지 않는 한, 종전 임차인의 지위를 승계한 현 임차인으로서는 임차기간의 만료로 임대차가 종료됨에 있어 임대인에 대하여 부속물매수청구권을 행사할 수 있다(대법원 1995. 6. 30. 선고 95다12927 판결).

(관련판례 2)

민법 제646조가 규정하는 매수청구의 대상이 되는 부속물이란 건물에 부속된 물건으로서 임차인의 소유에 속하고, 건물의 구성부분으로는 되지 아니한 것으로서 건물의 사용에 객관적인 편익을 가져오게 하는 물건이라고 할 것이므로, 부속된 물건이 오로지 임차인의 특수목적에 사용하기 위하여 부속된 것일 때에는 이에 해당하지 않으며, 당해 건물의 객관적인 사용목적은 그 건물 자체의 구조와 임대차계약 당시 당사자 사이에 합의된 사용목적, 기타 건물의 위치, 주위환경 등 제반 사정을 참작하여 정하여지는 것이다(대법원 1993. 10. 8. 선고 93다25738, 93다25745 판결).

③ 부속물청구권을 인정한 사례

임차인이 비디오테이프 대여점을 운영하면서 임대인 측의 묵시적 동의하에 유리 출입문, 새시 등 영업에 필요한 시설을 부속시킨 경우(대법원 1995. 6. 30. 선고 95다12927 판결)

④ 부속물청구권을 부정한 사례

임차인이 카페영업을 위해 시설공사를 하고, 카페의 규모를 확장하면서 내부 시설공사를 하거나 창고지붕의 보수공사를 한 경우(대법원 1991. 10. 8. 선고 91다8029 판결)

3. 부속물매수청구권의 행사

3-1. 행사시기

부속물매수청구권의 행사시기에는 제한이 없습니다. 따라서 임대차가 종료하여 임차상가건물을 반환한 이후에도 매수청구권을 포기하지 않은 이상 부속물의 매수를 청구할 수 있습니다.

3-2. 상대방

임차인은 부속물의 부속에 동의한 임대인은 물론, 임차권이 대항력이 있는 경우에는 그 임대인으로부터 임대인의 지위를 승계한 사람에게도 청구할 수 있습니다.

3-3. 부속물매수청구권의 제한

임차인이 차임을 지급하지 않는 등 채무를 이행하지 않는 경우에는 임차인에게 부속물매수청구권이 인정되지 않습니다(대법원 1990. 1. 23. 선고 88다카7245, 88다카7252 판결).

4. 부속물매수청구권의 효과

① 임차인이 서면이나 구두로 부속물의 매수를 청구하면 임대인의 승낙을 기다릴 것 없이 곧바로 매매계약이 성립합니다.
② 이 경우 부속물의 매매대금은 그 매수청구권 행사 당시의 시가를 기준으로 산정됩니다(대법원 1995. 6. 30. 선고 95다12927 판결)
③ 부속물매수청구권에 관한 규정을 위반하는 약정으로서 임차인에게 불리한 것은 무효입니다(민법 제652조).

(관련판례 1)

건물 임차인이 자신의 비용을 들여 증축한 부분을 임대인 소유로 귀속시키기로 하는 약정은 임차인이 원상회복의무를 면하는 대신 투입비용의 변상이나 권리주장을 포기하는 내용이 포함된 것으로서 특별한 사정이 없는한 유효하므로, 그 약정이 부속물매수청구권을 포기하는 약정으로서 강행규정에 반하여 무효라고 할 수 없고 또한 그 증축 부분의 원상회복이 불가능하다고 해서 유익비의 상환을 청구할 수도 없다(대법원 1996. 8. 20. 선고 94다44705, 44712 판결).

(관련판례 2)

점포의 최초 임차인이 임대인 측의 묵시적 동의하에 유리 출입문, 새시 등 영업에 필요한 시설을 부속시킨 후, 그 점포의 소유권이 임차보증금 반환채무와 함께 현 임대인에게 이전되고 점포의 임차권도 임대인과의 사이에 시설비 지급 여부 또는 임차인의 원상회복 의무에 관한 아무런 논의 없이 현 임차인에게 전전승계되어 왔다면, 그 시설 대금이 이미 임차인측에 지급되었다거나 임차인의 지위가 승계될 당시 유리 출입문 등의 시설은 양도대상에서 특히 제외하기로 약정하였다는 등의 특별한 사정이 인정되지 않는 한, 종전 임차인의 지위를 승계한 현 임차인으로서는 임차기간의 만료로 임대차가 종료됨에 있어 임대인에 대하여 부속물매수청구권을 행사할 수 있다(대법원 1995. 6. 30. 선고 95다12927 판결).

(관련판례 3)

민법 제646조가 규정하는 매수청구의 대상이 되는 부속물이란 건물에 부속된 물건으로서 임차인의 소유에 속하고, 건물의 구성부분으로는 되지 아니한 것으로서 건물의 사용에 객관적인 편익을 가져오게 하는 물건이라고 할 것이므로, 부속된 물건이 오로지 임차인의 특수목적에 사용하기 위하여 부속된 것일 때에는 이에 해당하지 않으며, 당해 건물의 객관적인 사용목적은 그 건물 자체의 구조와 임대차계약 당시 당사자 사이에 합의된 사용목적, 기타 건물의 위치, 주위환경 등 제반 사정을 참작하여 정하여지는 것이다(대법원 1993. 10. 8. 선고 93다25738, 93다25745 판결).

(관련판례 4)

민법 제646조에서 건물임차인의 매수청구권의 대상으로 규정한 '부속물'이란 건물에 부속된 물건으로 임차인의 소유에 속하고, 건물의 구성부분으로는 되지 아니한 것으로서 건물의 사용에 객관적인 편익을 가져오게 하는 물건을 말하므로 부속된 물건이 오로지 건물임차인의 특수한 목적에 사용하기 위하여 부속된 것일 때에는 부속물매수청구권의 대상이 되는 물건이라 할 수 없으며 당해 건물의 객관적인 사용목적은 그 건물 자체의 구조와 임대차계약 당시 당사자 사이에 합의된 사용목적, 기타 건물의 위치, 주위환경 등 제반 사정을 참작하여 정하여지는 것이다(대법원 1991. 10. 8. 선고 91다8029 판결).

5. 권리금

① 권리금은 임차보증금의 일부는 아니지만 상가건물 임대차계약이 종료되어 상가건물을 이전하는 경우에 발생하는 문제입니다.
② 임대인은 임차인의 권리금 회수기회를 보호해야 하며, 이를 위반하여 임차인에게 손해를 발생하게 한 때에는 그 손해를 배상할 책임이 있습니다.

5-1. 권리금의 개념

① 「권리금」이란 임대차 목적물인 상가건물에서 영업을 하는 사람 또는 영업을 하려는 사람이 영업시설·비품, 거래처, 신용, 영업상의 노하우, 상가건물의 위치에 따른 영업상의 이점 등 유형·무형의 재산적 가치의 양도 또는 이용대가로서 임대인, 임차인에게 보증금과 차임 이외에 지급하는 금전 등의 대가를 말합니다(상가건물 임대차보호법 제10조의3제1항).
② 「권리금 계약」이란 신규임차인이 되려는 자가 임차인에게 권리금을 지급하기로 하는 계약을 말합니다(상가건물 임대차보호법 제10조의3제2항).

5-2. 상가건물 임대차 권리금 표준계약서의 마련

① 국토교통부에서는 임차인과 신규임차인이 되려는 자가 권리금 계약을 체결하기 위한 표준권리금계약서를 정하여 그 사용을 권장할 수 있습니다(상가건물 임대차보호법 제10조의6).
② 권리금 표준계약서의 주요 내용
계약서에는 권리금액, 임차인의 임대차 계약 현황, 권리금의 대가로 이전되어야 할 대상의 범위를 특정하여 기재하고, 권리금계약채결 이후 임대차

계약이 체결되지 못하면 권리금 계약은 무효가 되어 임차인은 신규임차인
으로부터 받은 계약금 등을 반환하여야 등의 의무사항을 계약 내용으로
기재하도록 하였습니다(상가건물 임대 권리금 표준계약서 참조).

5-3. 권리금의 회수

5-3-1. 권리금의 회수 대상

① 권리금은 새로운 임차인으로부터만 지급받을 수 있을 뿐이고, 보증금과
는 달리 임대인에게 그 지급을 구할 수 없는 것이 일반적입니다.

② 권리금이 임차인으로부터 임대인에게 지급된 경우에, 그 유형·무형의 재
산적 가치의 양수 또는 약정기간 동안의 이용이 유효하게 이루어진 이상
임대인은 그 권리금의 반환의무를 지지 아니하며, 다만 임차인은 당초의 임
대차에서 반대되는 약정이 없는 한 임차권의 양도 또는 전대차의 기회에
부수하여 자신도 그 재산적 가치를 다른 사람에게 양도 또는 이용케 함으
로써 권리금 상당액을 회수할 수 있을 뿐입니다(대법원 2002. 7. 26. 선고
2002다25013 판결, 대법원 2001. 4. 10. 선고 2000다59050 판결).

5-3-2. 권리금 회수기회 보호

① 임대인은 임대차기간이 끝나기 3개월 전부터 임대차 종료 시까지 다음
의 어느 하나에 해당하는 행위를 함으로써 권리금 계약에 따라 임차인이
주선한 신규임차인이 되려는 사람으로부터 권리금을 지급받는 것을 방해해
서는 안 됩니다. 다만, 「상가건물 임대차보호법」 제10조제1항에 해당하는
사유가 있는 경우에는 그러하지 않습니다(제10조의4 제1항).

1. 임차인이 주선한 신규임차인이 되려는 사람에게 권리금을 요구하거나
   임차인이 주선한 신규임차인이 되려는 사람으로부터 권리금을 수수하
   는 행위
2. 임차인이 주선한 신규임차인이 되려는 사람으로 하여금 임차인에게
   권리금을 지급하지 못하게 하는 행위

3. 임차인이 주선한 신규임차인이 되려는 사람에게 상가건물에 관한 조세, 공과금, 주변 상가건물의 차임 및 보증금, 그 밖의 부담에 따른 금액에 비추어 현저히 고액의 차임과 보증금을 요구하는 행위

4. 그 밖에 정당한 사유 없이 임대인이 임차인이 주선한 신규 임차인이 되려는 자와 임대차계약의 체결을 거절하는 행위

5-3-3. 임대인의 손해배상 책임

① 임대인이 위의 권리금 회수 금지 행위를 위반하여 임차인에게 손해를 발생하게 한 경우에는 그 손해를 배상할 책임이 있습니다(상가건물 임대차 보호법 제10조의4제3항 전단).

② 이 경우 그 손해배상액은 신규임차인이 임차인에게 지급하기로 한 권리금과 임대차 종료 당시의 권리금 중 낮은 금액을 넘지 못합니다(상가건물 임대차보호법 제10조의4제3항 후단).

③ 임대인에게 손해배상을 청구할 권리는 임대차가 종료한 날부터 3년 이내에 행사하지 아니하면 시효의 완성으로 소멸합니다(상가건물 임대차보호법 제10조의4제4항).

5-3-4. 임차인의 정보제공 의무

임차인은 임대인에게 임차인이 주선한 신규임차인이 되려는 자의 보증금 및 차임을 지급할 자력 또는 그 밖에 임차인으로서의 의무를 이행할 의사 및 능력에 관하여 자신이 알고 있는 정보를 제공하여야 합니다(상가건물 임대차보호법 제10조의4제5항).

5-3-5. 권리금 적용 제외

「상가건물 임대차보호법」 제10조의4의 규정은 다음의 어느 하나에 해당하는 상가건물 임대차의 경우에는 적용하지 않습니다(상가건물 임대차보호법 제10조의5).

1. 임대차 목적물인 상가건물이 「유통산업발전법」 제2조에 따른 대규모
   점포 또는 준대규모점포의 일부인 경우
2. 임대차 목적물인 상가건물이 「국유재산법」에 따른 국유재산 또는 「공
   유재산 및 물품 관리법」에 따른 공유재산인 경우

5-4. 임대인의 권리금 반환의무

① 판례는 임대인의 권리금 반환의무를 인정하기 위해서는 반환의 약정이
있는 등 특별한 사정이 있을 것을 요구하고 있습니다.

② 권리금 수수 후 약정기간 동안 임대차를 존속시켜 그 재산적 가치를 이
용할 수 있도록 약정하였음에도 임대인의 사정으로 중도 해지되어 약정기
간 동안 재산적 가치를 이용할 수 없었거나, 임대인이 임대차의 종료에 즈
음하여 재산적 가치를 도로 양수하는 경우 등의 특별한 사정이 있을 때에
는 임대인은 권리금의 전부 또는 일부에 대해 반환의무를 부담합니다(대법
원 2002. 7. 26. 선고 2002다25013 판결, 대법원 2001. 4. 10. 선고 2000
다59050 판결).

③ 권리금이 그 수수 후 일정한 기간 이상으로 그 임대차를 존속시키기로
하는 임차권 보장의 약정하에 임차인으로부터 임대인에게 지급된 경우에는
보장기간 동안의 이용이 유효하게 이루어진 이상 임대인은 그 권리금의 반
환의무를 부담하지 않습니다. 그러나 백화점 내 매장에 관하여 2년 이상
영업을 보장한다는 약정하에 임차인에게서 영업권리금을 지급받았으나 백
화점과의 계약이 갱신되지 않아 임차인에게 당초 보장된 기간 동안의 재산
적 가치를 이용하게 해주지 못한 사안에서, 임대인은 임차인에게 영업권리
금 중 일부를 반환할 의무가 있다고 하였습니다(대법원 2011.1.27. 선고
2010다85164 판결).

④ 임대인이 반환의무를 부담하는 권리금의 범위는 지급된 권리금을 경과
기간과 잔존기간에 대응하는 것으로 나누어, 임대인은 임차인으로부터 수
령한 권리금 중 임대차계약이 종료될 때까지의 기간에 대응하는 부분을 공

제한 잔존기간에 대응하는 부분만을 반환할 의무를 부담합니다(대법원 2002. 7. 26. 선고 2002다25013 판결, 대법원 2001. 11. 13. 선고 2001다20394, 20400 판결).

(사례) 상가건물 임대차 계약 시 지불한 권리금을 임대인으로부터 돌려받을 수 있나요?

문 상가건물 임대차 계약 시 지불한 권리금을 임대인으로부터 돌려받을 수 있나요?

답 권리금은 임차보증금의 일부는 아니지만 상가건물 임대차계약이 종료되어 상가건물을 이전하는 경우에 발생하는 문제로서, 임대인은 그 권리금의 반환의무를 지지 않고 다만, 「상가건물 임대차보호법」에 따라 임차인의 권리금 회수기회를 보호할 뿐입니다.

◇ **권리금의 의미**

「권리금」이란 임대차 목적물인 상가건물에서 영업을 하는 사람 또는 영업을 하려는 사람이 영업시설·비품, 거래처, 신용, 영업상의 노하우, 상가건물의 위치에 따른 영업상의 이점 등 유형·무형의 재산적 가치의 양도 또는 이용대가로서 임대인, 임차인에게 보증금과 차임 이외에 지급하는 금전 등의 대가를 말합니다.

◇ **권리금 회수기회 보호**

임대인은 임차인의 권리금 회수기회를 보호해야 하며, 이를 위반하여 임차인에게 손해를 발생하게 한 경우에는 그 손해를 배상할 책임이 있습니다.

◇ **권리금을 임대인으로부터 돌려받을 수 있는 경우**

권리금은 새로운 임차인으로부터만 지급받을 수 있을 뿐이고, 보증금과는 달리 임대인에게 그 지급을 구할 수 없는 것이 일반적입니다. 판례에 따르면 권리금이 임차인으로부터 임대인에게 지급된 경우에 그 유형·무형의 재산적 가치의 양수 또는 약정기간 동안의 이용이 유효하게 이루어진 이상 임대인은 그 권리금의 반환의무를 지지 않습니다. 다만 임차인은 당초의 임대차에서 반대되는 약정이 없는 한 임차권의 양도 또는 전대차의 기회에 부수하여 자신도 그 재산적 가치를 다른 사람에게 양도 또는 이용케 함으로써 권리금 상당액을 회수할 수 있을 뿐입니다.

판례는 임대인의 권리금 반환의무를 인정하기 위해서는 반환의 약정이 있는 등 특별한 사정이 있을 것을 요구하고 있습니다. 이에 따르면 권리금 수수 후 약정기간 동안 임대차를 존속시켜 그 재산적 가치를 이용할 수 있도록 약정하였음에도 임대인의 사정으로 중도 해지되어 약정기간 동안 재산적 가치를 이용할 수 없었거나 임대인이 임대차의 종료에 즈음하여 재산적 가치를 도로 양수하는 경우 등의 특별한 사정이 있을 때에는 임대인은 권리금의 전부 또는 일부에 대해 반환의무를 부담합니다.

임대인이 반환의무를 부담하는 권리금의 범위는 지급된 권리금을 경과기간과 잔존기간에 대응하는 것으로 나누어, 임대인은 임차인으로부터 수령한 권리금 중 임대차계약이 종료될 때까지의 기간에 대응하는 부분을 공제한 잔존기간에 대응하는 부분만을 반환할 의무를 부담합니다.

(관련판례)

영업용 건물의 임대차에 수반되어 행하여지는 권리금의 지급은 임대차계약의 내용을 이루는 것은 아니고, 권리금은 거기의 영업시설·비품 등 유형물이나 거래처, 신용, 영업상의 노하우(know-how) 혹은 점포 위치에 따른 영업상의 이점 등 무형의 재산적 가치의 양도 또는 일정 기간 동안의 이용대가라고 볼 것인바, 권리금이 그 수수 후 일정한 기간 이상으로 그 임대차를 존속시키기로 하는 임차권 보장의 약정하에 임차인으로부터 임대인에게 지급된 경우에는 보장기간 동안의 이용이 유효하게 이루어진 이상 임대인은 그 권리금의 반환의무를 지지 아니한다. 다만, 임차인은 당초의 임대차에서 반대되는 약정이 없는 한 임차권의 양도 또는 전대차 기회에 부수하여 자신도 일정 기간 이용할 수 있는 권리를 다른 사람에게 양도하거나 또는 다른 사람으로 하여금 일정 기간 이용하게 함으로써 권리금 상당액을 회수할 수 있을 것이지만, 반면 임대인의 사정으로 임대차계약이 중도 해지됨으로써 당초 보장된 기간 동안의 이용이 불가능하였다는 등의 특별한 사정이 있을 때에는 임대인은 임차인에 대하여 그 권리금의 반환의무를 진다. 그 경우 임대인이 반환의무를 부담하는 권리금의 범위는, 지급된 권리금을 경과기간과 잔존기간에 대응하는 것으로 나누어, 임대인은 임차인으로부터 수령한 권리금 중 임대차계약이 종료될 때까지의 기간에 대응하는 부분을 공제한 잔존기간에 대응하는 부분만을 반환할 의무를 부담한다고 봄이 공평의 원칙에 합치된다(대법원 2011.1.27. 선고 2010다85164 판결).

(사례) 상가임대차에서 임대인이 권리금을 인정한다는 약정을 한 경우에 계약기간이 만료되면 권리금지급을 청구할 수 있는지요?

問 저는 임차인이었던 乙로부터 점포를 인수하고 소유자인 甲과 임대차계약을 체결하면서 '권리금은 임대인이 인정하되, 임대인이 점포를 요구시는 권리금을 임차인에게 변제한다.' 라고 특약사항란에 기재하였습니다. 이 경우 임대차계약기간이 만료되면 甲에게 권리금지급을 청구할 수 있는지요?

答 상가건물임대차보호법 제10조의 3에서는 권리금이란 상가건물에

서 영업을 하는 자 또는 하려는 자가 '영업시설, 비품, 거래처, 신용, 영업상의 노하우, 상가건물 위치에 따른 영업상의 이점' 등을 양도하거나 혹은 이를 이용하게 할 때 보증금, 차임 이외에 지급하는 금전 등의 대가를 말한다"라고 규정하고 있습니다.

이러한 권리금의 반환을 임대인에게 청구할 수 있느냐에 관하여 별도의 특약이 있을 경우 그 효력에 관하여 판례는 "임대차계약서상의 '권리금은 임대인이 인정하되, 임대인이 점포를 요구시는 권리금을 임차인에게 변제한다.'라는 기재에 관하여, 임대인이 임차인에게 점포명도를 요구하거나 특별한 사유도 없이 점포에 대한 임대차계약갱신을 거절하고 타인에게 처분하면서 권리금을 지급 받지 못하도록 하는 등 점포에 대한 임차인의 권리금회수를 방해하는 경우에는 임대인이 임차인에게 직접 권리금을 지급하겠다는 취지로 보일 뿐이고, 점포의 임대차기간이 만료된다고 하여 당연히 임차인에게 권리금을 지급하겠다고 약정한 것으로는 볼 수 없다."라고 하였으며(대법원 1994. 9. 9. 선고 94다28598 판결), "당사자 사이에 계약의 해석을 둘러싸고 이견이 있어 처분문서에 나타난 당사자의 의사해석이 문제되는 경우에 그 해석은 문언의 내용, 그와 같은 약정이 이루어진 동기와 경위, 약정에 의하여 달성하려는 목적, 당사자의 진정한 의사 등을 종합적으로 고찰하여 논리와 경험칙에 따라 합리적으로 해석하여야 한다."라고 하면서 "통상 권리금은 새로운 임차인으로부터만 지급받을 수 있을 뿐이고 임대인에 대하여는 지급을 구할 수 없는 것이므로 임대인이 임대차계약서의 단서 조항에 권리금액의 기재 없이 단지 '모든 권리금을 인정함'이라는 기재를 하였다고 하여 임대차 종료시 임차인에게 권리금을 반환하겠다고 약정하였다고 볼 수는 없고, 단지 임차인이 나중에 임차권을 승계한 자로부터 권리금을 수수하는 것을 임대인이 용인하고, 나아가 임대인이 정당한 사유 없이 명도를 요구하거나 점포에 대한 임대차계약의 갱신을 거절하고 타에 처분하면서 권리금을 지급 받지 못하도록 하는 등으로 임차인의 권리금회수의 기회를 박탈하거나 권리금회수를 방해하는 경우에 임대인이 임차인에게 직접 권리금 지급을 책임지겠다는 취지로 해석해야 할 것이다."라고 한 바 있습니다(대법원 2000. 4. 11. 선고 2000다4517 등 판결).

따라서 위 사안에서는 甲이 귀하의 권리금 회수를 적극적으로 방해하거나 점포의 명도를 청구하는 경우에 甲에게 권리금의 반환을 청구할 수 있을 것입니다.

또한, 판례가 "임대인과 임차인 사이에 건물명도 시 권리금을 반환하기로 하는 약정이 있었다 하더라도 그와 같은 권리금반환청구권은 건물에 관하여 생긴 채권이라 할 수 없으므로 그와 같은 채권을 가지고 건물에 대한 유치권을 행사할 수 없다."라고 하였음을 유의하여야 할 것입니다(대법원 1994. 10. 14. 선고 93다62119 판결).

(관련판례)

영업용 건물의 임대차에 수반되어 행하여지는 권리금의 지급은 임대차계약의 내용을 이루는 것은 아니고 권리금 자체는 거기의 영업시설·비품 등 유형물이나 거래처, 신용, 영업상의 노하우(know-how) 혹은 점포 위치에 따른 영업상의 이점 등 무형의 재산적 가치의 양도 또는 일정 기간 동안의 이용대가라고 볼 것인바, 권리금이 그 수수 후 일정한 기간 이상으로 그 임대차를 존속시키기로 하는 임차권 보장의 약정하에 임차인으로부터 임대인에게 지급된 경우에는, 보장기간 동안의 이용이 유효하게 이루어진 이상 임대인은 그 권리금의 반환의무를 지지 아니하며, 다만 임차인은 당초의 임대차에서 반대되는 약정이 없는 한 임차권의 양도 또는 전대차 기회에 부수하여 자신도 일정 기간 이용할 수 있는 권리를 다른 사람에게 양도하거나 또는 다른

사람으로 하여금 일정기간 이용케 함으로써 권리금 상당액을
회수할 수 있을 것이지만, 반면 임대인의 사정으로 임대차계약
이 중도 해지됨으로써 당초 보장된 기간 동안의 이용이 불가능
하였다는 등의 특별한 사정이 있을 때에는 임대인은 임차인에
대하여 그 권리금의 반환의무를 진다고 할 것이고, 그 경우 임
대인이 반환의무를 부담하는 권리금의 범위는, 지급된 권리금을
경과기간과 잔존기간에 대응하는 것으로 나누어, 임대인은 임차
인으로부터 수령한 권리금 중 임대차계약이 종료될 때까지의
기간에 대응하는 부분을 공제한 잔존기간에 대응하는 부분만을
반환할 의무를 부담한다고 봄이 공평의 원칙에 합치된다(대법원
2002. 7. 26. 선고 2002다25013 판결).

(사례) 상가임대차에서 임차인이 권리금을 회수할 수 있는지요?

문 저는 甲소유 신축 상가건물을 임차하여 음식점을 하고 있습니다.
장사를 시작할 때에는 신축 건물이라 손님도 뜸하고 매출이 낮았
지만 제가 새로운 메뉴를 개발하고 단골을 만들어 현재는 초기
매출의 10배 이상을 달성하고 있습니다. 그런데 임대인 甲은 임
대차 종료일 2016년 11월 30일을 앞두고 가게를 비워 달라고
합니다. 지금은 장사가 잘 되고 있어 점포를 그냥 비워 주자니
아까운 상황인데, 저의 노력으로 이룩한 영업적 가치를 권리금의
형태로 회수할 수 있는지요?

답 상가건물임대차보호법 제10조의 3에서는 권리금이란 상가건물에
서 영업을 하는 자 또는 하려는 자가 '영업시설, 비품, 거래처, 신
용, 영업상의 노하우, 상가건물 위치에 따른 영업상의 이점' 등을
양도하거나 혹은 이를 이용하게 할 때 보증금, 차임 이외에 지급
하는 금전 등의 대가를 말한다"라고 규정하고 있습니다.
2015년 11월 14일 시행된 개정 「상가건물임대차보호법」은 임대

인에게 임차인의 권리금 회수를 방해하지 못하도록 하고, 이를 위반하여 임대인이 방해행위를 하였을 경우 임차인이 입은 손해를 배상하도록 함으로써 임차인의 권리금이 보호되도록 하였습니다 (제10조의 4). 임차인은 임대차 기간이 끝나면 임대인에게 다음 임차인을 소개하여 임대차 계약을 체결하게 한 후 상가를 물려주고 신규 임차인으로부터 권리금을 받을 수 있습니다.

다만 개정법의 보호를 받기 위해서는 임차인은 '임대차 기간이 끝나기 3개월 전부터 임대차 종료시까지' 신규임차인을 주선하여야 합니다. 이 기간 중에는 임차인의 권리금 회수를 어렵게 하는 임대인의 방해행위가 원칙적으로 금지될 뿐만 아니라, 방해행위로 인하여 임차인에게 손해가 발생할 경우 임차인은 그에 대한 배상을 청구할 수 있습니다.

따라서 귀하는 임대차 기간이 끝나기 3개월 전인 2016년 9월 1일부터 임대차 종료시인 2016년 11월 30일까지 3개월 동안 신규임차인을 주선하여 신규임차인으로부터 권리금을 받을 수 있을 것입니다. 이 기간 동안 임대인이 정당한 사유 없이 주선받은 신규임차인과 계약을 거절한다면 귀하는 임대인을 상대로 권리금 상당의 손해배상 청구를 할 수 있습니다.

(관련판례)

영업용 건물의 임대차에 수반되어 행하여지는 권리금의 지급은 임대차계약의 내용을 이루는 것은 아니고 권리금 자체는 거기의 영업시설·비품 등 유형물이나 거래처, 신용, 영업상의 노우하우(know-how) 또는 점포 위치에 따른 영업상의 이점 등 무형의 재산적 가치의 양도 또는 일정 기간 동안의 이용대가라고 볼 것인바, 권리금이 임차인으로부터 임대인에게 지급된 경우에, 그 유형·무형의 재산적 가치의 양수 또는 약정기간 동안의 이용이 유효하게 이루어진 이상 임대인은 그 권리금의 반환의무를 지지 아니하며, 다만 임차인은 당초의 임대차에서 반대되는 약정이 없는 한 임차권의 양도 또는 전대차의 기회에 부수하여 자신도 그 재산적 가치를 다른 사람에게 양도 또는 이용케 함으로써 권리금 상당액을 회수할 수 있을 것이고, 따라서 임대인이 그 임대차의 종료에 즈음하여 그 재산적 가치를 도로 양수한다든지 권리금 수수 후 일정한 기간 이상으로 그 임대차를 존속시켜 그 가치를 이용케 하기로 약정하였음에도 임대인의 사정으로 중도 해지됨으로써 약정기간 동안의 그 재산적 가치를 이용케 해주지 못하였다는 등의 특별한 사정이 있을 때에만 임대인은 그 권리금 전부 또는 일부의 반환의무를 진다고 할 것이다(대법원 2001. 4. 10. 선고 2000다59050 판결).

(사례) 건물이 경매되는 경우에도 권리금을 받을 수 있는지요?

問 저는 임대인 甲과 상가 임대차 계약을 체결한 후 대항력을 갖추고 확정일자까지 받았는데, B은행이 상가 건물에 대해 근저당권을 설정하였습니다. 그 뒤 상가가 경매되었고 저는 경매 절차에서 보증금을 전액 받지 못하였는데, 낙찰자 C에게 건물을 넘겨주어야 하나요? 이 경우 권리금을 회수할 수 있는 방법은 무엇인가요?

答 임차한 건물에 대하여 경매가 실시된 경우 임차권은 소멸하는 것이 원칙입니다. 다만, <상가건물임대차보호법> 제8조는 "임차권은 임차건물에 대하여 민사집행법에 따른 경매가 실시된 경우에는 그 임차건물이 매각되면 소멸한다. 다만, 보증금이 전액 변제되지 아니한 대항력이 있는 임차권은 그러하지 아니하다."라고 하여 선순위 담보권자가 없고, 상가건물 임대차보호법상의 대항력을 갖춘 임차인이 경매에서 보증금을 전액 변제받지 못한 경우 예외

를 인정하고 있습니다. 즉 임차인이 상가건물에 대한 사업자등록이 있고, 그곳에서 계속 영업을 하는 등 점유를 하고 있어 대항력이 유지가 된다면 선순위 담보권자가 없는 이상 보증금을 반환받을 때까지 낙찰자에게 임대차관계의 존속을 주장할 수 있습니다. 이 경우 낙찰자는 임대인의 지위에서 권리금 규정의 적용을 받게 되므로 귀하는 기간만료 등으로 임대차 계약이 종료된 경우 임대인의 지위에 있는 C에게 권리금을 회수하기 위하여 귀하가 주선한 임차인과 계약을 체결해 달라고 요구할 수 있습니다. C는 상가건물임대차보호법 제10조제1항, 제10조의4제2항, 제10조의5의 정당한 사유가 없는 한 귀하의 권리금 회수를 방해하지 말아야 할 의무를 부담하게 됩니다.

(관련판례)

기간의 정함이 있는 전대차계약에 있어 권리금이 지급되고 그 권리금이 영업시설·비품 등의 유형물이나 거래처, 신용 또는 점포 위치에 따른 장소적 이익 등의 무형적 이익을 이용하는 대가로서의 성질을 가지는 경우에는, 계약기간 중에 전대차계약이 해지되어 종료되면 특별한 사정이 없는 한 지급된 권리금을 경과기간과 잔존기간에 대응하는 것으로 나누어, 전대인은 전차인으로부터 수령한 권리금 중 전대차계약이 종료될 때까지의 기간에 대응하는 부분을 공제한 잔존기간에 대응하는 부분만을 반환할 의무를 부담한다고 봄이 공평의 원칙에 합치된다고 할 것이다(대법원 2001. 11. 13. 선고 2001다20394, 20400 판결).

부록

상가건물 임대차 관련 법령

상가건물 임대차보호법

[시행 2016.12.1.] [법률 제14242호, 2016.5.29., 타법개정]

제1조(목적) 이 법은 상가건물 임대차에 관하여 「민법」에 대한 특례를 규정하여 국민 경제생활의 안정을 보장함을 목적으로 한다.

[전문개정 2009.1.30.]

제2조(적용범위) ① 이 법은 상가건물(제3조제1항에 따른 사업자등록의 대상이 되는 건물을 말한다)의 임대차(임대차 목적물의 주된 부분을 영업용으로 사용하는 경우를 포함한다)에 대하여 적용한다. 다만, 대통령령으로 정하는 보증금액을 초과하는 임대차에 대하여는 그러하지 아니하다.

② 제1항 단서에 따른 보증금액을 정할 때에는 해당 지역의 경제 여건 및 임대차 목적물의 규모 등을 고려하여 지역별로 구분하여 규정하되, 보증금 외에 차임이 있는 경우에는 그 차임액에 「은행법」에 따른 은행의 대출금리 등을 고려하여 대통령령으로 정하는 비율을 곱하여 환산한 금액을 포함하여야 한다. <개정 2010.5.17.>

③ 제1항 단서에도 불구하고 제3조, 제10조제1항, 제2항, 제3항 본문, 제10조의2부터 제10조의8까지의 규정 및 제19조는 제1항 단서에 따른 보증금액을 초과하는 임대차에 대하여도 적용한다. <신설 2013.8.13., 2015.5.13.>

[전문개정 2009.1.30.]

제3조(대항력 등) ① 임대차는 그 등기가 없는 경우에도 임차인이 건물의 인도와 「부가가치세법」 제8조, 「소득세법」 제168조 또는 「법인세법」 제111조에 따른 사업자등록을 신청하면 그 다음 날부터 제3자에 대하여 효력이 생긴다. <개정 2013.6.7.>

② 임차건물의 양수인(그 밖에 임대할 권리를 승계한 자를 포함한다)은 임대인의 지위를 승계한 것으로 본다.

③ 이 법에 따라 임대차의 목적이 된 건물이 매매 또는 경매의 목적물이 된 경우에는 「민법」 제575조제1항·제3항 및 제578조를 준용한다.

④ 제3항의 경우에는 「민법」 제536조를 준용한다.

[전문개정 2009.1.30.]

제4조(확정일자 부여 및 임대차정보의 제공 등) ① 제5조제2항의 확정일자는 상가건물의 소재지 관할 세무서장이 부여한다.

② 관할 세무서장은 해당 상가건물의 소재지, 확정일자 부여일, 차임 및 보증금 등을 기재한 확정일자부를 작성하여야 한다. 이 경우 전산정보처리조직을 이용할 수 있다.

③ 상가건물의 임대차에 이해관계가 있는 자는 관할 세무서장에게 해당 상가건물의 확정일자 부여일, 차임 및 보증금 등 정보의 제공을 요청할 수 있다. 이 경우 요청을 받은 관할 세무서장은 정당한 사유 없이 이를 거부할 수 없다.

④ 임대차계약을 체결하려는 자는 임대인의 동의를 받아 관할 세무서장에게 제3항에 따른 정보제공을 요청할 수 있다.

⑤ 확정일자부에 기재하여야 할 사항, 상가건물의 임대차에 이해관계가 있는 자의 범위, 관할 세무서장에게 요청할 수 있는 정보의 범위 및 그 밖에 확정일자 부여사무와 정보제공 등에 필요한 사항은 대통령령으로 정한다.

[전문개정 2015.5.13.]

제5조(보증금의 회수) ① 임차인이 임차건물에 대하여 보증금반환청구소송의 확정판결, 그 밖에 이에 준하는 집행권원에 의하여 경매를 신청하는 경우에는 「민사집행법」 제41조에도 불구하고 반대의무의 이행이나 이행의 제공을 집행개시의 요건으로 하지 아니한다.

② 제3조제1항의 대항요건을 갖추고 관할 세무서장으로부터 임대차계약서상의 확정일자를 받은 임차인은 「민사집행법」에 따른 경매 또는 「국세징수법」에 따른 공매 시 임차건물(임대인 소유의 대지를 포함한다)의 환가대금에서 후순위권리자나 그 밖의 채권자보다 우선하여 보증금을 변제받을 권리가 있다.

③ 임차인은 임차건물을 양수인에게 인도하지 아니하면 제2항에 따른 보증금을 받을 수 없다.

④ 제2항 또는 제7항에 따른 우선변제의 순위와 보증금에 대하여 이의가 있는 이해관계인은 경매법원 또는 체납처분청에 이의를 신청할 수 있다. <개정 2013.8.13.>

⑤ 제4항에 따라 경매법원에 이의를 신청하는 경우에는 「민사집행법」 제152

조부터 제161조까지의 규정을 준용한다.

⑥ 제4항에 따라 이의신청을 받은 체납처분청은 이해관계인이 이의신청일부터 7일 이내에 임차인 또는 제7항에 따라 우선변제권을 승계한 금융기관 등을 상대로 소(訴)를 제기한 것을 증명한 때에는 그 소송이 종결될 때까지 이의가 신청된 범위에서 임차인 또는 제7항에 따라 우선변제권을 승계한 금융기관 등에 대한 보증금의 변제를 유보(留保)하고 남은 금액을 배분하여야 한다. 이 경우 유보된 보증금은 소송 결과에 따라 배분한다. <개정 2013.8.13.>

⑦ 다음 각 호의 금융기관 등이 제2항, 제6조제5항 또는 제7조제1항에 따른 우선변제권을 취득한 임차인의 보증금반환채권을 계약으로 양수한 경우에는 양수한 금액의 범위에서 우선변제권을 승계한다. <신설 2013.8.13., 2016.5.29.>

1. 「은행법」에 따른 은행
2. 「중소기업은행법」에 따른 중소기업은행
3. 「한국산업은행법」에 따른 한국산업은행
4. 「농업협동조합법」에 따른 농협은행
5. 「수산업협동조합법」에 따른 수협은행
6. 「우체국예금·보험에 관한 법률」에 따른 체신관서
7. 「보험업법」 제4조제1항제2호라목의 보증보험을 보험종목으로 허가받은 보험회사
8. 그 밖에 제1호부터 제7호까지에 준하는 것으로서 대통령령으로 정하는 기관

⑧ 제7항에 따라 우선변제권을 승계한 금융기관 등(이하 "금융기관등"이라 한다)은 다음 각 호의 어느 하나에 해당하는 경우에는 우선변제권을 행사할 수 없다. <신설 2013.8.13.>

1. 임차인이 제3조제1항의 대항요건을 상실한 경우
2. 제6조제5항에 따른 임차권등기가 말소된 경우
3. 「민법」 제621조에 따른 임대차등기가 말소된 경우

⑨ 금융기관등은 우선변제권을 행사하기 위하여 임차인을 대리하거나 대위하여 임대차를 해지할 수 없다. <신설 2013.8.13.>

[전문개정 2009.1.30.]

제6조(임차권등기명령) ① 임대차가 종료된 후 보증금이 반환되지 아니한 경우 임차인은 임차건물의 소재지를 관할하는 지방법원, 지방법원지원 또는 시·군법원에 임차권등기명령을 신청할 수 있다. <개정 2013.8.13.>

② 임차권등기명령을 신청할 때에는 다음 각 호의 사항을 기재하여야 하며, 신청 이유 및 임차권등기의 원인이 된 사실을 소명하여야 한다.

1. 신청 취지 및 이유

2. 임대차의 목적인 건물(임대차의 목적이 건물의 일부분인 경우에는 그 부분의 도면을 첨부한다)

3. 임차권등기의 원인이 된 사실(임차인이 제3조제1항에 따른 대항력을 취득하였거나 제5조제2항에 따른 우선변제권을 취득한 경우에는 그 사실)

4. 그 밖에 대법원규칙으로 정하는 사항

③ 임차권등기명령의 신청에 대한 재판, 임차권등기명령의 결정에 대한 임대인의 이의신청 및 그에 대한 재판, 임차권등기명령의 취소신청 및 그에 대한 재판 또는 임차권등기명령의 집행 등에 관하여는 「민사집행법」 제280조제1항, 제281조, 제283조, 제285조, 제286조, 제288조제1항·제2항 본문, 제289조, 제290조제2항 중 제288조제1항에 대한 부분, 제291조, 제293조를 준용한다. 이 경우 "가압류"는 "임차권등기"로, "채권자"는 "임차인"으로, "채무자"는 "임대인"으로 본다.

④ 임차권등기명령신청을 기각하는 결정에 대하여 임차인은 항고할 수 있다.

⑤ 임차권등기명령의 집행에 따른 임차권등기를 마치면 임차인은 제3조제1항에 따른 대항력과 제5조제2항에 따른 우선변제권을 취득한다. 다만, 임차인이 임차권등기 이전에 이미 대항력 또는 우선변제권을 취득한 경우에는 그 대항력 또는 우선변제권이 그대로 유지되며, 임차권등기 이후에는 제3조제1항의 대항요건을 상실하더라도 이미 취득한 대항력 또는 우선변제권을 상실하지 아니한다.

⑥ 임차권등기명령의 집행에 따른 임차권등기를 마친 건물(임대차의 목적이 건물의 일부분인 경우에는 그 부분으로 한정한다)을 그 이후에 임차한 임차인은 제14조에 따른 우선변제를 받을 권리가 없다.

⑦ 임차권등기의 촉탁, 등기관의 임차권등기 기입 등 임차권등기명령의 시행에 관하여 필요한 사항은 대법원규칙으로 정한다.

⑧ 임차인은 제1항에 따른 임차권등기명령의 신청 및 그에 따른 임차권등기

와 관련하여 든 비용을 임대인에게 청구할 수 있다.

⑨ 금융기관등은 임차인을 대위하여 제1항의 임차권등기명령을 신청할 수 있다. 이 경우 제3항·제4항 및 제8항의 "임차인"은 "금융기관등"으로 본다. <신설 2013.8.13.>

[전문개정 2009.1.30.]

제7조(「민법」에 따른 임대차등기의 효력 등) ① 「민법」 제621조에 따른 건물임대차등기의 효력에 관하여는 제6조제5항 및 제6항을 준용한다.

② 임차인이 대항력 또는 우선변제권을 갖추고 「민법」 제621조제1항에 따라 임대인의 협력을 얻어 임대차등기를 신청하는 경우에는 신청서에 「부동산등기법」 제74조제1호부터 제5호까지의 사항 외에 다음 각 호의 사항을 기재하여야 하며, 이를 증명할 수 있는 서면(임대차의 목적이 건물의 일부분인 경우에는 그 부분의 도면을 포함한다)을 첨부하여야 한다. <개정 2011.4.12.>

1. 사업자등록을 신청한 날
2. 임차건물을 점유한 날
3. 임대차계약서상의 확정일자를 받은 날

[전문개정 2009.1.30.]

제8조(경매에 의한 임차권의 소멸) 임차권은 임차건물에 대하여 「민사집행법」에 따른 경매가 실시된 경우에는 그 임차건물이 매각되면 소멸한다. 다만, 보증금이 전액 변제되지 아니한 대항력이 있는 임차권은 그러하지 아니하다.

[전문개정 2009.1.30.]

제9조(임대차기간 등) ① 기간을 정하지 아니하거나 기간을 1년 미만으로 정한 임대차는 그 기간을 1년으로 본다. 다만, 임차인은 1년 미만으로 정한 기간이 유효함을 주장할 수 있다.

② 임대차가 종료한 경우에도 임차인이 보증금을 돌려받을 때까지는 임대차 관계는 존속하는 것으로 본다.

[전문개정 2009.1.30.]

제10조(계약갱신 요구 등) ① 임대인은 임차인이 임대차기간이 만료되기 6개월 전부터 1개월 전까지 사이에 계약갱신을 요구할 경우 정당한 사유 없이 거절하지 못한다. 다만, 다음 각 호의 어느 하나의 경우에는 그러하지 아니하

다. <개정 2013.8.13.>
1. 임차인이 3기의 차임액에 해당하는 금액에 이르도록 차임을 연체한 사실이 있는 경우
2. 임차인이 거짓이나 그 밖의 부정한 방법으로 임차한 경우
3. 서로 합의하여 임대인이 임차인에게 상당한 보상을 제공한 경우
4. 임차인이 임대인의 동의 없이 목적 건물의 전부 또는 일부를 전대(轉貸)한 경우
5. 임차인이 임차한 건물의 전부 또는 일부를 고의나 중대한 과실로 파손한 경우
6. 임차한 건물의 전부 또는 일부가 멸실되어 임대차의 목적을 달성하지 못할 경우
7. 임대인이 다음 각 목의 어느 하나에 해당하는 사유로 목적 건물의 전부 또는 대부분을 철거하거나 재건축하기 위하여 목적 건물의 점유를 회복할 필요가 있는 경우
    가. 임대차계약 체결 당시 공사시기 및 소요기간 등을 포함한 철거 또는 재건축 계획을 임차인에게 구체적으로 고지하고 그 계획에 따르는 경우
    나. 건물이 노후·훼손 또는 일부 멸실되는 등 안전사고의 우려가 있는 경우
    다. 다른 법령에 따라 철거 또는 재건축이 이루어지는 경우
8. 그 밖에 임차인이 임차인으로서의 의무를 현저히 위반하거나 임대차를 계속하기 어려운 중대한 사유가 있는 경우
② 임차인의 계약갱신요구권은 최초의 임대차기간을 포함한 전체 임대차기간이 5년을 초과하지 아니하는 범위에서만 행사할 수 있다.
③ 갱신되는 임대차는 전 임대차와 동일한 조건으로 다시 계약된 것으로 본다. 다만, 차임과 보증금은 제11조에 따른 범위에서 증감할 수 있다.
④ 임대인이 제1항의 기간 이내에 임차인에게 갱신 거절의 통지 또는 조건 변경의 통지를 하지 아니한 경우에는 그 기간이 만료된 때에 전 임대차와 동일한 조건으로 다시 임대차한 것으로 본다. 이 경우에 임대차의 존속기간은 1년으로 본다. <개정 2009.5.8.>
⑤ 제4항의 경우 임차인은 언제든지 임대인에게 계약해지의 통고를 할 수

있고, 임대인이 통고를 받은 날부터 3개월이 지나면 효력이 발생한다.
[전문개정 2009.1.30.]

제10조의2(계약갱신의 특례) 제2조제1항 단서에 따른 보증금액을 초과하는 임대차의 계약갱신의 경우에는 당사자는 상가건물에 관한 조세, 공과금, 주변 상가건물의 차임 및 보증금, 그 밖의 부담이나 경제사정의 변동 등을 고려하여 차임과 보증금의 증감을 청구할 수 있다. [본조신설 2013.8.13.]

제10조의3(권리금의 정의 등) ① 권리금이란 임대차 목적물인 상가건물에서 영업을 하는 자 또는 영업을 하려는 자가 영업시설·비품, 거래처, 신용, 영업상의 노하우, 상가건물의 위치에 따른 영업상의 이점 등 유형·무형의 재산적 가치의 양도 또는 이용대가로서 임대인, 임차인에게 보증금과 차임 이외에 지급하는 금전 등의 대가를 말한다.
② 권리금 계약이란 신규임차인이 되려는 자가 임차인에게 권리금을 지급하기로 하는 계약을 말한다.
[본조신설 2015.5.13.]

제10조의4(권리금 회수기회 보호 등) ① 임대인은 임대차기간이 끝나기 3개월 전부터 임대차 종료 시까지 다음 각 호의 어느 하나에 해당하는 행위를 함으로써 권리금 계약에 따라 임차인이 주선한 신규임차인이 되려는 자로부터 권리금을 지급받는 것을 방해하여서는 아니 된다. 다만, 제10조제1항 각 호의 어느 하나에 해당하는 사유가 있는 경우에는 그러하지 아니하다.
1. 임차인이 주선한 신규임차인이 되려는 자에게 권리금을 요구하거나 임차인이 주선한 신규임차인이 되려는 자로부터 권리금을 수수하는 행위
2. 임차인이 주선한 신규임차인이 되려는 자로 하여금 임차인에게 권리금을 지급하지 못하게 하는 행위
3. 임차인이 주선한 신규임차인이 되려는 자에게 상가건물에 관한 조세, 공과금, 주변 상가건물의 차임 및 보증금, 그 밖의 부담에 따른 금액에 비추어 현저히 고액의 차임과 보증금을 요구하는 행위
4. 그 밖에 정당한 사유 없이 임대인이 임차인이 주선한 신규임차인이 되려는 자와 임대차계약의 체결을 거절하는 행위
② 다음 각 호의 어느 하나에 해당하는 경우에는 제1항제4호의 정당한 사유가 있는 것으로 본다.

1. 임차인이 주선한 신규임차인이 되려는 자가 보증금 또는 차임을 지급할 자력이 없는 경우

2. 임차인이 주선한 신규임차인이 되려는 자가 임차인으로서의 의무를 위반할 우려가 있거나 그 밖에 임대차를 유지하기 어려운 상당한 사유가 있는 경우

3. 임대차 목적물인 상가건물을 1년 6개월 이상 영리목적으로 사용하지 아니한 경우

4. 임대인이 선택한 신규임차인이 임차인과 권리금 계약을 체결하고 그 권리금을 지급한 경우

③ 임대인이 제1항을 위반하여 임차인에게 손해를 발생하게 한 때에는 그 손해를 배상할 책임이 있다. 이 경우 그 손해배상액은 신규임차인이 임차인에게 지급하기로 한 권리금과 임대차 종료 당시의 권리금 중 낮은 금액을 넘지 못한다.

④ 제3항에 따라 임대인에게 손해배상을 청구할 권리는 임대차가 종료한 날부터 3년 이내에 행사하지 아니하면 시효의 완성으로 소멸한다.

⑤ 임차인은 임대인에게 임차인이 주선한 신규임차인이 되려는 자의 보증금 및 차임을 지급할 자력 또는 그 밖에 임차인으로서의 의무를 이행할 의사 및 능력에 관하여 자신이 알고 있는 정보를 제공하여야 한다.

[본조신설 2015.5.13.]

제10조의5(권리금 적용 제외) 제10조의4는 다음 각 호의 어느 하나에 해당하는 상가건물 임대차의 경우에는 적용하지 아니한다.

1. 임대차 목적물인 상가건물이 「유통산업발전법」 제2조에 따른 대규모점포 또는 준대규모점포의 일부인 경우

2. 임대차 목적물인 상가건물이 「국유재산법」에 따른 국유재산 또는 「공유재산 및 물품 관리법」에 따른 공유재산인 경우

[본조신설 2015.5.13.]

제10조의6(표준권리금계약서의 작성 등) 국토교통부장관은 임차인과 신규임차인이 되려는 자가 권리금 계약을 체결하기 위한 표준권리금계약서를 정하여 그 사용을 권장할 수 있다.

[본조신설 2015.5.13.]

제10조의7(권리금 평가기준의 고시) 국토교통부장관은 권리금에 대한 감정평가의 절차와 방법 등에 관한 기준을 고시할 수 있다.

[본조신설 2015.5.13.]

제10조의8(차임연체와 해지) 임차인의 차임연체액이 3기의 차임액에 달하는 때에는 임대인은 계약을 해지할 수 있다

[본조신설 2015.5.13.]

제11조(차임 등의 증감청구권) ① 차임 또는 보증금이 임차건물에 관한 조세, 공과금, 그 밖의 부담의 증감이나 경제 사정의 변동으로 인하여 상당하지 아니하게 된 경우에는 당사자는 장래의 차임 또는 보증금에 대하여 증감을 청구할 수 있다. 그러나 증액의 경우에는 대통령령으로 정하는 기준에 따른 비율을 초과하지 못한다.

② 제1항에 따른 증액 청구는 임대차계약 또는 약정한 차임 등의 증액이 있은 후 1년 이내에는 하지 못한다.

[전문개정 2009.1.30.]

제12조(월 차임 전환 시 산정률의 제한) 보증금의 전부 또는 일부를 월 단위의 차임으로 전환하는 경우에는 그 전환되는 금액에 다음 각 호 중 낮은 비율을 곱한 월 차임의 범위를 초과할 수 없다. <개정 2010.5.17., 2013.8.13.>

1.「은행법」에 따른 은행의 대출금리 및 해당 지역의 경제 여건 등을 고려하여 대통령령으로 정하는 비율

2. 한국은행에서 공시한 기준금리에 대통령령으로 정하는 배수를 곱한 비율

[전문개정 2009.1.30.]

제13조(전대차관계에 대한 적용 등) ① 제10조, 제10조의2, 제10조의8, 제11조 및 제12조는 전대인(轉貸人)과 전차인(轉借人)의 전대차관계에 적용한다. <개정 2015.5.13.>

② 임대인의 동의를 받고 전대차계약을 체결한 전차인은 임차인의 계약갱신요구권 행사기간 이내에 임차인을 대위(代位)하여 임대인에게 계약갱신요구권을 행사할 수 있다.

[전문개정 2009.1.30.]

제14조(보증금 중 일정액의 보호) ① 임차인은 보증금 중 일정액을 다른 담보

물권자보다 우선하여 변제받을 권리가 있다. 이 경우 임차인은 건물에 대한 경매신청의 등기 전에 제3조제1항의 요건을 갖추어야 한다.

② 제1항의 경우에 제5조제4항부터 제6항까지의 규정을 준용한다.

③ 제1항에 따라 우선변제를 받을 임차인 및 보증금 중 일정액의 범위와 기준은 임대건물가액(임대인 소유의 대지가액을 포함한다)의 2분의 1 범위에서 해당 지역의 경제 여건, 보증금 및 차임 등을 고려하여 대통령령으로 정한다. <개정 2013.8.13.>

[전문개정 2009.1.30.]

제15조(강행규정) 이 법의 규정에 위반된 약정으로서 임차인에게 불리한 것은 효력이 없다.

[전문개정 2009.1.30.]

제16조(일시사용을 위한 임대차) 이 법은 일시사용을 위한 임대차임이 명백한 경우에는 적용하지 아니한다.

[전문개정 2009.1.30.]

제17조(미등기전세에의 준용) 목적건물을 등기하지 아니한 전세계약에 관하여 이 법을 준용한다. 이 경우 "전세금"은 "임대차의 보증금"으로 본다.

[전문개정 2009.1.30.]

제18조(「소액사건심판법」의 준용) 임차인이 임대인에게 제기하는 보증금반환청구소송에 관하여는 「소액사건심판법」 제6조 · 제7조 · 제10조 및 제11조의2를 준용한다.

[전문개정 2009.1.30.]

제19조(표준계약서의 작성 등) 법무부장관은 보증금, 차임액, 임대차기간, 수선비 분담 등의 내용이 기재된 상가건물임대차표준계약서를 정하여 그 사용을 권장할 수 있다.

[본조신설 2015.5.13.]

부칙

<제14242호, 2016.5.29.>

제1조(시행일) 이 법은 2016년 12월 1일부터 시행한다. <단서 생략>

제2조부터 **제20조**까지 생략

제21조(다른 법률의 개정) ①부터 ⑪까지 생략

　⑫ 상가건물 임대차보호법 일부를 다음과 같이 개정한다.

　제5조제7항제5호 중 "수산업협동조합중앙회"를 "수협은행"으로 한다.

　⑬부터 ㉗까지 생략

제22조 생략

상가건물 임대차보호법 시행령

[시행 2015.11.14.] [대통령령 제26637호, 2015.11.13., 일부개정]

제1조(목적) 이 영은 「상가건물 임대차보호법」에서 위임된 사항과 그 시행에 관하여 필요한 사항을 정하는 것을 목적으로 한다. <개정 2008.8.21., 2010.7.21.>

제2조(적용범위) ①「상가건물 임대차보호법」(이하 "법"이라 한다) 제2조제1항 단서에서 "대통령령으로 정하는 보증금액"이라 함은 다음 각호의 구분에 의한 금액을 말한다. <개정 2008.8.21., 2010.7.21., 2013.12.30.>

1. 서울특별시 : 4억원
2. 「수도권정비계획법」에 따른 과밀억제권역(서울특별시는 제외한다): 3억원
3. 광역시(「수도권정비계획법」에 따른 과밀억제권역에 포함된 지역과 군지역은 제외한다), 안산시, 용인시, 김포시 및 광주시: 2억4천만원
4. 그 밖의 지역 : 1억8천만원

②법 제2조제2항의 규정에 의하여 보증금외에 차임이 있는 경우의 차임액은 월 단위의 차임액으로 한다.

③법 제2조제2항에서 "대통령령으로 정하는 비율"이라 함은 1분의 100을 말한다. <개정 2010.7.21.>

제3조(확정일자부 기재사항 등) ① 상가건물 임대차 계약증서 원본을 소지한 임차인은 법 제4조제1항에 따라 상가건물의 소재지 관할 세무서장에게 확정일자 부여를 신청할 수 있다. 다만, 「부가가치세법」 제8조제3항에 따라 사업자 단위 과세가 적용되는 사업자의 경우 해당 사업자의 본점 또는 주사무소 관할 세무서장에게 확정일자 부여를 신청할 수 있다.

② 확정일자는 제1항에 따라 확정일자 부여의 신청을 받은 세무서장(이하 " 관할 세무서장"이라 한다)이 확정일자 번호, 확정일자 부여일 및 관할 세무서장을 상가건물 임대차 계약증서 원본에 표시하고 관인을 찍는 방법으로 부여한다.

③ 관할 세무서장은 임대차계약이 변경되거나 갱신된 경우 임차인의 신청에 따라 새로운 확정일자를 부여한다.

④ 관할 세무서장이 법 제4조제2항에 따라 작성하는 확정일자부에 기재하여

야 할 사항은 다음 각 호와 같다.

1. 확정일자 번호

2. 확정일자 부여일

3. 임대인·임차인의 인적사항

   가. 자연인인 경우: 성명, 주민등록번호(외국인은 외국인등록번호)

   나. 법인인 경우: 법인명, 대표자 성명, 법인등록번호

   다. 법인 아닌 단체인 경우: 단체명, 대표자 성명, 사업자등록번호·고유번호

4. 임차인의 상호 및 법 제3조제1항에 따른 사업자등록 번호

5. 상가건물의 소재지, 임대차 목적물 및 면적

6. 임대차기간

7. 보증금·차임

⑤ 제1항부터 제4항까지에서 규정한 사항 외에 확정일자 부여 사무에 관하여 필요한 사항은 법무부령으로 정한다.

[전문개정 2015.11.13.]

제3조의2(이해관계인의 범위) 법 제4조제3항에 따라 정보의 제공을 요청할 수 있는 상가건물의 임대차에 이해관계가 있는 자(이하 "이해관계인"이라 한다)는 다음 각호의 어느 하나에 해당하는 자로 한다.

1. 해당 상가건물 임대차계약의 임대인·임차인

2. 해당 상가건물의 소유자

3. 해당 상가건물 또는 그 대지의 등기부에 기록된 권리자 중 법무부령으로 정하는 자

4. 법 제5조제7항에 따라 우선변제권을 승계한 금융기관 등

5. 제1호부터 제4호까지에서 규정한 자에 준하는 지위 또는 권리를 가지는 자로서 임대차 정보의 제공에 관하여 법원의 판결을 받은 자

[본조신설 2015.11.13.]

제3조의3(이해관계인 등이 요청할 수 있는 정보의 범위) ① 제3조의2제1호에 따른 임대차계약의 당사자는 관할 세무서장에게 다음 각 호의 사항이 기재된 서면의 열람 또는 교부를 요청할 수 있다.

1. 임대인·임차인의 인적사항(제3조제4항제3호에 따른 정보를 말한다. 다

만, 주민등록번호 및 외국인등록번호의 경우에는 앞 6자리에 한정한다)
2. 상가건물의 소재지, 임대차 목적물 및 면적
3. 사업자등록 신청일
4. 보증금·차임 및 임대차기간
5. 확정일자 부여일
6. 임대차계약이 변경되거나 갱신된 경우에는 변경·갱신된 날짜, 새로운 확정일자 부여일, 변경된 보증금·차임 및 임대차기간
7. 그 밖에 법무부령으로 정하는 사항
② 임대차계약의 당사자가 아닌 이해관계인 또는 임대차계약을 체결하려는 자는 관할 세무서장에게 다음 각 호의 사항이 기재된 서면의 열람 또는 교부를 요청할 수 있다.
1. 상가건물의 소재지, 임대차 목적물 및 면적
2. 사업자등록 신청일
3. 보증금 및 차임, 임대차기간
4. 확정일자 부여일
5. 임대차계약이 변경되거나 갱신된 경우에는 변경·갱신된 날짜, 새로운 확정일자 부여일, 변경된 보증금·차임 및 임대차기간
6. 그 밖에 법무부령으로 정하는 사항
③ 제1항 및 제2항에서 규정한 사항 외에 임대차 정보의 제공 등에 필요한 사항은 법무부령으로 정한다.
[본조신설 2015.11.13.]

제4조(차임 등 증액청구의 기준) 법 제11조제1항의 규정에 의한 차임 또는 보증금의 증액청구는 청구당시의 차임 또는 보증금의 100분의 9의 금액을 초과하지 못한다. <개정 2008.8.21.>

제5조(월차임 전환 시 산정률) ① 법 제12조제1호에서 "대통령령으로 정하는 비율"이란 연 1할2푼을 말한다.
② 법 제12조제2호에서 "대통령령으로 정하는 배수"란 4.5배를 말한다.
[전문개정 2013.12.30.]

제6조(우선변제를 받을 임차인의 범위) 법 제14조의 규정에 의하여 우선변제를 받을 임차인은 보증금과 차임이 있는 경우 법 제2조제2항의 규정에 의하여

환산한 금액의 합계가 다음 각호의 구분에 의한 금액 이하인 임차인으로 한다. <개정 2008.8.21., 2010.7.21., 2013.12.30.>

1. 서울특별시 : 6천500만원
2. 「수도권정비계획법」에 따른 과밀억제권역(서울특별시는 제외한다): 5천500만원
3. 광역시(「수도권정비계획법」에 따른 과밀억제권역에 포함된 지역과 군지역은 제외한다), 안산시, 용인시, 김포시 및 광주시: 3천8백만원
4. 그 밖의 지역 : 3천만원

제7조(우선변제를 받을 보증금의 범위 등) ①법 제14조의 규정에 의하여 우선변제를 받을 보증금중 일정액의 범위는 다음 각호의 구분에 의한 금액 이하로 한다. <개정 2008.8.21., 2010.7.21., 2013.12.30.>

1. 서울특별시 : 2천200만원
2. 「수도권정비계획법」에 따른 과밀억제권역(서울특별시는 제외한다): 1천900만원
3. 광역시(「수도권정비계획법」에 따른 과밀억제권역에 포함된 지역과 군지역은 제외한다), 안산시, 용인시, 김포시 및 광주시: 1천300만원
4. 그 밖의 지역 : 1천만원

②임차인의 보증금중 일정액이 상가건물의 가액의 2분의 1을 초과하는 경우에는 상가건물의 가액의 2분의 1에 해당하는 금액에 한하여 우선변제권이 있다. <개정 2013.12.30.>

③하나의 상가건물에 임차인이 2인 이상이고, 그 각 보증금중 일정액의 합산액이 상가건물의 가액의 2분의 1을 초과하는 경우에는 그 각 보증금중 일정액의 합산액에 대한 각 임차인의 보증금중 일정액의 비율로 그 상가건물의 가액의 2분의 1에 해당하는 금액을 분할한 금액을 각 임차인의 보증금중 일정액으로 본다. <개정 2013.12.30.>

제8조(고유식별정보의 처리) 관할 세무서장은 법 제4조에 따른 확정일자 부여에 관한 사무를 수행하기 위하여 불가피한 경우 「개인정보 보호법 시행령」 제19조제1호 및 제4호에 따른 주민등록번호 및 외국인등록번호가 포함된 자료를 처리할 수 있다. <개정 2013.12.30., 2015.11.13.> [본조신설 2012.1.6.]

부칙

<제25036호, 2013.12.30.>

제1조(시행일) 이 영은 2014년 1월 1일부터 시행한다.

제2조(적용범위에 관한 적용례) 제2조의 개정규정은 이 영 시행 후 체결되거나 갱신되는 상가건물 임대차계약부터 적용한다.

제3조(월차임 전환 시 산정률의 제한에 관한 적용례) 제5조의 개정규정은 이 영 시행 당시 존속 중인 상가건물 임대차계약에 대해서도 적용하되, 이 영 시행 후 보증금의 전부 또는 일부를 월 단위 차임으로 전환하는 경우부터 적용한다.

제4조(소액보증금 보호에 관한 적용례) 제6조 및 제7조의 개정규정은 이 영 시행 당시 존속 중인 상가건물 임대차계약에 대해서도 적용하되, 이 영 시행 전에 담보물권을 취득한 자에 대해서는 종전의 규정에 따른다.

상가건물 임대차계약서상의 확정일자 부여 및 임대차 정보제공에 관한 규칙

[시행 2015.11.14.] [법무부령 제854호, 2015.11.13., 제정]

제1조(목적) 이 규칙은 「상가건물 임대차보호법」 제4조에 따른 임대차계약서상의 확정일자 부여 및 임대차 정보제공에 관한 사항을 규정함을 목적으로 한다.

제2조(확정일자 부여 신청 방법) ① 상가건물 임대차 계약서(이하 "계약서"라 한다)에 확정일자를 부여받으려는 자(이하 "확정일자 신청인"이라 한다)는 「상가건물 임대차보호법 시행령」(이하 "영"이라 한다) 제3조에 따른 관할 세무서장(이하 "관할 세무서장"이라 한다)에게 별지 제1호서식의 확정일자 신청서를 작성하여 제출하여야 한다. 다만, 임대차의 목적이 상가건물의 일부분인 경우 확정일자 신청서와 함께 그 부분의 도면을 제출하여야 한다.

② 확정일자 신청인은 제1항에 따른 신청 시 다음 각 호의 서류를 제시하여야 한다.

1. 다음 각 목의 사항이 적혀 있는 계약서 원본

    가. 임대인·임차인의 인적사항, 임대차 목적물·면적, 임대차기간, 보증금·차임

    나. 계약당사자(대리인에 의하여 계약이 체결된 경우에는 그 대리인을 말한다)의 서명 또는 기명날인

2. 주민등록증, 운전면허증, 여권 또는 외국인등록증 등 본인을 확인할 수 있는 서류

③ 사업자등록 신청 또는 사업자등록 정정신고와 동시에 확정일자 부여를 신청하는 경우 확정일자 신청서를 갈음하여 사업자등록 신청서 또는 사업자등록 정정신고서에 확정일자 부여 신청 의사를 표시하여 제출할 수 있다.

제3조(확정일자 부여 방법 등) ① 관할 세무서장은 계약서 원본의 여백(여백이 없는 경우에는 뒷면을 말한다)에 별지 제2호서식의 확정일자인을 찍고, 확정일자인의 인영(印影) 안에 날짜와 확정일자번호를 아라비아숫자로 적은 후 같은 서식의 확정일자용 관인(官印)을 날인하는 방법으로 확정일자를 부여한다.

② 계약서가 두 장 이상인 경우에는 간인(間印)하여야 한다. 다만, 간인은 천공(穿孔) 방식으로 갈음할 수 있다.

③ 관할 세무서장은 확정일자를 부여한 계약서를 복사하여 사본과 원본을 간인한 후 원본을 신청인에게 내준다.

④ 관할 세무서장은 별지 제3호서식에 따라 영 제3조제4항 각 호의 사항을 적은 확정일자부를 작성하여야 한다.

제4조(이해관계인의 범위 등) ① 영 제3조의2제3호에서 "법무부령으로 정하는 자"란 해당 상가건물 또는 대지의 등기부에 기록되어 있는 환매권자, 지상권자, 전세권자, 질권자, 저당권자·근저당권자, 임차권자, 신탁등기의 수탁자, 가등기권리자, 압류채권자 및 경매개시결정의 채권자를 말한다.

② 영 제3조의3제1항제7호에서 "법무부령으로 정하는 사항"이란 임대차의 목적이 상가건물의 일부분인 경우 그 부분의 도면을 말한다.

제5조(임대차 정보제공 요청방법) ① 영 제3조의2에 따른 이해관계인과 임대차 계약을 체결하려는 자가 영 제3조의3에 따라 임대차 정보의 제공을 요청하는 경우 관할 세무서장에게 별지 제4호서식의 임대차 정보제공 요청서를 작성하여 제출하여야 한다. 다만, 제4조제2항에 따른 상가건물 도면을 요청하는 경우에는 별지 제5호서식에 따른 도면 제공 요청서를 작성하여 제출하여야 한다.

② 제1항의 요청인은 주민등록증, 운전면허증, 여권 또는 외국인등록증 등 본인을 확인할 수 있는 서류를 제시하여야 한다.

③ 이해관계인이 임대차 정보의 제공을 요청하는 경우에는 관할 세무서장에게 제1항에 따른 요청서에 다음 각 호의 서류를 첨부하여 제출하여야 한다.

1. 영 제3조의2제1호의 경우: 계약서 등 해당 상가건물의 계약당사자임을 증명하는 서류

2. 영 제3조의2제2호의 경우: 해당 상가건물의 등기사항증명서 등 소유자임을 증명하는 서류

3. 영 제3조의2제3호의 경우: 해당 상가건물 또는 그 대지의 등기사항증명서 등 권리자임을 증명하는 서류

4. 영 제3조의2제4호의 경우: 채권양도증서 등 우선변제권을 승계하였음을

증명하는 서류

5. 영 제3조의2제5호의 경우: 법원의 판결문

④ 임대차계약을 체결하려는 자가 임대차 정보의 제공을 요청하는 경우에는 제1항에 따른 요청서에 다음 각 호의 서류를 첨부하여 제출하여야 한다.

1. 임대인의 동의서

2. 임대인의 신분증명서 사본, 인감증명서, 본인서명사실 확인서 등 임대인의 동의를 받았음을 증명할 수 있는 서류

제6조(임대차 정보제공 방법) ① 임대차 정보의 제공은 관할 세무서장이 별지 제6호서식의 상가건물 임대차 현황서를 열람하도록 하거나 교부하는 방법으로 한다. 다만, 도면의 경우에는 임차인이 제출한 도면을 열람하게 하거나 사본을 내주는 방법으로 한다.

② 제1항에 따른 상가건물 임대차 현황서의 열람 또는 제공은 전자적 방법으로 할 수 있다.

부칙

<제854호, 2015.11.13.>

이 규칙은 2015년 11월 14일부터 시행한다.

임차권등기명령 절차에 관한 규칙

[시행 2014.1.1.] [대법원규칙 제2513호, 2013.12.31., 일부개정]

제1조(목적) 이 규칙은 주택임대차보호법과 상가건물임대차보호법이 임차권등기명령절차의 시행에 관하여 대법원규칙에 위임한 사항 및 기타 주택임대차보호법과 상가건물임대차보호법의 시행에 필요한 사항을 규정함을 목적으로 한다.
[전문개정 2002.10.30.]

제2조(임차권등기명령신청서의 기재사항등) ①임차권등기명령신청서에는 다음 각호의 사항을 기재하고 임차인 또는 대리인이 기명날인 또는 서명하여야 한다. <개정 2002.6.28., 2002.10.30., 2007.10.29.>
1. 사건의 표시
2. 임차인과 임대인의 성명, 주소, 임차인의 주민등록번호(임차인이나 임대인이 법인 또는 법인 아닌 단체인 경우에는 법인명 또는 단체명, 대표자, 법인등록번호, 본점·사업장소재지)
3. 대리인에 의하여 신청할 때에는 그 성명과 주소
4. 임대차의 목적인 주택 또는 건물의 표시(임대차의 목적이 주택 또는 건물의 일부인 경우에는 그 목적인 부분을 표시한 도면을 첨부한다)
5. 반환받지 못한 임차보증금액 및 차임(주택임대차보호법 제12조 또는 상가건물임대차보호법 제17조의 등기하지 아니한 전세계약의 경우에는 전세금)
6. 신청의 취지와 이유
7. 첨부서류의 표시
8. 연월일
9. 법원의 표시
②신청이유에는 임대차계약의 체결 사실 및 계약내용과 그 계약이 종료한 원인 사실을 기재하고, 임차인이 신청 당시에 이미 「주택임대차보호법」 제3조제1항부터 제3항까지의 규정에 따른 대항력을 취득한 경우에는 임차주택을 점유하기 시작한 날과 주민등록을 마친 날(제3조제2항 또는 제3항의 규정에 따른 대항력을 취득한 경우에는 지방자치단체장 또는 해당 법인이 선

정한 입주자 뜨는 직원이 그 주택을 점유하기 시작한 날과 주민등록을 마친 날을 말한다. 이하 같다)을, 제3조의2제2항의 규정에 의한 우선변제권을 취득한 경우에는 임차주택을 점유하기 시작한 날, 주민등록을 마친 날과 임대차계약증서상의 확정일자를 받은 날을, 「상가건물 임대차보호법」 제3조제1항에 따른 대항력을 취득한 경우에는 임차건물을 점유하기 시작한 날과 사업자등록을 신청한 날을, 제5조제2항에 따른 우선변제권을 취득한 경우에는 임차건물을 점유하기 시작한 날, 사업자등록을 신청한 날과 임대차계약서상의 확정일자를 받은 날을 각 기재하여야 한다. <개정 2002.10.30., 2007.10.29., 2013.12.31.>

③임차권등기명령신청서에는 2,000원의 인지를 붙여야 한다.

제3조(임차권등기명령신청서의 첨부서류) 임차권등기명령신청서에는 다음 각호의 서류를 첨부하여야 한다. <개정 2007.10.29., 2011.9.28., 2013.12.31.>

1. 임대인의 소유로 등기된 주택 또는 건물에 대하여는 등기사항증명서

2. 임대인의 소유로 등기되지 아니한 주택 또는 건물에 대하여는 즉시 임대인의 명의로 소유권보존등기를 할 수 있음을 증명할 서면

3. 주택임차권등기명령신청의 경우에는 임대차계약증서, 상가건물임차권등기명령신청의 경우에는 임대차계약서

4. 임차인이 신청 당시에 이미 「주택임대차보호법」제3조제1항부터 제3항까지의 규정에 따른 대항력을 취득한 경우에는 임차주택을 점유하기 시작한 날과 주민등록을 마친 날을 소명하는 서류, 제3조의2제2항에 따른 우선변제권을 취득한 경우에는 임차주택을 점유하기 시작한 날과 주민등록을 마친 날을 소명하는 서류 및 공정증서로 작성되거나 확정일자가 찍혀있는 임대차계약증서, 「상가건물 임대차보호법」 제3조제1항에 따른 대항력을 취득한 경우에는 임차건물을 점유하기 시작한 날과 사업자등록을 신청한 날을 소명하는 서류, 제5조제2항에 따른 우선변제권을 취득한 경우에는 임차건물을 점유하기 시작한 날과 사업자등록을 신청한 날을 소명하는 서류 및 관할 세무서장의 확정일자가 찍혀있는 임대차계약서

5. 주택임차권등기명령신청의 경우 임대차목적물에 관한 등기부상의 용도가 주거시설이 아닌 경우에는 임대차계약체결시부터 현재까지 주거용으로 사용하고 있음을 증명하는 서류, 상가건물임차권등기명령신청의 경우 임대차목적물의 일부를 영업용으로 사용하지 아니하는 경우에는 임대차계약

체결시부터 현재까지 그 주된 부분을 영업용으로 사용하고 있음을 증명
하는 서류

[전문개정 2002.10.30.]

제4조(임차권등기명령의 효력발생시기등) 임차권등기명령은 판결에 의한 때에는
선고를 한 때에, 결정에 의한 때에는 상당한 방법으로 임대인에게 고지를
한 때에 그 효력이 발생한다.

제5조(임차권등기의 촉탁) 법원사무관등은 임차권등기명령의 효력이 발생하면
지체없이 촉탁서에 재판서등본을 첨부하여 등기관에게 임차권등기의 기입을
촉탁하여야 한다. <개정 2002.6.28.>

제6조(임차권등기의 기재사항) 등기관은 제5조의 규정에 의한 법원사무관등의
촉탁에 의하여 임차권등기를 하는 경우에 주택임차권등기는 임대차계약을
체결한 날 및 임차보증금액, 임차주택을 점유하기 시작한 날, 주민등록을 마
친 날, 임대차계약증서상의 확정일자를 받은 날을 기재하고, 등기의 목적을
주택임차권이라고 기재하며, 상가건물임차권등기는 임대차계약을 체결한 날,
임차보증금액, 임차건물을 점유하기 시작한 날, 사업자등록을 신청한 날, 임
대차계약서상의 확정일자를 받은 날을 기재하고, 등기의 목적을 상가건물임
차권이라고 기재하여야 한다. 이 경우 차임의 약정이 있는 때에는 이를 기재
하여야 한다. <개정 2007.10.29., 2013.12.31.>

[전문개정 2002.10.30.]

제7조(등기완료통지서의 송부) 등기관은 제5조의 규정에 의한 법원사무관등의
촉탁에 의하여 임차권등기의 기입을 마친 후에 등기완료통지서을 작성하여
촉탁법원에 송부하여야 한다. <개정 2002.6.28., 2011.9.28.>

[제목개정 2011.9.28.]

제8조(민사소송법의 준용) 주택임대차보호법 제3조의3제4항 및 상가건물임대차
보호법 제6조제4항의 규정에 의한 항고에 대하여는 민사소송법 제3편제3장
의 항고에 관한 규정을 준용한다.

[전문개정 2002.10.30.]

제9조(임차권등기명령의 대위신청) ① 「민법」 제404조의 대위신청에 의한 임차
권등기명령에 따라 임차권등기를 하는 경우에는 「부동산등기법」 중 채권자대

위에 의한 등기절차에 관한 규정을 준용한다.

② 「주택임대차보호법」 제3조의3제9항 또는 「상가건물 임대차보호법」 제6조제9항의 대위신청에 의한 임차권등기명령에 따라 임차권등기를 하는 경우에는 「부동산등기법」 중 「민법」 제404조 외의 법령에 따른 대위등기절차에 관한 규정을 준용한다. 이 경우 임차권등기의 대위원인으로 보증금반환채권의 양수 일자와 그 취지를 적는다.

[본조신설 2013.12.31.]

부칙

<제2513호, 2013.12.31.>

제1조(시행일) 이 규칙은 2014년 1월 1일부터 시행한다.

제2조(경과조치) 이 규칙은 이 규칙 시행 당시 법원에 계속 중인 사건에도 적용한다.

◈ 편저 김 만 기 ◈

- 전(前) 서울지방법원민사과장
- 전(前) 고등법원종합민원실장
- 저서 : 자동차사고의 법률적 해법과 지식(공저)
  법인등기실무
  의료사고의료분쟁속시원하게해결해드립니다(공저)
  채권채무 정석 요해
  채무 소액소장 사례실무

상가건물 임대차 분쟁해결하기	정가 18,000원

2022年 9月 15日   2판 인쇄
2022年 9月 20日   2판 발행

편 저 : 김 만 기
발행인 : 김 현 호
발행처 : 법문 북스
공급처 : 법률미디어

152-050
서울 구로구 경인로 54길4(구로동 636-62)
TEL : 2636-2911~2, FAX : 2636-3012
등록 : 1979년 8월 27일 제5-22호
Home : www.lawb.co.kr

ISBN 978-89-7535-601-8 (13360)

이 도서의 국립중앙도서관 출판예정도서목록(CIP)은 서지정보유통지원시스템 홈페이지(http://seoji.nl.go.kr)와 국가자료공동목록시스템(http://www.nl.go.kr/kolisnet)에서 이용하실 수 있습니다. (CIP제어번호 : CIP2017013857)

파본은 교환해 드립니다.

ISBN 978-89-7535-601-8

18,000원